영성의 원리

정원 지음

영성의 숲

머리말

이 글은 월간 〈영성의 샘〉에 연재를 하던 것입니다.

많은 분들이 즐겁게 보시고 성원을 해주셔서 이번에 한 권의 책으로 내게 되었습니다.

모든 것에도 그렇겠지만 영성에도 원리가 있습니다.

우리는 일시적으로 성령 충만의 경험이 필요하지만 또한 그 역사하심의 원리를 이해할 필요가 있습니다.

우리는 많이 애쓰고 노력하지만 주님의 역사하시는 원리와 메카니즘을 잘 몰라서 오히려 우리의 열심이 주님을 방해할 수도 있기 때문입니다.

주님의 임재와 역사하시는 원리와 그 영이 운행하는 여러 가지의 법칙들을 우리가 좀더 이해한다면 우리의 영성 생활에 적지 않은 도움이 될 것입니다.

이 글이 독자 여러분의 영성 생활과 영적 성숙으로 가는 여정에 좋은 반려자가 되기를 기대합니다.

샬롬.

2001. 10. 정원 드림.

목 차

머리말

1장 영의 흐름에 대하여 • 6

2장 사람의 중심과 애정에 대하여 • 16

3장 지성과 영성의 관계에 대하여 • 32

4장 내면의 경험에 대하여 • 50

5장 상상력과 영성 개발의 관계에 대하여 • 72

6장 육성의 2가지 죄성에 대하여 • 94

7장 안식의 원리에 대하여 • 108

8장 사랑과 영성의 관계에 대하여 • 134

9장 세 종류의 사역에 대하여 • 156

10장 예배와 부흥에 대하여 • 176

11장 영적 침체와 회복에 대하여 • 196

12장 중보의 전쟁과 부흥에 대하여 • 214

13장 중보의 고통과 부흥에 대하여 • 240

14장 영혼을 깨우는것에 대하여 • 268

1장
영의 흐름에 대하여

모든 생명이 있는 것은
움직임이 있습니다.

흐름이 있습니다.
움직이지 않고, 흐름이 없다면,
그것은 죽은 것입니다.
물도 흐르지 않고 한곳에 고여 있으면
죽게 됩니다.
즉, 썩는 것입니다.
창문을 열지 않아서 공기의 흐름이 없다면
집이 퀴퀴해 지고 곰팡이가 생기게 됩니다.

그와 같이 영에도 흐름이 있습니다.
그 영의 흐름을
우리가 경험하고 감지할 수 있을 때
우리의 영은
자유롭고 건강해질 수 있을 것입니다.

생명과 흐름

하나님은 사람을 영과 혼과 몸으로 지으셨고, 생명을 넣어 주셨습니다. 생명이 있는 모든 것은 움직이며 그러므로 영도, 몸도 움직임이 있고, 흐름이 있습니다.

부정적인 감정, 정서도 밖으로 흐르지 않고 내부에만 고여 있으면 썩게 됩니다. 그러므로 정신병이나 우울증이 생기게 되는 것입니다.

몸도 움직임이 부족하면 병이 옵니다.

이와 같이 우리 인격의 가장 깊은 곳에 존재하는 영, 그것도 흐름이 있어야 발전하며 건강해지며 그 기능을 발휘하게 되는 것입니다.

오늘날 영의 흐름, 영성의 흐름에 대하여 인지하며 그 중요성을 느끼는 사람들은 그리 많지 않은 것 같습니다. 이것을 쉬운 예를 들어 설명을 해 보겠습니다.

영의 인식

오래 전, 어떤 집회에서 찬양을 인도하고 있었습니다.

찬양 인도자는 영의 흐름에 매우 민감해야 합니다.

그래야 성도들을 찬양의 깊은 곳으로 인도할 수 있습니다.

그런데 그곳에 있는 성도들 중에서 누군가가 나에게 악한 마음을 가지고 있는 것이 느껴졌습니다.

누구인지는 모르지만 내게 대한 분노와 미움을 가지고 있는 것 같았습니다. 나의 영은 너무도 답답하여 주님의 영을 향하여 올라갈 수 없었습니다.

할 수 없이 나는 찬양을 중단하고 이렇게 이야기했습니다.

"여러분, 정말 죄송합니다. 지금 누구인지는 모르지만 저에게 몹시 화가 나있는 분이 계십니다. 그래서 지금 찬양을 인도할 수가 없습니다. 주님의 영이 오시지 않습니다. 죄송하지만, 이 예배동안에만 잠시만 저를 용서해 주십시오."

다행히도 거의 즉시로 나를 누르고 있던 악한 기운이 사라졌습니다.
나는 다시 말했습니다.

"누구 신지 모르지만 참 감사합니다. 이제는 다시 찬양을 인도할 수가 있군요."

그리고 우리의 찬양은 다시 성공적으로 진행되었습니다.

예배가 끝난 후 어떤 형제가 나를 찾아왔습니다.

그리고는 내게 오해를 한 것이 있는데, 죄송하다고, 그것이 예배인도를 방해하는 것인 줄은 몰랐다고 사과를 하였습니다.

이와 비슷한 예는 흔히 경험할 수 있는 것입니다.

한번은 역시 찬양인도를 하고 있는데 성도들 중의 여러 명의 심령에 두려움이 꽉 채워져 있었습니다. 그들의 가슴은 너무 답답하고 꽉 막혀져 있어서 주님의 영과 교통할 수 없었습니다.

어둡고, 낮은 곳에 있는 심령은 주님의, 빛의 세계로 갈 수 없습니다.
그들은 먼저 치유를 받아야 하는 것입니다.

찬양 인도자는 어떻게 그것을 감지할 수 있을까요?

그 원리는 아주 간단합니다.

예배를 드릴 때, 우리는 그것을 느끼던, 느끼지 못하던 우리의 영은 하나가 되는 것입니다. 그러므로 인도자는 전체의 영, 전체의 분위기를 쉽게 느끼게 됩니다. 그래서 전체 중에서 일부가 고통을 겪고 있으면 그것을 느낄 수 있게 됩니다.

또한 그 일부의 고통은 다른 사람들에게도 같이 영향을 주는 것입니다. 다만 민감한 사람은 그 고통을 느끼고, 둔감한 사람은 그것을 느끼지 못할 뿐입니다.

나는 찬양을 중단하고 이야기를 했습니다.
"지금 두려움과 놀람 때문에 가슴이 꽉 막혀 있는 분이 몇 분 계십니다. 지금 그 자리에서 일어나십시오. 지금 주님께서 그 분들을 만지실 것입니다."

몇 명이 일어났고, 나는 그들을 위해서 기도했습니다.
잠시 후 그들의 마음이 잔잔하게 되었고, 나도 역시 편안해졌습니다. 그래서 찬양의 다음 단계로 진행을 할 수가 있었습니다.

예배가 끝난 후 어떤 자매가 말하기를 예배 전에 여러 명이 같이 교회에 오던 중 전철 안에서 충격적인 일을 경험하고 너무 놀라서 가슴이 답답하여 찬양을 드릴 수가 없었는데, 역시 주님은 한번도 그냥 지나가지 않으신다고 몹시 기뻐하는 것이었습니다.

영의 흐름에 대하여 이해하게 되면 이러한 일들이 별로 특이한 일이 아니라는 것을 알 수 있게 될 것입니다.

예배와 영의 흐름

　기도든, 찬양이든, 예배든, 그것은 단계적으로 진행되는 것입니다.
　인도자는 처음에는 바깥뜰의 세계에서, 성소로, 지성소로 사람들을 이끌고 가는 것입니다.
　그러므로 인도자는 성도들의 영의 상태를 감지하고 그들이 무엇에 묶여 있는지, 두려워하는지, 근심에 묶여 있는지, 분노나 증오, 좌절 등에 쌓여 있는지를 분별하고 이에 맞는 기도와 찬양을 통하여 그들의 심령을 풀어주고 하나님의 임재를 향하여 그들을 인도하는 것입니다.
　설교자가 주님의 인도를 받지 못하면 그는 자기가 하고 싶은 말씀, 깨달은 것만을 전합니다.
　그러나 설교자가 영의 흐름에 민감하여 주님께 엎드린다면, 그는 성도들의 상태에 맞는 말씀을 주님께 받게 되고 그 말씀의 선포와 그 영의 흐름으로 인하여 성도들은 자유롭게 되는 것입니다.
　바른 예배와 기도, 찬양에는 반드시 하나님의 임재가 있으며 그곳까지 도달한 성도들은 감동과 눈물, 평화로움, 자유함 등을 경험하게 됩니다.
　물론 그들은 그러한 평화로움과 주님의 임재를 계속 유지해 나가지 못할 것입니다.
　그들은 영이 어리기 때문에 쉽게 그러한 영적인 충만함을 상실해 버립니다. 그러므로 그들은 다시 배고픈 상태로 예배를 드리러 오고, 인도자는 다시 그들을 데리고 주님의 전으로 나아가야 하는 것입니다.

일반적인 영의 흐름

　인도자의 이러한 영적 감각, 민감성 - 그것은 아주 깊고 신령한 경지일까요? 아닙니다. 결코 그렇지 않습니다.
　사람은 원래 하나님의 형상으로 지어진 존재이므로, 누구나 영이 있고, 영의 감각이 있습니다. 심지어 거듭나지 않은 사람도 아직 가사상태이기는 하지만 영이 있고, 느낌이 있습니다.

　교사가 잘못한 학생을 불러놓고 야단을 치고 훈계를 합니다.
　학생은 고개를 숙이고 아무런 말을 하지 않습니다.
　이때, 그 학생이 조용히 반성을 하고 있는지, 아니면 불쾌한 마음을 품고 있는지 교사가 모를까요? 아닙니다. 알 수 있습니다.
　아무 말이 없어도 본능적으로 그것을 압니다.
　설교자가 말씀을 전합니다.
　그런데 그가 말씀을 증거하면서 성도들이 은혜를 받고 있구나, 아니면 아, 내가 죽을 쑤고 있구나, 하는 것을 모를까요?
　아닙니다. 잘 알 수 있습니다.

　누구나 내면의 감각이 있습니다.
　누구나 자기의 마음속에서, 타인의 마음속에서, 흐르는 그 어떤 것을 느낍니다.
　주님의 충만을 경험할 때, 그는 그 속에서 생수의 강이 흐르는 것을 경험합니다. (요7:37)
　주님께서 주시는 생수를 마시는 자는 자기의 영, 깊은 곳에서 계속적

으로 솟아나는 샘물을 느낍니다. (요4:14)

그러나 많은 분들이 이 영의 흐름을 이해하지 못하고, 무시해 버립니다. 그 흐름을 경험하려고도 하지 않습니다.

그러나 내면의 영의 흐름과 움직임은 우리가 많은 관심을 기울여야 하고, 훈련해야 하는 영적 성장의 기초가 되는 것입니다.

예배의 변화

오늘날 많은 예배들이 형식적으로, 무기력하게 드려집니다.

많은 사람들이 무거운 심령, 답답한 심령으로 왔다가 그 상태 그대로 돌아갑니다.

어떤 분들은 자신의 비참하고 묶여져 있는 영의 상태를 인식하지도 못하며 주님의 만지심과 해방에 대한 어떤 기대도 없이 습관적으로 교회에 왔다 갑니다.

왜 이러한 일이 생길까요?

왜 예배가 지루하고 따분하게 느껴질까요?

창문을 열지 않아서 바람의 흐름이 없을 때 우리가 답답하게 느끼는 것처럼, 예배에 영의 흐름이 부족하면 사람들은 영의 답답함을 느끼며 지루하게 느끼게 되는 것입니다.

끈질기게 앉아있는 성도들이나 애를 쓰면서 예배를 이끌어 가는 사역자의 인내심은 칭찬해 줄만 하지만, 유감스럽게도 그러한 예배는 별로 실제적인 영적 도움을 줄 수 없는 것입니다.

많은 성도들의 심령이 묶여있고 답답하지만 사역자는 그것을 느끼지 못합니다.

  많은 사역자들의 심령상태가 좌절과 부담으로 가득하지만 성도들 역시 그것을 감지하지 못합니다.

  그들의 영들은 서로 떨어져 있으며 교통과 흐름이 없는 것입니다.

  그들은 물리적으로는 가까이 있을지 모르지만, 영적으로는 서로 멀리 떨어져 있는 것입니다.

  많은 설교의 메시지가 좋은 말씀이고 하나님의 말씀이지만, 거기에 흐름이 없습니다.

  그러므로 성도들의 심령에 와 닿지 않습니다.

  많은 기도, 찬양이 아름답지만 거기에서 흘러나옴이 없습니다.

  그리고, 그러한 흐름이 없을 때, 성도들은 아무 것도 공급받지 못하는 것입니다.

  그들의 머리는 많은 지식과 이해를 쌓아가지만, 그들의 심령에는 어떤 흘러 들어옴과 공급도 없이, 어떠한 열매와 변화도 없이 그저 무기력한 명목상의 신자의 삶을 살아갈 수밖에 없는 것입니다.

영광의 흐름

  영이 살아있을 때, 그것은 움직입니다.

  그것은 흘러나옵니다.

  그것은 주님의 임재에 민감하고,

  사람들의 마음에 민감합니다.

기도에도, 예배에도, 찬양에도,
이 영의 흐름이 있어야 합니다.

깊은 바다가 서로 부름같이,
영의 흐름이 있을 때 사람들은 그 흐름을 느낍니다.
그리고 서로 공명하며 공감하게 됩니다.
그들은 눈물을, 감동을, 희열을, 평화로움을 함께 나누게 됩니다.

그럴 때 비로소 사람들은 변화되고 치유되며
주님의 거룩하심, 영광, 그 아름다우심의 실상 속으로
한없이 끌려 들어가게 되는 것입니다.
그리고 그 영광의 흐름 속에 우리가 압도될 때,
우리는 더욱 더 주님의 사람이 되어 가는 것입니다.

2장
사람의 중심과 애정에 대하여

사람의 중심은 무엇일까요?
사람은 몸과 마음과 생각과 감정…
많은 것을 가지고 있지만

그 중에서 가장 중심을 차지하고 있는 것은
무엇일까요?

그것은 애정입니다.
무엇을 가장 좋아하는가가
그 사람의 중심입니다.
그것이 그의 영혼의 중심을 결정하며
그의 삶을 이끌어가는
중요한 원리가 되는 것입니다.

어떤 사나이의 사형 선고

어떤 사나이가 심각한 병으로 치료를 받기 위해서 병원에 갔습니다.
의사는 이것, 저것 사나이의 병의 상태를 진단하더니 처방책을 제시했습니다.
"선생님의 병은 증상이 몹시 심각합니다. 이 병을 고치기 위해서 앞으로 몇 년간은 생활의 절제가 꼭 필요합니다. 술도 금하시고, 담배도 끊어야 합니다. 그리고 과식도 절제하시고, 될 수 있는 대로 부부생활도 삼가하셔야 하겠습니다."
그 말을 듣자 사나이는 곧 바로 일어섰습니다.
그리고 말했습니다.
"몇 년 동안 그렇게 살라고요? 나, 이 치료를 안 받겠습니다. 그렇게 살 바에야 아예 죽는 게 낫죠. 그렇게 살아서 뭐합니까?"
사나이는 즉시 병원을 떠났습니다.

이 이야기가 주는 의미는 무엇일까요?
이 사나이에게 있어서 그러한 육신적인 즐거움은 삶의 유일한 기쁨이었습니다.
그는 영적인 생명이 전혀 개발되어있지 않았기 때문에 육신을 초월한 기쁨에 대해서는 아무 것도 알지 못했습니다.
자기가 유일하게 좋아하는 것을 끊으라는 것 - 그것은 이 사나이에게 사형선고와 같았던 것입니다.

사람의 중심은 애정입니다.

 사람의 중심은 무엇일까요? 그것은 애정입니다.
 사람의 영과 혼은 다양한 기능을 가지고 있습니다. 양심, 이해, 직관, 등등... 그러나 그 중에서도 가장 중심이 되는 것은 애정입니다.
 즉 그 사람이 어떤 사람이냐 하는 것은 그 사람이 무엇을 가장 좋아하느냐에 따라 결정되는 것입니다.
 그 사람이 무엇을 통해서 가장 행복을 느끼고, 무엇을 잃을 때 가장 고통을 느끼는가 - 이에 대한 대답이 그 사람의 영혼의 수준과 상태, 본질을 결정해 주는 것입니다.
 사람이 죽으면 육체도 소멸되고 이해성도 소멸되지만, 그 사람의 애정은 결코 소멸되지 않습니다.
 왜냐하면 그것은 그 사람의 본질이기 때문입니다.

애정은 모든 에너지의 근원입니다.

 사람의 영혼과 육체는 애정을 중심으로 하여 형성되어 있습니다.
 어떤 사람의 직업이 그가 진정 좋아하는 일을 하는 것이라면 그의 일은 노동이 아니고 즐기고 누리는 것입니다.
 그러나 그가 싫어하는 일을 단지 살아가기 위해서 해야 한다면 이는 심각한 노동이며 그의 몸과 마음에 많은 고통을 줍니다.
 어떤 사람이 사랑에 빠져 있다면, 그 사랑의 대상에 대하여 100송이의 장미꽃을 준비하는 것도, 100번째의 만남을 기억하는 것도, 그리고 그 외의 어떠한 수고도 그것은 노동이 아닙니다.

그러나 그 관계가 그저 그런 관계라면, 그리고 마지못해 해 주어야만 하는 일이라면 그것은 엄청난 수고요, 노동이 되는 것입니다.

이와 같이 사람은 자신이 좋아하는 것에 의하여 기쁨을 누리게 되며 자신이 싫어하는 것을 해야 할 때 고통을 느낍니다.

그러므로 어떤 사람은 극장에서, 어떤 사람은 야구장에서 큰 기쁨을 느끼며 어떤 사람은 고요한 골방의 기도에서 가장 큰 희락을 얻습니다.

동일한 일이 어떤 이에게는 큰 기쁨이 되지만 어떤 이에게는 큰 고통이 됩니다.

어떤 이는 명예를 얻을 때 즐거워 하지만 어떤 이는 오히려 고통을 느낍니다.

어떤 이는 남에게 무엇을 주어야 할 때 고통을 느끼지만 어떤 이는 오히려 거기에서 삶의 희락을 느낍니다.

어떤 이는 많이 소유하고 누리는 데에서 기쁨을 얻지만 어떤 이는 주님께 많이 묶여지고 그분의 소유가 되어 갈수록 행복감을 느낍니다.

이것은 각 사람의 영적인 상태와 수준이 다 다르기 때문입니다.

이와 같이 사람은 영성의 발달 수준에 따라 애정과 취향이 달라지며 기쁨과 고통의 느낌이 달라지는 것입니다.

영성의 발전은 애정의 변화입니다.

죄에 빠져 타락한 인간은 단순히 죽게 되고 지옥가게 된 것만이 문제가 되는 것은 아닙니다.

그 생명의 본질, 애정의 중심이 바뀌었다는 것이 더 큰 문제입니다.

타락의 결과, 사람은 죄를 즐거워합니다. 자기 자신만을 사랑합니다.

음란을 즐기고 더러움을 즐기며, 자기에게 불리한 상황에 대해서 분노하며 사람들의 칭찬이나 인정받음을 즐깁니다.

이렇게 사람은 지옥적인 속성을 가지게 되었습니다.

그렇다면 은혜를 받고, 영적으로 성장한다는 것은 무엇일까요?

이와 같은 자아중심, 육 중심의 사람이 영 중심, 주님 중심의 사람이 되어서 그의 애정과 즐거움이 바뀐다는 것입니다.

이전에 좋던 것들이 이제는 싫어집니다.

파티의 요란함보다 주님과의 고요하고 깊은 만남이 그를 더 즐겁게 합니다.

진리에 대한 새로운 통찰력, 깨달음이 그를 행복하게 만듭니다.

전에는 자신에 대한 사람들의 비난이나 오해가 몹시 고통스러웠으나 이제는 사람들이 주님을 사랑하지 않는 것이 큰 고통이 됩니다.

전에는 자기의 뜻대로 일이 풀리지 않으면 속이 상하고 화가 났지만, 이제는 어떠한 상황이든 조용히 주님의 뜻 안에서 안식하게 됩니다.

전에는 많이 가르치고 나서기를 좋아했으나 이제는 조용히 가르침을 받으며 기다리는 것을 좋아합니다.

이와 같이 영성의 발전이란 애정과 성향의 변화이며 그 결과 고통과 행복의 기준이 완전히 바꾸어 지게되는 것입니다.

인내하는 것과 즐기는 것은 전혀 본질적으로 다른 것입니다.

고난을 참는 것과 고난을 즐기는 것은 다릅니다.

아깝지만 줄려고 노력하는 것과 자연스럽게 주는 것이 기쁨이 된 상태는 전혀 다른 것입니다.

용서하려고 몸부림을 치는 것과 오히려 미워하는 것이 어려운 상태는 수준과 차원이 다른 것입니다.

죄의 충동을 억압하고 누르는 것과 본성이 변화되어 죄와 악을 싫어하는 것은 본질적으로 다릅니다.

열매를 얻기 위하여 애쓰고 노력하는 차원은 아직 육적인 상태에 있는 것이며 자기 의가 되고 그렇게 하지 못하는 사람들에 대한 정죄와 판단이 따르게 됩니다.

모든 영의 열매는 자기 안에서 자연스럽게 쉽게 이루어지는 것이며 이것은 영의 열매, 주님의 열매이므로 자신을 높일 수 없으며 자연스럽게 주님만을 높이게 되는 것입니다.

물론 노력을 포기해서는 안됩니다. 그러나 실상이 이루어질수록 우리의 애정과 속성은 바뀌어져서 노력 없이도 자연스럽게 열매와 누림을 경험하게 되어 가는 것입니다.

이해는 실상이 아닙니다.

영성의 실상에 대한 많은 오해들이 있습니다.

한 예를 들면 영성에 대해서 많이 연구하고 많이 이해하며 지식을 가지고 있으면 그것도 하나의 실제라고 생각합니다.

그러나 결코 그렇지 않습니다.

실제는 오직 중심의 변화, 애정의 변화이며, 이해는 실상이 아닙니다.

어떤 이들은 타고날 때부터 영리하며 이해성이 뛰어납니다.

그들은 한 두 가지를 배우면 열 가지를 이해합니다.

그들은 신앙의 체계도 쉽게 이해하며, 조금 이해한 것을 많은 사람들에게 쉽게 가르칠 수 있습니다.

당연히 그들은 쉽게 지도자가 됩니다. 그러나 그들 자신의 애정이 바뀌어지지 않았다면 그들은 결코 주님의 실상에 접한 것이 아닙니다.

오늘날 영성의 깊은 곳에 도달하려고 하는 사람은 많습니다.

그들은 주님을 사랑하거나 영혼들을 사랑하는 것 보다 자신의 영이 깊어지기를 원합니다.

그러나 이것은 하나의 육신적인 집념에 불과한 것입니다.

오늘날 자신의 육신적인 욕망이 하나님의 뜻, 비전, 이상으로 둔갑되는 경우는 무척 많습니다. 그러나 애정의 변화가 없이는, 결코 실상을 경험하지 못합니다.

애정의 수준

하나님의 임재훈련에 대한 로렌스 형제와 프랑크 루박의 글은 유명합니다.

그들은 거의 평생에 모든 순간을 하나님의 임재를 추구하고 유지하는 훈련을 하는데 힘썼고, 그 결과 귀하고 아름다운 열매들을 많이 맺었습니다.

많은 그리스도인들이 이 두 사람의 본을 따라 그와 같은 훈련을 하기를 힘썼습니다. 그러나 그들의 수준으로 발전하고 열매를 얻는 사람은 거의 드물었습니다.

왜 그럴까요? 그것은 어떤 이유일까요?

그것은 우리의 영혼은 어떤 사람이 진정으로 그것을 좋아하고 추구하지 않는 한, 그것을 지속적으로 추진할 수 있는 에너지를 주지 못하기 때문입니다.

이것이 사람들이 오래 기도하지 못하는 이유입니다.

1시간, 2시간, 혹은 하루, 혹은 1달… 이렇게 할 수는 있지만, 우리의 영혼, 우리의 중심이 진정 그분을 사랑하고, 사랑하고, 또 사랑하지 않는 한, 그러한 지속적인 집중은 불가능하기 때문입니다.

왜냐하면 사람의 구조는 단순히 외적인 성공이나 사람들의 인정이나 평판 등의 외적인 동기만을 가지고 어떤 일에 오래 동안 사로잡혀 있을 때 고통을 느끼기 때문입니다.

진정한 내면의 변화를 통하여 진정 주님을 구하는 것이 유일의 기쁨이 되고 만족이 될 때에야 만이 사람은 진정 지속적인 기도와 주님의 임재를 구할 수 있습니다.

대다수의 사람들이 문제가 있을 때에만 주님을 구하는 것은 주님을 해결사나 구원자로서만 경험했기 때문이며 사랑하는 연인으로서의 관계가 형성되지 않았기 때문입니다.

영성의 원리 (1) 23

사람의 의식은 의식적으로 억압하지 않을 때에는 자연스럽게 자신의 관심사, 좋아하는 것을 향해 흘러가게 됩니다.

그러므로 영적인 책이나 영적인 사람에게 영향을 받고 잠시 주님을 바라볼 수는 있지만 곧 그의 관심은 다른 것, 재미있거나 급한 일에 쏠리게 될 것입니다.

아직 그의 중심 애정은 자기 자신과 세상에 있으며 주님과 영원에 있지 않기 때문입니다.

그러므로 그는 자신의 영적 수준에 맞는 생각이나 느낌으로 살게 되며 다시 예배나 영적인 독서를 통해서 자극 받기 전까지는 낮은 차원의 의식으로 살아갈 수밖에 없는 것입니다.

애정의 환상

많은 사람들이 자신은 진정 주님을 사랑하고 있다고 생각합니다.

기도하면서 어느 정도의 달콤한 경험을 하면 자신을 아주 신령한 존재로 생각합니다.

그러나 대부분 그것은 착각이며 우리들이 진정 사랑하고 있는 것은 우리의 느낌이며 자아입니다.

자기 기만처럼 무서운 것은 없습니다.

그러나 우리가 주님을 사랑한다는 고백과 환상에 아무리 빠져있어도 그것이 삶을 통해서 입증되지 못한다면 그것은 착각일 수 있습니다.

왜냐하면 어떤 대상을 진정 사랑할 때, 그것은 시간의 사용, 물질의 사용, 마음과 생각에서 그가 차지하는 비중 등이 완전히 달라지기 때문입니다.

　주님께 대한 애정의 고백이나 헌신의 표현도 분위기에 의한 순간적인 충동인 경우도 많습니다.
　주님께 대한 진정한 애정의 변화는 영적 생명의 풍성함과 많은 아름다운 열매를 가져다줍니다. 그러나 자신의 생명에 대한 애정은 많은 누추한 열매를 가져다주는 것입니다.
　생활에 대한 염려도, 사람들의 평가에 대한 두려움이나 민감함도 다 자기 사랑에서 기인하는 것입니다.

　대부분의 사람들은 하나님의 뜻에 대해서 그다지 관심이 없습니다.
　감미로운 예배를 드리고, 자극적인 말을 들을 때 우리는 울기도 하고, 수없이 결단도 하지만, 그러한 감동이 식어버린 일상의 삶에서 주님과 동행하는 사람, 참으로 자기를 부인하는 사람은 결코 많지 않습니다.
　진정 주님의 뜻이 이 땅에 이루어지기를 고통하고 씨름하는 사람은 많지 않습니다. 그것은 아직도 우리의 애정이 하늘에 속하지 않고 땅에 속하여 있기 때문입니다.
　우리가 아직도 우리 자신 때문에 기뻐하고 괴로워한다면 아직 우리는 주님의 실상에 대하여 잘 모르고 있는 것입니다. 왜냐하면 주님에 대하여 알아갈수록 자신에 대하여, 사람들의 시각에 대하여 자유로워지며 애정과 관심의 방향이 달라지기 때문입니다.

　오늘날 신앙 생활은 오래 하지만 자신과 세상을 지나치게 사랑하며 육성적인 거칠은 열매를 맺는 분들이 참으로 많습니다.

 이렇게 거칠고, 이기적이고 무례함 등의 열매를 맺는 사람들이 쉽게 변화되지 않는 이유는 영의 중심이 새로워지지 않았기 때문에 그러한 것에 대하여 고통을 느끼지 않기 때문입니다.

 그러나 영이 성장하게 되면 그러한 악성에 대하여 고통을 느끼게 되며 아름답고 온유한 삶에 즐거움을 느끼게 됩니다.

 진정한 영적 성장을 위해서 우리는 우리 자신의 애정을 점검해 보아야 합니다.

 진정 우리가 즐거움을 느끼고 있는 것은 무엇이며, 고통을 느끼고 있는 것은 무엇인지 자신을 돌이켜봐야 합니다.

 왜냐하면 환상에서 깨어나야 만이 우리는 진정한 성장을 할 수 있기 때문입니다.

중독과 애정

 많은 사람들이 무엇인가에 중독되어 있습니다.

 술 중독, 게임 중독, 연애 중독, 성 중독, TV 중독, 수다 중독, 쇼핑 중독, 식도락 중독 등등.. 어떤 것은 아주 악해 보이고 어떤 것은 비교적 덜 유해해 보이기도 합니다.

 어떤 이들은 이 중독에서 벗어나기 위해서 많은 노력을 합니다. 기도도, 금식도 합니다.

 그러나 분명한 것은, 본인이 그것을 좋아하는 한 그것을 끊을 길은 없다는 것입니다.

 아마 비슷한 다른 형태의 것으로 대치할 수는 있겠지요.

 그러나 근본적으로 그가 자신이 좋아하는 것을 끊는 것은 불가능합니다. 그것은 만유 인력의 법칙과도 같이 영계의 질서를 형성하고 있는 하나의 원리이며 법칙이기 때문입니다.

 그러므로 그가 그것을 미워하지 않는 한, 아무리 많이 기도를 하고 결단을 해도 그는 중독에서 벗어날 수 없는 것입니다.

 오늘날 사람들은 죄를 미워하지 않습니다. 음란이나 탐욕이나 더러움을 증오하지 않습니다.

 다만 징벌을 두려워 할 뿐입니다.

 마음속에서는 즐기고 있으나 하나님의 징계나 사람들의 평판이 두려워서 억누르고 있을 뿐인 것입니다.

 그러나 죄가 그의 고통이 되고, 의가 그의 기쁨이 되지 않는 한, 그는 악에서 벗어날 수 없으며 영적 해방은 요원한 일이 되는 것입니다.

 험담과 비방, 복수하는 것, 음란… 이러한 것에는 지옥적인 즐거움이 있습니다. 그러한 것을 즐기는 사람은 결코 어두움의 영계에서 벗어나지 못합니다.

 그러나 주님의 빛을 많이 경험할수록 그는 이러한 어두움의 일을 싫어하게 되며 남이 보지 않는, 혼자 있는 곳에서도 그는 빛의 삶을 추구하며 즐기게 되는 것입니다.

 이는 그의 영혼이, 그의 중심이 바뀌어졌기 때문인 것입니다.

천국과 지옥의 속성

이 땅의 모든 동식물들은 천국과 지옥의 속성을 보여줍니다.

천국을 상징하는 피조물도 있고, 지옥의 속성을 보여주는 피조물도 있습니다. 낮에 활동하는 동물도 있고, 밤에 활동하는 동물도 있습니다. 밝은 곳에서 자라나는 식물도 있고, 어두운 습지에서 자라는 식물도 있습니다.

바퀴벌레같이 빛을 싫어하며 어두운 곳에서 사는 존재도 있고 밝은 곳에서 사는 존재도 있습니다.

썩거나 고인 물에서 살고 있는 해충도 있으며 깨끗한 물에서 자라는 곤충도 있습니다. 그들은 모두 천국과 지옥을 상징적으로 보여주는 것입니다.

바퀴벌레에게 빛에 속한 곤충이 '너는 왜 어두운 곳에 있니?' 라고 질문하면 그들은 '우리는 어두움이 좋아.' 하고 대답합니다.

장구벌레에게 '너는 왜 썩은 물에서 사니?' 하고 질문하면 '우리는 이 썩고 부패한 냄새가 좋아.. 이것이 우리에게 기쁨이 되지.' 라고 대답합니다.

사람의 속성도 이와 같이 나뉘어 집니다.

어떤 사람은 험담을 즐기고 대접받는 것을 좋아하며 불륜과 욕심, 음욕을 즐깁니다.

그들은 어두움을 좋아합니다. 그들은 사랑과 겸손과 온유가 싫으며 그것을 위선으로 느끼고 불쾌감을 느낍니다.

그들은 점차 지옥의 사람들로 굳어져 가는 것입니다.

어떤 이들은 섬김과 희생을 즐기며 주는 것을 좋아하고 점차 자신을 잃어버립니다.
그리고 주님과 이웃의 종이 되는 데에서 기쁨을 느낍니다.
그들은 차츰 천국의 사람으로 그의 기쁨과 속성이 형성되는 것입니다.

이와 같이 아무리 주님과 신앙에 대한 지식을 많이 가지고 있어도 거칠고 사나우며 남을 괴롭히고 대접받기를 원하며 자신이 드러나기를 원한다면 그의 몸과 머리는 천국에 있을지 모르지만 그의 영혼은 아직도 어두움가운데 처해있는 것입니다.

참된 기쁨, 참된 애정을 추구하십시오.

많은 사람들이 너무 낮은 차원의 세계에서 기쁨을 취합니다.
수준 낮은 TV드라마나 사람들의 평판, 식도락의 세계에서 기쁨과 만족을 얻습니다.
그것은 그들의 영혼이 아직도 낮은 세계에 머물러 있기 때문입니다.

최근에 우리 교회에 다니는 집사님의 가정이 이사를 했습니다.
여 집사님이 임신 중이어서 활동이 불편했으므로 나와 아내가 이사를 도와주러 갔습니다.
우리는 몸이 약해서 이사할 때마다 몸살이 나서 며칠을 앓고 난 이후부터는 포장이사를 하지만, 다른 집의 일이므로 우리는 짐을 날라주고, 짐 정리를 하는 등, 이틀동안 이사를 도와주었습니다.

그리고 몸살이 나서 우리는 1주일정도 꼼짝못하고 누워있게 되었습니다. 누워서 있으면서 나는 묘한 느낌을 얻었습니다.

내가 이틀동안 일을 도우면서 몸과 마음에 느꼈던 감정은, 마치 기도를 5-6시간 정도하고 나서 얻어지는 일종의 황홀감 같은 것이었습니다.

이삿짐을 나르면서 나는 주님의 임재를 느꼈습니다. 그것은 한량없는 기쁨이었고, 표현하기 어려운 황홀감이었습니다.

우리 집안 일에서는 그런 기쁨을 얻지 못했으나, 다른 집의 일을 도우면서 나는 진정 주님이 함께 하시고 기뻐하시는 즐거움을 충분히 누렸던 것입니다.

오랫동안 앓기는 했지만, 그 기쁨은 쉽게 사라지지 않았습니다.

남을 돕는다는 것.. 봉사하는 기쁨은 바로 천국의 기쁨이라는 것을 나는 다시 경험할 수 있게 되었던 것입니다.

우리의 영혼이 자라갈 때, 우리의 애정은 변화됩니다. 우리의 기쁨도 변화됩니다. 전에 알지 못했던 기쁨들, 주님의 임재가 좀 더 깊은 기쁨이 되며, 사람들을 섬기는 것이 좀더 많은 즐거움이 됩니다.

전에는 남을 가르치고 지배하는 것이 기쁨이었으나 이제는 남을 섬기고 봉사하며 지배받고 종이 되는 것에서 오히려 더 큰 즐거움을 경험하게 되어 가는 것입니다.

진리에 대한 이해의 발전이 기쁨이 되며 주님의 뜻, 주님의 말씀이 새롭고 깊은 기쁨이 되는 것입니다.

진정 우리는 참다운 영적 실제를 얻어야 합니다.

개념뿐이 아닌 생명의 변화, 본질적인 변화를 경험해가야 합니다.

우리의 속성, 우리의 애정이 변화될 때, 새롭고 영광스러운 하늘의 세계가 열리는 것이며 썩어질 것에 대한 즐거움, 좁고 좁은 자기 아집의 즐거움에서 벗어나 영혼의 기쁨, 영원의 기쁨, 하늘의, 거룩과 영광의 기쁨을 알게 되며 진정 하늘의 사람, 주님의 사람, 천국의 사람으로 변화되어 가는 것입니다. 이것이 곧 영적인 성장이며 이 땅에서 천국의 기쁨을 부분적으로 경험하여 가는 것입니다.

3장
지성과 영성의 관계에 대하여

지성은 영성과 어떤 관계가 있을까요?
일반적으로 지적인 그리스도인들은
영적 감수성에 있어서 조금 둔감한 듯이
보여집니다.

그것은 사실일까요?
만일 그렇다면 그 이유는 무엇일까요?
지성은 영성과 어떤 관계를 가지고 있으며
어떻게 서로 보완될 수 있을까요?
지성과 영성과 사명과 기질은 어떻게 조화되며
어떻게 이해해야 할까요?
우리는 그것들을 알아볼 것입니다.

사람의 3요소

　사람은 땅의 흙과 하늘의 생기로 만들어졌습니다.
그래서 사람 안에는 땅의 요소와 하늘의 요소가 공존합니다.
그래서 사람은 갈등이 있습니다.
동물은 흙으로만 만들어졌고, 천사는 하늘의 요소만 있습니다.
그러므로 그들은 갈등이 없습니다.
동물은 본능적으로 살아도 갈등이나 죄책이 없으며 천사들은
영적으로 살아도 갈등이 없습니다.
　그러나 사람은 동물적으로, 본능적으로 살면 영혼이 갈등을 일으키며
영적으로 살면 육체가 들고 일어납니다.
　그리하여 갈등이 생깁니다.

　사람은 땅과 하늘, 육체와 영혼, 보이는 것과 보이지 않는 것, 썩어질
것과 썩어지지 않는 것과의 치열한 투쟁이 있습니다.
　그 싸움이 인생입니다.
　성경에서 애굽은 육체의 힘이 영혼보다 강하여 죄를 이길 수 없는
상태를 상징하며 가나안은 겉 사람, 육체가 후패하여 속 사람, 영혼이
육체를 다스리는 승리의 단계이며 광야는 중간 상태임을 보여주는
것입니다.

　땅의 기운은 입으로 들어가고, 하늘의 기운은 코로 들어갑니다.
그러므로 사람은 입으로 육체의 힘을 얻으며, 코로 영을 마십니다.
입과 배는 땅을 대표하며 코와 심장은 하늘을 대표합니다.

빌립보서 3장 19절에서 "저희의 신은 배요… 땅의 일을 생각하는 자라" 했을 때 그 배는 육신의 정욕을 대표하는 것입니다.

시편 16편 7절에서 "밤마다 내 심장이 교훈하도다" 라고 했을 때 심장은 내면의 영을 말하는 것입니다.

이 땅과 하늘에 중간적인 요소가 있는데, 그것은 두뇌입니다.

두뇌는 눈이 대표하고 있습니다.

두뇌는 지각하고 생각하는 기능으로서 땅과 하늘의 중간 단계라고 할 수 있습니다.

로마서 8장 6절에 "육신의 생각은 사망이요, 영의 생각은 생명과 평안이니라" 라고 했는데, 생각은 이와 같이 땅과 하늘이 표출되는 곳입니다.

육신과 영혼의 생각이 표현되는 곳입니다.

배는 육의 세계와 교통하고 심장은 영계와 교통하는 관문이지만 머리의 생각은 영계도, 물질계와도 교통할 수 있습니다.

그러므로 영계와 물질계, 영혼과 육체는 이 생각을 사로잡기 위해서 서로 안간힘을 쓰는 것입니다.

왜냐하면 영혼과 육체의 싸움이 곧 인생의 가는 길이며 영혼의 성장과정인데 영혼과 육체는 1:1이므로 중간자인 생각이 누구의 편에 서느냐에 따라서 2:1이 되어 승패가 결정되기 때문입니다.

3종류의 사람

 이와 같이 사람은 몸, 혼, 영으로 만들어져 있습니다.
 즉 배, 머리, 가슴으로 만들어져 있습니다.
 사람을 대표하는 기능은 그러므로 입, 눈, 코입니다.
 그런데 태어날 때부터 기질이 결정되어 있으며 이것은 그 사람의 사명이기도 합니다.
 어떤 사람은 태어날 때부터 눈이 발달하여 보는 것에 민감합니다.
 어떤 사람은 귀가 발달하여 소리에 대하여 예민하며 어떤 사람은 입이 발달되어 있습니다.
 이와 같이 무엇이 발달되었느냐에 따라서 육성인, 지성인, 감성인으로 나눌 수가 있습니다.

 육성인의 기질은 어릴 적부터 활동력이 많아서 쉬지 않고 움직이며 손재주가 많은 등, 육체의 기능이 잘 발달되어 있습니다.
 이들은 입의 기능이 잘 발달되어 있으므로 무척 잘 먹습니다.
 지성인의 기질은 별로 움직이지 않고 잘 먹지 않으며 생각이 많고 지혜가 많습니다.
 이들은 어릴 때부터 사물의 본질적인 원리, 지식에 대하여 관심이 많습니다.
 감성인도 움직임이 적고 적게 먹으며 느낌이 많고 신경이 예민합니다.
 감성인은 영혼의 두께가 얇아서 상처를 잘 받고 남의 영향을 많이 받으며 이 땅에서 살기가 가장 어려운 유형입니다.

고통을 많이 겪고 감정의 기복이 심하여 변덕이 심한데 이들이 자기의 사명을 깨닫고 영의 세계를 발견하게 되면 무한한 세계가 열리게 됩니다.

이와 같이 사람은 태어날 때부터 육성인, 지성인, 감성인의 체질로 태어납니다.

어느 한 쪽의 기질만을 100% 가지고 있는 사람은 없지만, 주된 기질의 요소가 있는 것입니다.

특성과 사명

육성인은 대체로 단순하고 소박하며 복잡한 것을 싫어합니다.

이들은 강인한 체력과 재능, 활동력을 가지고 있으므로 몸으로 봉사하는 사명입니다.

그러나 이들은 진리의 가르침을 잘 받지 못하면 본능적인 삶의 수준에서 만족할 수도 있습니다.

지성인은 복잡한 사람이며 깊은 진리에 대한 이해와 열망을 가지고 있습니다.

이들의 약점은 의심과 비판이 많고 정이 별로 없으며 지식은 많아도 실천하는 것은 별로 없고 교만의 위험이 가장 높다는 것입니다.

이들은 초신자 때부터도 누가 가르치지 않아도 깨달음이 많으며 진리를 체험하고 가르치는 사명입니다.

감성인들은 정도에 따라 틀리지만 나실인적인 요소를 가지고 있으며 의지가 약하고 귀가 얇아서 무엇에든지 빠지기를 잘 합니다.
그러나 그들은 실제적인 주님을 경험하기 전까지는 세상에서 만족을 얻지 못합니다.

이들은 때가 되기 전에는 문학, 예술, 연애 등에 심취하지만, 때가 되면 주님과의 연합을 추구하며 자신들이 고통을 많이 경험한 만큼, 치유와 상담 등의 사역에 쓰여지게 됩니다.

영성 발전 단계

육성, 지성, 감성은 각 사람의 기질이기도 하지만, 동시에 영성의 발전 과정이기도 합니다.
육성, 지성, 감성은 성경에서 애굽, 광야, 가나안에 대응됩니다.
사람은 태어나서 25세까지 육체의 발달이 두드러집니다.
그 다음, 50세 정도까지는 지성의 발달이 이루어집니다.
그러므로 젊을 때는 예리하게 남을 비판하며 공격적인 사람들도 노년이 되면 부드러움과 관용이 많이 나타나는 것입니다.

이와 같이 영성의 발전 단계도 초기 애굽의 상태에서는 권능과 은사가 많이 나타납니다.
육성인이나 초기의 그리스도인들에게 치유나 기적, 권능, 예언 등의 9가지 은사가 많이 나타납니다.
아직 이들은 영혼의 눈이 뜨이지 않았기 때문에 죄와 육을 이기지 못합니다. 이 때는 외형적으로는 사역의 성과도 많고 풍성한 사역을 하는 듯 보이지만 실상은 별로 없으며 내면은 공허하고 자주 실족합니다.

이 단계는 말씀을 먹을 수 있는 상태가 아닙니다. 말씀은 광야의 시내산에서 비로소 주어지며 육체단계는 표적과 기사를 통하여 바로를 이기고 하나님의 살아계심을 체험하는 유아적인 단계라고 할 수 있습니다.

두 번째의 상태는 광야의 상태, 진리와 깨달음의 단계로서 외적 표적은 점점 줄어들고 고통과 갈등이 많은 시기입니다.

애굽의 수준에서는 별로 징계가 없으며 따뜻함과 달콤함만이 있으므로 자신의 신앙이 무척 좋은 것으로 생각합니다.

그러나 광야의 단계에서는 자기의 속에 숨겨져 있는 악 들이 외부로 표출되고 처리되는 단계이므로 이 때는 사소한 것에도 징계를 겪으며 좌절하게 되고 그럼으로써 진리를 경험해 가게 됩니다.

세 번째의 상태는 내면의 세계로서 점점 믿음의 실상이 많아지는 때입니다.

영이 점점 더 발전해 갈수록 이 단계에서는 기도와 주님의 임재 외의 다른 것에서는 거의 기쁨을 얻지 못합니다.

통합적인 영성

육성과 지성과 감성 중에서 영성과 직결되는 것은 감성입니다.

성령의 열매인 사랑, 희락, 화평... (갈5:22,23)등은 다 정서의 상태이며 머리나 배에서 나오는 것이 아닙니다.

그러나 넓게 이해할 때 육성과 지성도 영성에 표현되는 것입니다.

즉 실제적인 영성은 감성의 상태이며, 육체의 영성은 은사적 영성, 권능적 영성, 활동 에너지의 영성이며 지성의 영성은 진리에 대한 이해와 비췸, 깨달음의 영성인 것입니다.

그러므로 지성과 육성은 감성적 영성을 뒷받침해주는 역할을 합니다.

감성적인 영성만 있을 때, 진리에 대한 이해가 부족할 수 있으며 그것을 구체화시키는 활동이 없으면 실제적인 열매를 얻기 어려울 것입니다.

지성의 역할

그렇다면 영성에 있어서 지성의 역할은 무엇일까요?

그것은 영성의 실제를 인도하는 역할이라고 할 수 있습니다.

성령의 역사는 항상 먼저 비췸, 깨달음의 역사가 있고, 그 후에 실상의 역사가 있습니다.

대부분 진리의 깨달음이 먼저 오게 되며 그것이 실제로 이루어지는 것은 조금 시간이 흐른 후인 것입니다.

에베소 1장 17절에 나오는 "지혜와 계시의 정신"은 깨달음의 영을 말하는 것입니다.

주님께서 가이사랴 빌립보 지방에서 너희는 나를 누구라 하느냐고 물었을 때, 베드로는 주님을 '그리스도' 라고 고백했습니다.

그 때 주님은 기뻐하시며 그것을 깨닫게 하신 이는 하늘에 계신 아버지라고 말씀하셨습니다. (마16:13-17)

이것이 바로 계시의 비췸입니다.

그러나 이와 같은 깨달음 후에도 베드로는 아직 실제적인 주님을 알지 못했으며 그가 실상을 경험한 것은 오순절의 체험이후였던 것입니다.

항상 번개가 치고 나서 조금 후에 천둥소리가 들립니다.

이 번개의 비췸이 깨달음이라면, 소리가 들리는 실제의 삶은 조금 후에 일어나는 것입니다.

그러므로 항상 실제적인 영성 이전에 비췸이 먼저 오는 것입니다.

지성의 특성과 한계

실제적인 변화된 삶이 영성의 열매라면 지적 깨달음은 영성의 길목, 기초에 해당한다고 할 수 있습니다.

그러므로 아무리 깨달음이 많아도 실제적으로는 별로 변화된 삶의 열매가 없을 수가 있습니다.

육체의 은사가 많이 나타나는 분들은 아직 육체의 상태에 있으므로 혈기나 음란성 등의 열매가 많은 것이 당연하지만, 지성인의 상태도 아직 실상이 아니기 때문에 깊은 평화나 실제적으로 사랑하는 삶의 열매가 많지 않은 것입니다.

정말 깊은 진리를 가르치고, 남들이 상상도 못하는 놀라운 깨달음을 가르치면서도 개인적인 삶은 아집과 냉정함으로 살 수도 있는 것입니다.

이 때문에 갈등하시는 분도 많습니다. 그러나 깨달음은 항상 실제보다 앞서가기 때문에 10개를 깨달았으면 실제의 변화는 5개밖에 안 되는 것입니다.

이 5개의 차이 때문에 사람은 갈등하게 됩니다.

그리하여 애를 써서 10개의 실제에 도달하게 되면 이미 깨달음은 20개로 늘어나 그 10개의 차이 때문에 나는 위선자가 아닌가 하고 고민하게 되는 것입니다.

그러나 진리의 비췸은 실상 자체가 아니며 실상으로 인도하는 과정임을 이해할 때, 우리는 그 갈등을 극복할 수 있을 것입니다.

현대 교회의 영성 상태

현대 교회의 가장 큰 비극은 분리주의, 개 교회주의일 것입니다.

주님의 몸된 각 교회들이 서로 분리되어 있어서 은사적인 연합, 통합적인 영성이 이루어지기가 어려운 상태입니다.

각 교회는 담임 목회자 개인의 은사에 거의 좌우되는 형편입니다.

목사님이 귀신 쫓는 것을 좋아하시면 모든 성도가 다 그렇게 해야 되고 싫으면 그 교회를 떠나야 합니다.

목사님이 말씀을 강조하시면 모든 성도가 다 그래야 하고 다른 것을 좋아하는 사람은 버티기 어렵습니다.

은사, 말씀, 찬양, 지성, 육성, 감성, 영성이 통합적으로 이루어지는 것이 온전한 교회일텐데, 대체로 자신의 성향에 맞는 것만을 추구하며 다른 스타일의 것들을 멀리하는 경향이 있습니다.

제자 훈련으로 유명한 어떤 목사님이 이런 이야기를 하시는 것을 들은 적이 있습니다.

'성령운동, 영성운동에 관심을 가지려고 해도, 그런 운동을 하시는 분들의 비인격적, 반지성적인 모습을 보면서 마음이 닫혀버린다' 는 것입니다.

아마 그분은 주로 은사적인 영성운동을 하시는 분을 보았을 것입니다.

사실 한국 교회의 영성운동은 아직까지 대부분 외면적이고 은사적인 것을 추구하는 상태이며 내면의 영성과 인격적 변화의 영성을 추구하는 경우는 그리 많지 않은 것 같습니다.

일반적으로 지성적인 사역자들은 제자훈련이나 말씀훈련에 치중하고 영성의 흐름이나 하나님의 임재, 내면의 영의 움직임에 대해서는 별로 알지 못하고 관심도 없는 듯이 보입니다.

은사로 대표되는 영성운동에 대해서는 유치하거나 불건전한 흐름으로 보는 경향이 많은 것 같습니다.

그러나 사실 가르침이나 깨달음도 영성운동의 한 부분입니다.

다만 그것은 은사적 영성과 내면적 영성과 함께 통합되고 추구되어야 건강하고 온전해질 수 있는 것입니다.

아무리 가르침이 많아도 은사적 영성이 없으면 활동력이 부족하여 아무도 움직이지 않으며, 감성적 영성이 없으면 아무리 깨달은 것이 많아도 참 기쁨과 사랑과 삶의 열매가 나타날 수 없기 때문입니다.

지성적 영성의 필요성

'진리의 비췸, 지적 깨달음은 실제가 아니지만, 실상으로 가는 기초이며 길목이다.' 라는 이야기를 앞에서 했었습니다.

그러므로 이런 진리적 이해는 매우 중요하고 필요합니다.

현대의 영성운동은 그 진리적인 체계가 잘 잡혀있지 않은데, 그것은 지성과 영성의 통합이 잘 이루어져 있지 않기 때문입니다. 즉 지성인은 영성에 대하여 별로 좋아하지 않으며 영성을 추구하는 사람들은 지적인 것에 대해 별로 좋아하지 않는 경향이 있는 것입니다. 그러나 진리적 기초가 잡혀있지 않으면 영성은 올바르게 발전하기가 어렵습니다.

나의 경우, 나는 어린 시절부터 오랜 세월동안 하나님을 체험하고자 애썼습니다. 그래서 많은 기도원을 다니고 기도를 하며 많은 사람들을 만났습니다.

하나님의 음성을 듣고, 그분과 교통을 한다는 분들을 보면 너무나 부러웠습니다. 그러나 나는 아무리 기도를 해도 잘 되지 않았습니다.

방언을 받으려고 몇 년을 기도하고, 금식하고 했지만 나는 받을 수 없었습니다. 나의 옆에서, 앞에서, 뒤에서 기도하던 모든 사람들이 방언을 받았지만 나는 혼자 받지 못했습니다.

그래서 나는 주님께서 특히 나를 싫어하시는 것으로 생각했었습니다.

나는 은사자, 영성인들을 만나서 수 백 가지의 질문을 했지만 그들은 하나같이 '뭘 그렇게 따지냐, 그냥 기도하면 된다' 고 했을 뿐, 나의 질문에 대답을 하지 않았습니다.

그들은 매우 단순했고, 나는 너무 복잡했습니다.

그들은 단순하게 기도하고 주님을 만났지만, 나는 항상 수천, 수만 가지의 의문과 질문이 있었습니다.

지금에 와서 나는 깨닫습니다.
그들과 나는 사명이 틀렸던 것입니다.
단순한 사람은 자기는 체험할 수 있으나 그것을 남과 공유할 수는 없습니다. 그러나 가르치는 사명이 있는 사람은 어렵게 어떤 것을 얻으며 일단 그것을 얻고 나면 거기에 살을 붙이고 체계를 세워서 남과 함께 그것을 먹을 수 있는 것입니다.

대부분의 목회 사역자들은 지성인의 요소를 가지고 있으며 가르치는 사명입니다.
그러므로 그들에게는 영성에 대한 이해와 진리와 체계가 필요합니다.
단순한 사람은 그저 박수를 치고 부르짖으며 하나님을 체험합니다.
그저 등을 한 번 두드리면 불을 받습니다.
그러나 가르치는 사역자들은 논리적으로 납득이 되지 않으면 마음이 열리지 않습니다.
나는 오랫동안의 방황을 통해서 영성에도 원리가 있으며, 하나님의 임재의 역사하심에도 어떤 메카니즘이 있다는 것을 이해하게 되었습니다. 그러므로 주님께서 역사하실 수 있는 길을 우리가 의지적으로 열지 않으면 그분께서는 임하실 수 없다는 사실도 알게 되었습니다.
이제 나는 지난 오랜 세월의 방황 때문에, 어느 정도의 체계를 세웠고, 조금씩 다른 분들을 도와줄 수 있게 되었습니다.

어떤 영성 세미나에 갔었을 때입니다.

어떤 50대 정도의 사모님을 만나서 이야기를 하게 되었습니다.

그분은 세련되고 지적인 분위기의 사모님이었는데, 자기는 영성 세미나를 많이 다녔고, 목적은 오직 방언을 받는 것 한 가지 뿐이라고 했습니다.

교회이름을 물어보니, 자기의 교회와 남편은 교계에 좀 알려져 있어서 이름을 밝히기가 곤란하다고 했습니다. 남편 목사님이 알게 되면 혼이 난다는 것입니다.

그분을 가만히 보니 몹시 내성적이고 합리적인 성품인 것 같았으며 몹시 의문이 많이 있는 것 같이 보였습니다.

그래서 그런 이야기를 했습니다.

단순한 분 같으면 어깨만 한 번 두드리면 금방 받는데, 사모님은 너무 복잡하신 분이다, 그러므로 먼저 마음이 열려야 영이 열리는데 마음에 너무 의문이 많다, 방언은 누구나 쉽게 받을 수 있지만 왜 받고, 어떻게 받고, 성령께서 어떻게 임하시며 어떤 유익이 있고 무엇을 조심해야 하며 어떤 단계로 발전하는지 등에 대한 체계적인 이해가 필요로 한다는 등의 이야기를 했습니다.

사모님은 마음속에 있는 의문이 다 풀려야 방언이 임할 터이니 같이 식사를 하자고 했습니다.

사모님은 식사를 하면서 눈을 반짝이며 몇 시간 동안이나 질문을 퍼붓고 나더니 나중에는 후련해 진 것 같았습니다.

물론 많은 질문이라고 해봤자 대수롭지 않은 것들입니다.

왜 인격적으로 어린 사람들에게 능력과 은사가 더 임하느냐, 뜻도

영성의 원리 (1) 45

모르는 언어로 기도하는 것이 무슨 의미가 있느냐, 방언연습에 대해서 어떻게 생각하느냐. 등등.. 대부분 영적인 무지에서 오는 질문들입니다.

　더 질문할 것이 없다고 하기에 그럼 방언을 받으러 가자고 교회로 같이 갔고, 곧 주님께서 임하시자, 그녀는 조용히 흐느껴 울면서 방언기도를 하면서 주님의 임재로 빠져 들어갔습니다.

　이것이 무엇일까요? 바로 지성의 역할입니다.
　그녀는 나의 경우와 같이 수없이 기도했지만 방언을 받지 못했고, 몹시 섬세하고 지적인 그녀는 상처와 의문만 생겼던 것입니다.
　나는 이와 같은 방법으로 복잡하고, 은사가 임하기 어려운 분들을 5-600명 정도에게 방언을 받도록 도와주웠습니다.
　그들은 혼자서는 방언을 받을 수 없는 사람들이었으나 그러한 원리와 체계를 이해하고 인격적인 성령님을 알게된 후에는 쉽게 영의 언어를 사용할 수 있게 되었습니다.

　물론 방언은 초보입니다. 예언도 초보에 지나지 않습니다.
　굳이 이러한 예화를 사용한 이유는 단순하게 믿고 영이 열리는 사람도 있지만, 어떤 분들에게는 진리의 체계에 대한 이해와 깨달음이 필요하다는 것입니다.
　지적인 기질들에게는 인격적으로, 논리적으로 납득이 되지 않으면 그들의 마음은 열리지 않는다는 것입니다.

　어떤 사람들은 능력에 대한 갈망이 많으며 쉽게 육체가 열리며 은사를 경험합니다.
  어떤 사람들은 진리에 대한 갈망이 많으며 쉽게 깨달음의 세계가 열립니다.
  어떤 사람들은 주님자신에 대한 간절한 열망에 사로잡히며 그분과의 연합을 추구합니다.
  은사, 진리, 내면의 연합... 이 모든 것이 영성입니다.
  영성은 통합적으로 이해되어야 합니다.

  베드로와 바울과 요한은 육성인과 지성인과 감성인을 대표해서 보여주는 것입니다. 이들 세 사람이 같이 일했을 때 아름다운 열매가 있었듯이, 육성인과 지성인과 감성인은 서로 연합해서 동역함으로 아름답게 교회를 세워갈 수 있는 것입니다.
  은사는 영성의 기초입니다.
  진리는 영성의 기둥입니다.
  감성, 내면의 영은 영성의 실상이며 삶과 인격의 변화를 동반합니다.
  그러므로 은사도, 지성도, 아름다운 영성의 발전을 위한 안내자의 역할을 수행하여야 하는 것입니다.

  모든 아름다운 열매들은 가슴에서 나옵니다.
  평화로움도, 사랑도, 긍휼도 머리나 배에서 나오지 않고 가슴에서 나옵니다.
  아무리 입을, 몸의 욕망을 만족시켜도, 아무리 많은 깨달음이 있어도, 거기에서 아름다움의 열매가 나오지는 않습니다.
  영성이 발전되지 않았기 때문에, 많은 사람들의 몸이 가슴에 의해서 지배되지 않고 정욕을 추구하며 왕 노릇합니다.

　너무나 많은 사람들의 지성이 너무나도 낮은 차원의 깨달음의 수준에 머물러 있습니다.

　너무나 많은 사람들의 정서가 아주 낮은 수준의 감정, 애정에 머물러 있습니다.

　영성이 발전할수록, 몸의 정욕은 처리되고 영혼에게 순종하며 활동합니다.

　영성이 발전할수록 그의 지성은 발전하며 점점 지각이 열리고 높은 수준의 깨달음을 경험하게 됩니다.

　영성이 발전할수록 그는 깊은 주님과의 연합을 경험하며 그분의 마음과 실상을 경험하게 됩니다.

　지성, 육성, 감성은 인간의 3위일체입니다.

　그리하여 지성도, 육성도, 감성과 함께 균형과 조화를 잃지 않고 아름다운 하모니를 이루며 주님의 도구로 쓰여져야 하는 것입니다.

4장
내면의 경험에 대하여

우리들은 기독교의 외형에 대하여
잘 알고 있습니다.
예배, 기도, 찬양, 전도…
그 모든 것과 분위기에 대하여
익숙합니다.

그러나 그러한 외형에
우리가 아무리 익숙하더라도
내면적인, 실제적인
주님과의 경험을 가지고 있지 않다면
우리는 변화되지 않으며
우리는 아주 피상적인 기독교만을
알고 있는 것입니다.

어떤 구도자

얼마 전 교보문고에서 많이 알려진 베스트셀러인 '만행' - 하버드에서 화계사까지 - 라는 책을 읽었습니다.

그것은 정말 감동적인 책이었습니다. 베스트 셀러가 될 만한 요소를 두루 갖추고 있었습니다.

나는 그 책을 몹시 흥미 있게, 그리고 고통스럽게, 거의 찢어지는 마음으로 읽었습니다.

그리고 한동안 슬픔을 건더내기가 어려웠습니다.

그 책의 내용은 미국의 상류 사회의 한 젊은이가 진리와 삶의 의미에 목말라 헤매다가 결국 진리를 발견하고 출가하여 스님이 되어 한국의 화계사라는 절에 머무르기까지의 과정을 감동적인 필치로 상세하게 그리고 있는 책입니다.

그는 어릴 적부터 카톨릭의 배경에서 자라났고, 그의 가정은 따뜻하고 화목했습니다.

그의 부모님은 모범적인 분들이셨고 그의 형제들은 대부분 하버드나 예일대를 나왔으며 외형적으로는 무엇하나 부족한 것이 없었습니다.

그의 환경 속에 형성된 종교적인 분위기 속에서 그는 어릴 적부터 자연스럽게 수도자의 꿈을 꾸어 왔으며 당연히 신부가 되는 것을 그의 사명으로 생각했습니다.

그러나 그는 자라나면서 점차 익숙해 있었던 진리들에 대해서 의문을 가지게 되었고 그러한 그의 질문들이 교사나 가르치는 수녀들에 억압되고 무시당하자 신앙적인 방황을 시작하게 됩니다.

그는 키에르케고르, 니체, 쇼펜하우어, 에머슨 등의 사상을 섭렵하며 나름대로 진리를 추구해가다가 어느 날 하버드에서 강의를 하는 한국의 한 스님의 강의를 듣고 거기에 사로잡힙니다.

그는 거기서 자기의 길을 발견하고 학교를 마친 후 모든 것들을 포기하고 한국으로 옵니다.

최고의 엘리트의 길을 걷고 있던 그가 원하기만 하면 혼히 사람들이 선망하는 모든 것들을 다 얻을 수 있는 위치에서 그는 도를 찾아 출가를 합니다.

그가 출가하는 과정에서 사랑하는 애인과 헤어져야 하는 고통, 그의 사랑하는 부모님께 용서와 사랑을 고백하며 눈물로 쓰는 편지 등에는 그의 인간적인 번뇌가 솔직하게 표현됩니다.

나 역시 그의 편지를 읽으며 눈물을 주체하기 어려웠습니다.

그리고 이렇게 아름답고 훌륭한, 따뜻한 마음의 소유자가 기독교의 배경에서 자라났으면서도 주님을 발견하지 못한 그 배경의 비참함이 너무나 안타깝게 느껴졌습니다.

물론 그 자신은 지금 너무 행복해하고 있지만 말입니다.

그의 글에는 전철 등에서 자주 마주치는 전도인들의 그에 대한 폭언과 모욕이 그대로 묘사되어 있어서 몹시 마음이 아팠습니다.

그의 모습은 참으로 맑고 아름다웠습니다.

맑고 아름다운 것은 그 혼자만이 아니었습니다.

그의 외국인 동료인 스님들... 그들은 대부분 그들의 나라에서 최고의 엘리트들이었습니다.

유명한 대학의 박사 학위를 가진 이, 나라의 대표적인 피아니스트로서의 가능성을 인정받던 이, 국가가 능력을 인정하여 모든 것이 보장되었던 이, 최고 학부를 나온 부자 집의 아들... 그들은 한결같이 진리의 도를 추구하다가 한국인 스님의 설법에 충격을 받고 모든 기득권을 버리고 출가하여 수행, 정진에 힘쓰고 있었습니다.

그들의 모습은 너무도 아름답고 맑았습니다.

그들은 단순히 모든 것을 버리고 진리를 경험하고 사람들을 돕기를 원했습니다. 그들은 모든 소유를 버리고 참되이 헌신하며 살려고 애쓰고 있었습니다.

비교와 반성

나는 그들을 보면서 나의 모습이 심히 부끄러웠습니다.

그리고 이런 비교가 유감스럽기는 하지만 기독교 지도자들의 탐욕과 권위 의식, 성질과 혈기로 가득 차 있는 모습들과 너무도 다르게 느껴졌습니다.

오늘날 불신자들은 목회자에 대하여 신선감을 별로 가지고 있지 않습니다.

목회자는 하나님과 교통하는 사람이며 많은 욕망에서 자유롭고 놀라운 지혜를 가지고 있으며 고통하는 사람들에게 참된 진리의 빛을 주는 사람이라고 인식하는 사람은 별로 없습니다.

그들이 보았을 때 목사는 단순한 하나의 직업일 뿐입니다.

미용사가 미용 기술을 배우고 자격증을 따면 그들은 미용실을 차립니다.

어떤 사람이 빵 만드는 기술을 배우고 자격증을 따면 그들은 제과점을 차립니다.

마찬가지로 그들은 목사들은 신학교를 나오고 자격증을 따면 교회를 차린다고 생각합니다.

그리고 미용실이나 빵집이나 백화점에서 그렇게 하듯이 목사도 고객의 확보를 위해서 노력한다고 생각합니다.

그러므로 그들은 목회자들에게 어떤 삶의 지혜나 진리를 배워야 한다고는 생각지 않습니다. 그들은 무당을 찾아가면 찾아가지 목사를 찾아가지는 않습니다.

그리고 사실 그들의 생각은 맞을지도 모릅니다.

오늘날 교회는 사람들을 교회에 데리고 오려고 애를 쓰지만 진정 그들의 영혼을 사랑하지는 않는 듯이 보입니다.

영혼을 위하여 아파하고 마음을 찢는 것을 보기는 점점 어려워집니다.

전도는 하나의 교인 확보, 회원 확보라는 차원에서 이루어지는 경향이 점점 많아져갑니다.

교인 때문에 서로 싸우는 모습을 보면 그것이 영혼에 대한 안타까움과 애정 때문인지 밥그릇 싸움인지 솔직히 말해서 조금 의심이 갑니다.

지극히 유감스럽지만 어쩌면 이것이 객관적으로 보여지는 교회의 모습인지도 모릅니다.

외형적인 기독교

'만행'의 저자 현각 스님은 기독교의 배경에서 자랐으나 주님을 발견하지 못했습니다. 그 자신도 밝혔듯이 그는 그에게 진리를 가르쳐줄 스승을 만나지 못했습니다.

임사 체험을 통하여 주님을 만났다고 주장한, 감동적인 간증으로 미국 전체를 오랫동안 뒤집어놓았던 베티 여사도 어렸을 때 억압적인 수녀 밑에서 종교에 대한 강요와 억압 속에서 자랐습니다. 그녀는 공포의 하나님에 대해서만 배웠습니다.

베티 여사, 현각 스님...이런 분은 얼마나 많을 까요...기독교의 개념은 가지고 있으나 실상의 기독교, 살아 계신 주님과의 만남을 알지 못하는 사람들에 의하여 배우고 접촉하는 사람들... 그들은 얼마나 많을까요.

나는 전에 후배 목사들을 만날 기회가 있었을 때 그들에게 간곡하게 말했습니다.
"얘들아.. 제발 주님을 만나라.. 주님을 만나야 나도 죽지 않고 남도 죽이지 않는다.. 목사가 받는 심판이 얼마나 무서운지 모른다.."
물론 그들은 내가 농담을 하고 있다고 생각했습니다.
"형, 도대체 무슨 얘기하고 있는 거야?"
그리고 그들은 다시 유쾌한 이야기에 빠져 들어갔습니다.

불신자들은 어떻게 주님을 만날 수 있을까요?
그들은 하나님을 만날 통로가 없습니다.

그들은 그들이 만나고 있는 그리스도인들의 삶을 통하여 하나님이 계신지를 분별합니다.

그리스도인들의 삶의 열매, 삶의 우선 순위, 표정, 자세, 그들이 자기와 다르게 가지고 있는 것이 무엇인가를 보면서 하나님의 존재를 발견합니다.

그리고 그들의 삶의 가치관이나 기준이 자기와 별로 다름이 없을 때 그들은 하나님의 존재를 인정하지 않습니다.

오늘날 그리스도인들은 진정 하나님의 모습을 보여주고 있습니까?
그들은 진정 진리를 추구하는 구도자의 모습을 보여주는가요?
아니, 그들의 말처럼 진리를 발견했다는 그 영광스러운 모습을 보여주고 있습니까?
나는 부정적인 대답이 더 많지 않을까 생각합니다.
객관적으로 보았을 때 그리스도인들이 비그리스도인에 비해서 포용력, 지혜, 너그러움, 아름다움, 사랑스러움, 욕심에서의 자유, 부드러움, 따뜻함, 상대에 대한 배려...이러한 기본적인 삶의 열매에 대해서 탁월하다고 느끼기는 어려울 것 같습니다.
오히려 어떤 면에서는 더 탐욕적인 모습을 보여주는 경향이 많습니다.
그리고 아마 이러한 경향은 대부분 영적 지도자들의 영향에서 기인한다고 봐야 할 것입니다.

오늘날 목회자들의 관심사는 건물 짓기와 교회의 부흥입니다. 부흥도 내면의 변화, 성도의 주님과 연합된 삶이 아닌 외적인 숫자의 증가, 발전입니다.

오늘날 사역자들은 모든 이단을 용서하지만 자기의 교인들을 빼앗아 가는 사람은 결코 용서하지 않습니다.

그들의 관심은 주님의 마음이나 진리가 아니라 고객의 확보입니다.

오늘날 사역자들은 주님과의 교통이 멀며 심령이 완악해지고 기도의 기쁨을 상실한 것은 별로 괴로워하지 않는 듯이 보입니다.

오직 교회의 외형적인 침체와 경제적 고통이 그들의 주요 고통이 되는 것 같습니다.

새로운 신자를 얻기가 어려워지자 이제는 교인 뺏기 경쟁이 치열해졌습니다.

사역자들은 교회마다 사람들의 구미에 맞는 강좌를 개설하고 서로 끌어당깁니다.

엄청나게 많은 곳에서 마음의 치유, 가정의 회복, 영성 훈련 등의 기치를 들고 이곳의 음식이 가장 확실하다고 치열한 광고에 몰두합니다.

'이렇게 하면 성공할 수 있다, 부흥할 수 있다.' 는 식의 광고, 세미나가 백주에 겁도 없이 진행되고 수많은 사역자들이 이에 미혹되어 몰려듭니다. 그런 식의 표현은 주님을 모독하는 것인데도 말입니다.

사역자들은 주님께 주님의 마음을 부어달라고, 영혼에 대한 사랑의 영을 부어달라고 기도하기보다는 어떤 테크닉을 배우기 위하여 몸부림을 칩니다.

해산의 수고를 통하여 아이를 낳는 것보다는 고아원에서 아이를 사오거나 길에서 납치해오고 싶어합니다.

사역자들이 건물을 짓기 위하여 목을 매는 이유는 천하의 어리석은 영혼들이 건물의 크기를 보고 저절로 걸어 들어오기 때문에 더 이상 사람을 구하러 다니지 않아도 되기 때문입니다.

건물이나 유명세와 같은 외형을 보고 교회를 선택하는 것이 어리석은 이유는 그러한 외적인 끌림이 그들의 영혼을 이롭게 하지 못하기 때문입니다.
삼손도, 다윗도, 솔로몬도 그들의 외적인 끌림을 통해서는 멸망과 고통의 열매만을 경험했을 뿐입니다.
오직 내면의 끌림만이 그 영혼을 안전하게 주님의 실상으로 이끌 수 있는 것입니다.

큰 건물과 많은 사람들의 모이는 것이 부흥이라는 이 시대의 보편적인 개념은 너무나 위험한 것입니다.
월드컵 경기에는 더 많은 사람들이 모이며 그것은 부흥이 아닙니다.
교회의 외적인 부흥도 같은 원리로서 유행과 사람들의 관심을 끄는 주제로서 얼마든지 사람을 많이 모을 수 있을지 모릅니다.
실제로 이 세대의 교회들이 많이 하고 있는 행동이기도 합니다.

교회들은 오늘날 영혼들을 깨뜨리고 주님께 굴복시켜서 주님의 사람으로, 진리의 사람으로 만드는 것보다는 헛된 낙관주의를 심어주고 해결사로서의 주님을 가르쳐 오히려 자아를 완고하게 만들어 사람의 왕국을 만드는 경향이 많습니다.
그러한 가치관은 얼마나 위험한지요! 주님께서 예루살렘에 들어가셨을 때 제자들은 주님께 화려한 성전을 보여주며 그 성전의 아름다움, 고색창연함에 대하여 입이 마르도록 칭찬했습니다.

그러나 주님은 그 성전을 보고 우셨습니다.

그 성전 안에 있는 사람들의 영적 상태와 그 성전의 미래를 보시고 우셨습니다.

나는 그 상황이 현재와 별로 다르지 않다고 생각합니다.

부흥이란 주님에 대한 사랑과 그리움의 증가이며 확장입니다.

그것은 자연스럽게 영혼의 발전과 아름다움, 영혼에 대한 사랑을 낳습니다.

부흥은 단순한 외적인 확장이 아니라 내적인 변화입니다. 바퀴벌레의 숫자가 늘어나는 것이 부흥이 아니며 바퀴벌레가 그 성분이 바뀌어 인간이 되는 것이 부흥입니다.

영원한 곳에서 주님은 참다운 부흥을 평가하실 것입니다. 그리고 진정 그의 사역자들이 사람들에게 많이 알려졌는지 보다 주님께 순종하고 충성했는지를 판단하실 것입니다.

오늘날 많은 교회가 사람의 심령을 새롭게 하고 주님의 실상을 경험케 해주지 못합니다.

교회는 사람을 욕망의 덫에서 자유케 해주는 것이 아니라 오히려 욕망에 사로잡히도록 부채질합니다.

그러나 그러한 성공주의와 물질주의는 사람의 영혼을 병들게 합니다.

인간은 영적 존재로 지음 받았기 때문에 하나님과의 실제적인 교통을 상실하고 물질만을 추구하면 돌아버릴 수밖에 없는 것입니다.

병든 기독교 세계

지난 역사 속에서 서방문명이 동방의 문화를 압도한 것은 불과 300년에 불과합니다. 그 전에는 오히려 동방의 문화가 더 다이나믹했었습니다.

그러나 종교개혁이후 서방의 문화는 크게 바뀌어지고 약동하게 됩니다. 기독교의 가치관은 정치, 경제, 문화, 모든 것에 생명을 불어넣었습니다.

그러나 지금 이 시대 기독교는 병들어가고 있습니다.

교회가 지나치게 물질과 번영을 추구하면서 사람들의 심령은 공허해졌고 북미와 유럽 같은 전통적인 기독교 세계가 거의 와해되어가고 있습니다. 복음으로 세워졌던 미국은 이제 악의 문화를 전하는 첨병 노릇을 하고 있습니다.

교회가 영적 생명을 상실하고 물질주의로 치닫자 사람들의 공허한 심령을 채우기 위하여 뉴에이지가 불꽃처럼 일어났습니다.

힌두교와 불교의 철학과 각양 영적인 체험을 혼합하여 평화와 사랑, 깨달음과 인류의 하나됨을 강조하면서 그들은 세계적으로 그 세력을 넓혀가고 있습니다.

그들은 하나같이 우주와의 조화, 깨달음, 자유, 해방의 경험을 이야기합니다.

미국에서 불교는 신세대의 문화이며 이제 많은 젊은이들은 불교와 뉴에이지에 관심을 가지고 있습니다.

우리 나라에서도 마인드 컨트롤, 기, 명상훈련, 최면 등은 이제 더 이상 생소한 용어가 아닙니다. 서점에 가보면 스님들의 책은 베스트 셀러가 많으나 목회자의 글이 일반 사람들에게 베스트셀러가 되어 읽히는 경우는 극히 드뭅니다.

 교회가 물질 중심, 소원 성취, 문제 해결 중심의 신앙이 되어 영혼이 허탈해지자 이제 사람들은 교회에서 진리를 찾지 않습니다.
 무신론자들이 듣기에도 교회의 가르침들이 유치하기 때문에 그들은 다른 곳에서 진리를 찾습니다.
 순수한 영혼, 인생에 대하여, 삶의 진리에 대하여 회의하고 추구하고 열망하는 젊은이들은 오늘날 교회에서 해답을 찾지 못하고 있습니다.
 한 통계에 의하면 불신자 들 중, 종교의 호감도에 대한 조사에서 압도적인 1위가 불교였고 기독교는 꼴찌를 달리고 있었습니다.

 기독교는 사람들에게 이제 배척되고 있습니다.
 기독교를 비하하는 강의는 사람들에게 엄청난 인기를 끌며 기독교를 공격하는 책들은 금방 베스트셀러가 됩니다.
 기독교에 대한 대중들의 거부감을 재빨리 눈치 챈 언론과 상업주의는 자주 기독교를 공격하여 시청률을 높이고 관심을 끌려고 애씁니다.
 그런 것을 보고 흥분하는 것은 그리스도인들 뿐입니다. 다른 사람들은 이제 교회를 하나의 이익 집단, 압력 단체 정도로 생각하고 있습니다.

 교회는 물질과 성공을 추구하는데, 묘하게도 세상은 진리와 영혼의 성장을 추구합니다.

교회는 날로 세속화되고 경직되고 냉냉해지는데 세상은 따뜻한 사랑의 이야기를 찾아 헤맵니다.
 교회에서 진리를 발견하지 못한 젊은이들이 인도, 티벳 등지를 여행하면서 깨달은 것을 전하는 명상 서적이 엄청난 반향을 일으키며 베스트셀러가 되고 있습니다.

 오늘날 교회에서 영성에 대한 관심사가 폭발적으로 늘어난 것은 영성이 죽어가고 있기 때문입니다.
 사랑이 식을 때 사랑에 대한 말들이 유행하듯이 기독교가 외적인 번영을 추구하다가 심령이 망가지자 이제 다시 그 회복에 대한 열망이 일어나고 있습니다.
 그러나 오늘날 교회 안에 가득한 각종 전문가들, 심리 기법, 프로이드와 구스타프 칼 융의 영으로는 그 영의 회복이 이루어 질 수가 없습니다. 교회는 오직 거룩한 하나님의 영이 오셔야만 그 회복이 가능한 것입니다.

 베스트셀러가 된 유명한 내적 치유에 대한 어떤 책에서 당당히 말하기를 이제는 성령 충만으로 다 되는 시대는 아니다..라고 했으나 진정한 교회의 회복은 거룩한 영이 오셔야만 합니다.

 오늘날 기독교에는 그 생명의 충만한 흐름, 실상이 많지 않습니다.
 기독교 안에 많은 교리들, 책들이 있습니다.
 그것들은 모두 다 훌륭합니다.
 그러나 대부분의 경우 그것은 하나의 이론과 원리에 불과하며 실지의 삶이 아닙니다.
 그것들은 다 누군가에게 배운 이론이거나 책에서 읽은 것이거나 자기의 머리에서 연구한 것입니다. 그것들은 그들이 실제로 누리고 경험하고 이루어진 것들이 아닙니다.

 많은 목회자들, 신학교의 교수님들이 진리를 가르치지만 그 진리대로 살지는 못합니다. 그들은 하나의 이론을 가르칠 뿐입니다.
 그들은 과중한 업무와 스트레스에 눌려 신음하며 보통사람과 똑같이 살아갑니다.
 진리를 모르는 사람이나 무신론자들과 별로 차이가 없이 살아갑니다.

 현각 스님과 같은 분들.. 참 아름답고 맑은 영혼을 소유하고 있으나 주님의 실상을 가르치는 분을 만나지 못하여 고뇌의 과정을 계속 하는 분들.. 교회가 그 생명을 회복하지 못하면 이런 분들은 계속 등장할 수밖에 없습니다.
 그리고 그것은 비극입니다.
 주님의 영과 그 실제의 역사하심이 회복되지 않는다면 이와 같은 비극은 되풀이될 것입니다.

교회의 회복

교회는 어떻게 그 아름다움, 그 영광을 회복할 수 있을까요?
 그 영의 회복...그분의 오심을 회복하는 것 외에는 다른 길이 없습니다다. 그것은 내면의 영입니다.

주님은 제자들에게 성령님께 대한 두 가지의 약속을 주셨습니다.

하나는 위로부터 임하는 능력의 성령에 대한 것이며 다른 하나는 그 배에서 흐르는 생수의 강입니다.

하나는 바깥으로부터 오는 것이며 다른 하나는 안에서부터 흘러나오는 것입니다.

구약에서도 성령님께 대한 두 가지의 약속이 있습니다.

하나는 말세에 모든 백성에게 약속하신 능력의 영이며 다른 하나는 그 마음, 심령 속에 부어주시는 새 영입니다. 앞의 것은 외부의 권능을 덧입는 것이며 뒤의 것은 내면의 체험을 말합니다.

바깥의 체험, 바깥의 주님은 사람을 바꾸어놓지 못합니다. 바깥에서 영을 경험한 사람은 항상 흥분하고 결단하고 울고 회개하지만 그것은 오래가지 않습니다.

사람들은 예배 시간에, 감미로운 음악이 흐를 때 그 효과음이 은은하게 울려 퍼질 때 흐느끼고 결심하지만 그 결단은 오래가지 않습니다.

주님께서 십자가에 달리실 때 거기에는 전자 오르간도 백 뮤직도 아무 것도 없었습니다.

피아노 소리에 시를 읊어대는 소녀도 없었습니다.

우리는 음악도 없고 분위기도 없을 때 주님을 따라 좁은 길을 잘 가지 못합니다.

그러나 생명이 바깥이 아니라 내부에서 경험되면 이야기가 달라집니다. 그 내면의 영은 그를 지배하고 이끌고 가며 그의 중심에 변화를 일으키게 되는 것입니다.

유감스럽게도 오늘날 사람들은 오랫동안 기독교에 몸담고 있으면서도 내면의 주님, 내면의 영을 경험하지 못합니다.

그저 외부적인 기독교와 외부적인 요소들과 접촉할 뿐입니다.

그리고 그것이 그들이 변화되지 않는 이유입니다.

내면의 영

외부의 경험은 실상이 아닙니다.

교회 경력도, 신앙연륜도, 교회에서의 지위도 실제의 영과는 아무 상관이 없습니다.

주님께서 귀신을 쫓으셨을 때 귀신들은 주님께 신학교 어디 나왔느냐고 묻지 않고 도망갔습니다.

외적인 지위나 권위는 육체를 가진 사람에게는 유용할 지 모르나 영계에서는 아무런 의미가 없는 것들입니다.

내부의 경험은 사람을 바꾸어 놓습니다.

당신 안에서 역사하시는 내면의 영은 당신이 성질을 내려할 때 그것을 막습니다.

그 영은 당신이 누군가를 판단하려 할 때 당신을 제지합니다.

당신이 자기 연민에 빠지려 할 때 그 영은 당신을 내버려두시지 않습니다. 그 영은 당신이 마음대로 기분 내키는 대로 기도하는 것을 허용하지 않습니다.

그 영은 당신이 가고 싶은 곳을 가도록 허용하지 않습니다. 또한 가고 싶지 않은 곳에 가지 않는다고 해도 가도록 인도합니다.

당신이 옳은 입장에 있고 사람들이 비난해도 그 영은 당신에게 자기 방어를 허용하지 않습니다.

그 영은 당신을 탐욕으로부터 자유롭게 합니다. 아름다움으로 이끌어 가시며 빛과 진리에 대한 끝없는 추구와 열망을 허락하십니다.

그 영은 당신에게 기쁨과 변화된 시각과 사랑을 줍니다.

당신은 새로운 통찰력을 갖게 되며 차츰차츰 사람들을 미워하는 것이 불가능해지는 것을 깨닫게 됩니다.

그 영은 당신이 주님께 빠지고 미치도록 이끌어갑니다.

이제 당신은 아침이건 밤이건 주님이 그리워서 미치게 됩니다.

기도는 의무가 아니고 당신의 가장 달콤한 취미이며 기쁨이 되어 가는 것입니다.

오늘날 기독교는 이 은혜의 세계를 회복해야 합니다. 이 내면의 영, 내면의 은혜, 생명을 회복해야 합니다.

지금 기업으로부터 배우는 각종 마케팅 기법, 심리 기법, 고객 관리 기법으로는 교회의 타락만을 부채질할 뿐입니다.

우리는 내부의 주님을 경험해가야 합니다. 그것이 실제적인 기독교의 시작입니다.

오, 우리의 기독교는, 교회는 언제 그 풍성한 하나님의 영광을 회복할까요... 하나님의 거룩하심을, 그 놀라운 아름다움을 예배에서, 교회에서 언제나 발견할 수 있을까요...

사람들에게 말하기를, 여기에 진리가 있다, 생명이 있다. 더 이상 방황하지 말라. 와 보라! 하나님의 영광을 보라!

언제 그렇게 말할 수 있을까요.

예배 때마다 하나님의 영광의 구름이 가득하며 그 거룩과 영광이 회복되는 날은 언제일까요. 우리는 이를 위해서 진정 기도하고 사모해야 할 것입니다.

주님을 접촉함

한 가지 기억이 떠오릅니다.

오래 전 신학교 다니던 시절, 밤에 친구의 전화를 받고 충무로에 있는 아스토리아 호텔 커피숍에서 어떤 비구니를 친구와 함께 만난 적이 있었습니다.

그녀는 진정 구도자였습니다.

그녀는 경기 여고 출신의 재원이었습니다.

그녀는 진리를 찾아 교회를 열심히 다녔으나 진리를 찾지 못했습니다.

4년 동안의 탐구…그러나 그녀가 볼 때 진리에 관심을 가진 성도들을 그는 만나지 못했습니다.

다시 카톨릭에 들어가 5년 동안의 추구… 그러나 거기에서도 그녀는 진리를 경험하지 못했습니다.

다시 그녀는 출가해서 스님이 되어 몇 년간 치열한 열정으로 수행을 했습니다. 몇 달 동안 거의 잠을 안 자기도 하고, 온갖 어려움을 겪으면서 그녀는 수행에 몰두했습니다.

그러나 거기에서도 그녀는 진리를 얻지 못했고 스님들의 타락상만 확

인했을 뿐이었습니다.

　그녀가 그토록 진리에 대하여 목이 말랐던 이유는 그녀의 특이한 체험에 있었습니다.

　그녀는 어머니는 사고로 돌아가셨고 꿈속에서 그녀에게 나타나서 같이 가자고 했습니다.

　그녀가 무서워서 거절하자 '그럼, 아버지 데려갈 께.' 하고 갔고 그 날 아버지는 심장마비로 죽었습니다.

　얼마 후 다시 꿈에 나타나 '같이 가자'고 했고 또 거절하자 "그럼 오빠를 데려간다.' 하고는 사라졌는데 그 날 오빠가 교통사고로 죽었습니다.

　그런 식으로 그녀의 가족은 다 죽었고 그녀 혼자 남았는데, 그녀도 자신도 모르게 수시로 자살의 충동을 느꼈으며 그렇게 되자 그녀는 정말 삶과 죽음에 대해서, 인생에 대해서 진리에 대해서 깨달아야겠다고 결심했던 것입니다.

　그녀는 불교에 실망하여 다시 세상으로 왔고 1년 간 있다가 다시 내일이면 어떤 작은 마을의 암자를 하나 맡게 되어 절로 들어가려고 하던 차에 우리를 만났던 것입니다.

　당시는 통금이 있어서 우리는 가까운 여관에 갔습니다. 그리고 밤을 새고 기도와 대화에 몰두했습니다.

　그녀에게 악한 영이 많이 붙어있었기 때문에 우리는 대화 중간 중간에 악한 영을 결박하고 많이 쫓아내었습니다.

　그녀도 수행 도중에 여러 영적 현상을 많이 경험했었기 때문에 우리의 이야기, 귀신, 영적 전쟁에 대해서 잘 이해를 했습니다.

그녀는 수행 중 밤에 스님의 술 심부름을 다녀오다가 심하게 넘어지는 바람에 다쳤고 그때부터 고질적인 피부병이 생겼는데, 그 어떤 치료를 해도 낫지 않았습니다.

그러나 주님께서는 우리의 이야기가 진리인 것을 입증하시기 위하여 역사하셔서 우리가 기도할 때 악한 영이 떠나가면서 그 피부병도 사라졌고 그녀의 마음은 열리기 시작했습니다.

밤을 꼬박 새우고 새벽이 되었을 때 그녀는 주님을 영접했습니다.
그녀의 손을 잡고 있던 나의 손등위로 그녀의 눈물이 하염없이 떨어질 때 나는 주님께서 승리하셨음을 알았습니다.
그 눈물은 그녀에게 새로운 탄생의 출발을 알리는 눈물이었습니다.
진리와 도를 찾기 위해 오랜 세월을 방황한 그 종착역에 도달했음을 알리는 눈물이었습니다. 그녀의 지나간 모든 고독과 슬픔, 고통과 절망을 치유하는 눈물이었습니다.

우리는 그녀에게 요한복음 15장을 읽으라고 했습니다. 그녀가 염불하는 식으로 읽기에 그냥 자연스럽게 읽으라고 했습니다.
우리가 잠시 눈을 붙이기 위해서 누웠을 때 그녀는 잊을 수 없는 말을 했습니다.
"이렇게 평안해보기는 태어나서 처음이야." 라고.
그 후 그녀의 영적 성장은 눈부셨습니다.
그녀는 작은 일에도 주님을 의지했고 깊은 차원의 기도를 드렸습니다.
그 후에도 영적 전쟁이 있었지만 그녀는 훌륭히 극복했고 지금은 결혼을 해서 미국에서 행복하게 삽니다.

　우리는 주님의 통로입니다.

　그러므로 우리가 주님을 보여주지 못하면 사람들은 그 주님을 만날 길이 없습니다. 그러므로 100번의 가르침보다 한번의 경험이 사람을 주님께로 이끌어 가는 것입니다.

　오래 전 잠실올림픽 경기장에서 있었던 경배와 찬양 예배에 참석한 적이 있었습니다.

　10만이 넘는 젊은이들이 모여서 찬양을 주님께 드리니 그 열기가 대단했었습니다.

　드라마도 하고 기도도 했는데 젊은이들은 스탠드의 뜨거운 열기 속에서 많은 눈물들을 흘렸습니다.

　예배를 마치고 나오는 데 옆에 앉아서 마냥 울기만 하던 한 자매가 이런 얘기를 했습니다.

　"저는 모태 신앙입니다. 교회를 오래 다니고 교회 분위기에는 익숙했지요... 하지만 하나님이 정말 계시는지에 대한 확신이 없었습니다. 그러나 오늘 분명히 깨달았습니다. 그것은 하나님은 정말 살아 계시며 저를 진정으로 사랑하신다는 것입니다."

　그녀의 이야기는 감동적이었습니다. 한 영혼이 주님을 발견하는 이야기는 언제나 우리에게 큰 감동을 줍니다.

　집회장을 나오면서 나는 이런 생각을 했습니다.

　우리는 너무 많이 알려고 애쓴다.

　그리고 설명하려고 노력한다.

　그러나 별로 많이 가르칠 것도 없다.

그저 한번 보여주면 충분하다.
하나님의 영광을, 하나님의 거룩하심을, 하나님의 살아 계심을,
한번 경험하면 충분하다.
그 영광을 맛본 자는
그 사랑과 거룩함을 경험한 자는
그분의 사랑 속에 영원히 함몰되며
다시는 옛날로 돌아가고 싶어하지 않는다.
그 사랑의 품안에
영원히 사로잡혀 살기를 원한다.
이것이 기독교의 실상이다.

한국 교회에 주님의 풍성한 새 역사들이 일어나기를 기대하면서 기쁨과 감사와 기대로 가득 차서 나는 집을 향하여 가고 있었습니다.

5장
상상력과 영성 개발의 관계에 대하여

상상력과 영성은 어떤 관계가 있을까요?
그것은 영성 개발이나 기도에
도움이 되는 것일까요?
아니면 위험한 것이며
그리스도인이 사용해서는
안 되는 것일까요?

만약 그것이 도움이 된다면
그것은 어떤 방법으로 하여야 하며
조심해야 할 것은 무엇일까요?

상상력의 힘

프랑스와 영국의 100년 전쟁은 1422년 프랑스의 샤를6세가 사망한 이후 급속도로 프랑스에게 불리하게 전개되고 있었습니다.

영국의 헨리6세가 프랑스의 왕위를 겸하는 사태가 벌어지자 이를 거부한 오를레앙가는 친 영국파인 부르고뉴가와 영국군의 연합군에게 연전 연패, 프랑스의 운명은 그야말로 바람 앞의 촛불과 같았습니다.

이때 신의 계시를 받았음을 주장하며 등장한 잔 다르크는 프랑스군을 지휘하여 승리를 이끌었고 프랑스를 구했습니다. 그러나 그녀는 계속되는 전쟁에서 영국군에게 사로잡혔고 결국 마녀로 몰려서 화형을 당하게 됩니다. 영국 왕은 심문을 하면서 그녀에게 말했습니다.

"네가 신의 계시를 받았다고? 거짓말하지 마라. 그것은 다 너의 상상으로 꾸며댄 이야기일 뿐이야."

잔다르크는 이렇게 대답했습니다.

"예. 폐하. 맞습니다. 그것은 다 저의 상상에서 나온 것입니다. 그러나 그것 외에 인간이 하나님과 교통할 수 있는 다른 방법이 있습니까?"

이것은 인간의 상상이라는 기능이 단순한 하나의 마음의 기능을 넘어서 무한한 세계와 연결되는 고리가 될 수 있음을 말해주는 좋은 실례라고 할 수 있을 것입니다.

어떤 사업가가 있었습니다.
그는 공포에 질려서 어떤 목사님을 찾아왔습니다.

그는 유명한 어떤 마법사가 그를 저주했다고 두려움에 사로잡혀 있었습니다.

목사님이 예수 그리스도의 보혈 안에 있는 안전을 얘기해도 그에게는 통하지 않았습니다.

그는 그 마법사가 아주 능력이 많은 사람이며 그의 저주를 받은 사람들은 모두 얼마 지나지 않아서 불의의 사고로 죽었다고 매우 걱정하는 것이었습니다.

이 성도는 초신자였고 믿음도 부족했기 때문에 목사님은 그에게 많은 것을 가르칠 수 없었습니다.

그래서 목사님은 그에게 아주 단순한 상상하는 기도를 가르쳐주었습니다.

"주님의 빛을 상상하십시오. 그 황금 색깔의 아름다운 빛이 당신을 둘러싸고 있으며 어떤 바깥의 나쁜 기운도 그 빛을 뚫고 들어오지 못한다고 상상하십시오.

그 빛은 당신을 안전하게 보호하며 당신에게 평화를 가져온다고 상상하십시오. 이것을 잠자기 전 30분 동안 날마다 반복하십시오."

그 성도는 몹시 두려웠기 때문에 이 단순한 기도를 밤마다 반복하였습니다.

2주일 후에 이 성도는 신문에서 그 유명한 마법사가 갑자기 사망한 기사를 읽게 되었습니다.

그 주님의 빛이 그를 보호했고 그를 해하려던 악한 기운은 오히려 그 자신에게 해를 끼쳤던 것입니다.

이 예화는 영적인 흐름, 에너지의 움직임은 눈에 보이지 않지만 매우 실제적인 것이며 상상도 주님의 은혜가 임할 수 있는 하나의 통로가 될 수 있음을 잘 보여주는 것입니다.

기질과 상상력

상상은 마음의 한 기능입니다.
마음은 생각을 하기도 하고 느끼기도 하는데, 이 상상은 논리적인 생각의 측면보다는 정서적인, 감동이나 느낌에 가깝습니다.
그러므로 논리적이고 합리적인 사고 능력과는 서로 반대적인 성질을 가지고 있으며 일반적으로 어린이들이나 여성들이 상상력의 기능이 잘 발달되어 있는 반면에 남성들은 이 기능이 상대적으로 잘 발달되어 있지 않습니다.
보통 상상의 기능이 잘 발달되어 있는 분들은 여러 가지 다양한 은사적인 경험을 쉽게 합니다.
그러나 논리적인 분들은 깨닫고 이해하는 것은 많지만 실제로 체험하는 것은 별로 많지 않습니다.

상상력이 풍부한 사람들은 보통 육이 얇아서 영의 기능이 많으며 마음이 약하고 상처를 잘 받으며 변덕이 심하고 귀가 얇으며 의지가 약합니다.
반대로 이성적이고 합리적인 사람들은 영의 발달이 둔하고 영적 감각에 민감하지 못하며 의지가 굳고 감정도 무딥니다.

이들은 영의 세계를 잘 느낄 수 없으므로 주님이 가까이 오셔도 전혀 알지 못하며 악한 영들이 와서 눌러도 잘 느끼지 못합니다. 그들은 이해하고 가르칠 수는 있으나 체험은 하지 못하며 맛보지는 못합니다.

이와 같은 언급은 상상력이 영의 기능을 여는 중요한 요소를 담당하고 있다는 것을 설명하기 위한 것입니다.

한 예를 들까요. 보통 남자들은 감정이 둔합니다.

장난꾸러기 형제들이 식사를 하면서 지저분한 이야기를 더러 하는 것을 봅니다.

그런데 그런 이야기를 들은 자매들은 구역질을 하면서 식사를 하지 못합니다. 그런데 지저분한 이야기를 하면서도 남자들은 태연히 식사를 합니다.

왜 그럴까요?

여자들은 일반적으로 상상의 기능이 뛰어나기 때문에 음식을 먹으면서 지저분한 이야기를 들으면 자기가 음식을 먹으면서도 더러운 것들이 눈앞에 있는 듯이 선명하게 느껴지기 때문입니다.

그러나 남자들은 정도의 차이는 있으나 자기는 그러한 말을 하면서도 하나의 개념만 느낄 뿐 그것이 실제로 느껴지지는 않습니다.

남자들이 상상력이 빈곤한 것은 하나의 기질이며 사명이 다르기 때문이기도 합니다.

민감한 아이들이나 여성들은 환자를 수술하는 장면을 보거나 잔혹한 폭력 영화나 야한 영화 등을 보면 그들의 영혼이 방어력이 부족하기 때문에 놀라고, 충격을 받아 파괴됩니다.

모든 정신병은 상상력이 뛰어난 사람들이 경험하는 것이며 그들이 주님을 발견하게 되면 깊은 은혜의 세계에 들어가게 되는 것입니다.

 그러나 남자들은 어느 정도 방어력이 있으므로 그러한 악한 영의 침투력이 다소 약화됩니다.

 물론 남자라고 해도 시인이나 예술가 성향을 가진, 감성이 많이 발달된 사람들이 있고 이들은 상상력이 뛰어나며 외부의 영향을 많이 받겠지요.

 사람들은 상상력이 아주 발달된 사람을 조금 이상하게 보는 경향이 있지만 사실은 그것은 그 사람의 영의 기능이 많이 발달되어 있는 것입니다.

 사실 대부분의 상상은 영계에서 오는 것이며 이런 사람은 그 세계의 에너지를 아주 예민하게 받아들이는 것입니다.

 이러한 사람들은 주님의 은혜를 경험하지 못하면 악의 영에게 눌려서 무당이 되기도 합니다.

 영은 열려 있는데 빛의 영이신 주님의 영을 모르니 어둠의 영들이 자꾸 다가오게 되고 그 영이 괴롭혀서 살수가 없으므로 할 수 없이 무당이 되는 것입니다.

 어떤 사람은 남의 가슴을 뒤집어놓고도 자기는 태연하게 모든 것을 잊습니다.

 또 어떤 이는 십 년이 지나도 지난 시절의 아픔과 추억들을 오늘처럼 생생하게 기억하며 오늘 있었던 사소한 일에도 밤잠을 설칩니다.

 이와 같은 것들도 다 영의 기능, 상상력이 지나치게 발달했거나 너무

적게 발달한 데서 오는 고통과 문제점인 것입니다.

 상상력과 영성이 뛰어난 사람들은 보통 전이 현상을 많이 경험합니다.
 어떤 사람의 옆에 있으면 그 사람의 아픈 것이 전달되기도 하며 영이 어두운 사람 옆에 있으면 고통을 느낍니다.
 주님을 이론적으로만 아는 사람 옆에 있으면 심령이 꽉 막힌 것처럼 답답함을 느끼기도 합니다.

 기능적으로는 사람은 세 부분으로 나뉘어져 있으나 구조적으로는 사람은 두 부분으로 나뉘어져있습니다.
 그릇 속에 물을 담고 있듯이 사람은 육체 속에 영혼을 담고 있습니다.
 여기서 그릇과 물의 밀도는 같을 수가 없습니다.
 같으면 그릇이 물을 보존할 수가 없는 것입니다.
 그러므로 겉의 그릇은 견고하고 속의 물은 부드럽습니다. 그와 같이 육체는 견고하고 영혼은 부드럽습니다.

 어떤 사람은 겉사람이 발달하여 의지가 굳고 견고합니다. 그들은 고집이 세며 강인하고 일에 대한 성취가 많습니다. 그러나 그들은 이 땅에서 유능한 자가 되어 이름을 날리지만 영계에서는 낮은 영역에 있으며 속 생명의 흐름에 대해서는 잘 발전하고 경험하기 어렵습니다.

 속사람이 발전된 사람은 많이 깨어지고 쉽게 깨어져서 영혼이 잘 자라고 성숙되지만 육이 약하여 사역적 성취가 약하며 이들은 원래 사명적으로 일보다는 연합과 생명을 위하여 존재합니다.

이와 같은 언급은 상상은 영의 흐름의 한 분야이며 기능이라는 것을 설명하기 위한 것입니다.

그러므로 영적인 깊은 세계에 나아가기 어려운 남자들, 강인하고 둔감하며 논리는 많으나 느낌이 부족한 사람들은 상상력을 잘 훈련시키면 내면의 빛, 영적인 세계가 쉽게 열릴 수도 있는 것입니다.

상상력과 치유

언젠가 안면이 있는 형제로부터 오랜만에 전화가 왔습니다.

그는 몸이 너무 아프다고 목소리가 다 죽어갑니다.

형제에게 상상을 통한 치유에 대하여 소개하고 싶은 마음이 들었습니다. 그래서 그에게 이런 말을 했습니다.

"형제님, 우리 여행을 좀 해볼까요?"
"무슨 여행이에요? 갑자기..."
"기도 여행, 치유의 여행이죠... 상상을 통한 치유의 여행..."
"와! 그것, 재미있겠네요... 그런데 어떻게 하죠?"
"시키는 대로만 하면 되요. 요한복음5장 알죠?"
"압니다. 베데스다 연못가 이야기죠."
"예. 맞아요. 거기로 여행을 가기로 합시다. 형제, 지금 누워있나요?"
"예. 누워 있어요... 직장에서 휴직을 하고..."

"그래요. 그럼, 지금 누워있는 곳이 형제의 집이 아니고 베데스다 연못가라고 생각하세요.

그리고 그곳의 장면을 상상해보는 거예요…생생하게…

거기에 많은 환자들이 누워있지요…

정말 가느다란 희망을 가지고 수많은 병자들이 그곳에 누워서 기적적인 치유의 순간을 기다리고 있습니다.

정말 비참한 모습이지요.

형제도 그곳에 같이 누워있습니다.

정말 비참한 심정으로…

그런데 거기에 주님이 오시는 군요…

그분이 형제에게 다가와서 말씀하십니다.

형제가 많이 아픈 줄 알고 주님이 말씀하세요…

아들아… 네가 낫고자 하느냐..”

나는 몇 번 조용히 반복합니다.

형제는 그 장면이 눈에 선하게 느껴지는 것 같습니다.

전화기 속에서 형제의 흐느끼는 소리가 들립니다.

"예수님께서 말씀하십니다.

일어나라… 일어나서 네 자리를 들고 걸어가라…

그 분이 말씀하십니다…”

잠시 시간이 흐르고 전화기 속에서 여전히 흐느끼는 음성으로 형제가 말합니다.

"형님… 고마워요…나 다 나은 것 같아… 몸이 아주 가볍고 힘이 나네요."

정말 신기한 일입니다.

좀 전에 다 죽어가던 형제의 목소리가 어느새 쌩쌩해져 있습니다.

"오, 그래요? 할렐루야!"

이것은 우연일까요? 하나의 최면 효과, 암시 효과에 불과할까요?

나는 그렇게 생각하지 않습니다. 상상이라는 하나의 기능을 통하여 주님의 은총이 부분적으로 임한 것이라고 믿습니다. 그리고 이와 같은 일들이 반복되면서 나는 이것이 단순한 우연은 아니라는 것을 인식하게 되었습니다.

이러한 치유 기법과 연관지어서 아그네스 샌포드를 언급하지 않을 수 없을 것입니다.

그녀의 책으로는 〈치유의 빛〉과 〈하나님을 바라보라〉가 번역되어 있는데 그녀는 예수원의 원장님을 지내셨던 대천덕 신부님의 부인되시는 제인 그레이님의 병을 치유하기도 했으며 주로 상상력을 통한 그녀의 치유 방법을 형이상학적 방법이라고 명명하기도 했습니다.

그녀의 영향을 많이 받은 세계적인 치유 사역자들로 프란시스 맥너트, 바바라 슐레몬 등이 있으며 그들도 여러 가지의 치유의 방법과 함께 부분적으로 이와 같은 방법을 사용하고 있습니다.

나의 경우도 귀신을 쫓는 것이나 주의 이름으로 명령하는 것, 기도 등외에 이러한 상상력을 통한 치유로서 피부병, 심각한 무좀 등이 치유되는 경험을 하기도 했습니다.

이 상상하는 기도는 치유에 있어서 어느 정도의 효과가 있다는 것은 분명한 사실인 것 같습니다.

다양한 상상의 기법들

나의 경우 오랜 시간동안 영성의 이론을 형성하며 실험을 거치면서 이러한 상상의 기법을 많이 개발하고 시도를 해보았습니다.

그런데 이러한 훈련과 실험은 여러 가지의 유익과 함께 동시에 많은 위험을 내포하고 있습니다.

내 경우는 잘못된 실험의 결과로 오랫동안 앓기도 했었고, 영적으로 많이 눌려서 후유증이 몹시 심각한 적도 있었습니다.

내재된 자아의 발견을 위한 방법으로서 나는 상상의 계단을 내려가는 방법을 많이 사용해 보았습니다.

내가 직접 해보기도 하고 젊은이들에게 훈련을 시도해보기도 했는데 잠시의 훈련 뒤의 체험을 나누는 시간은 항상 흥미진진하고 놀라운 일이 많았습니다.

계단의 밑으로 내려갈수록 빛은 사라지고 어두움이 임합니다. 이것은 자기 속의 숨겨진 모습을 발견할 때 사용됩니다. 계단 밑에는 여러 개의 방이 있는 데 이 방에 들어가면 숨겨진 또 다른 자신을 발견합니다.

많은 경우 머리를 풀어헤친 자신의 모습, 묶여 있는 모습, 울부짖거나 고통으로 일그러진 자신의 모습을 보고 많은 충격들을 받습니다.

내 경우도 이 훈련을 통해서는 많은 고통을 겪었습니다.

자아를 발견하기 위해서 꼭 밑의 계단만을 사용하는 것은 아닙니다.

때로는 산으로 들어가기도 합니다. 거기서 각자의 영적 상태에 따라 천사를 만나는 이도 있고 곰과 같은 두려운 존재를 만나기도 합니다.
　내적인 치유에도 이러한 방법이 자주 사용됩니다.
　사람들은 과거로 돌아갔을 때 모태 속에서의 상태, 태어났을 때의 장면, 그 때의 충격 등을 놀라울 정도로 기억해 내었습니다.
　한 살 때 아무도 없이 혼자 있었을 때의 두려움, 고통, 그리고 주변에 계시는 예수님의 발견…그들은 울면서 치유되고 평소에 가지고 있었던 이해할 수 없었던 두려움, 사람에 대한 집착.. 등의 원인에 대하여 깨닫기도 하였습니다.

　한 자매는 20년 전의 고통의 상태로 돌아갔습니다. 신혼 초에 그녀가 임신했을 때 그녀의 남편은 그녀의 배를 걷어차고 몹시 때렸습니다. 상상 속에서 그녀는 20년 전의 바닷가에 있었습니다.
　과거의 그녀는 그때 바닷가에서 빠져 죽으려고 했으나 이제 그녀는 주님께서 그 바닷가에 계시는 것을 발견했습니다. 그녀는 주님께 안기고 치유되었고 많이 울었으나 그것은 행복의, 기쁨의 눈물이었습니다.

　나는 초기에 내가 이것을 일종의 최면 기법인 암시를 통하여 이끌어 가는 것이 아닌가 하고 두려워했습니다.
　그러나 이러한 훈련을 거듭하면서 느낀 것은 나의 역할이 거의 없으며 사람들을 조용히 안식시키고 주님을 바라보게 하고 상상을 시작하기만 하면 자연스럽게 이러한 치유와 기억을 일으키시고 개입하시는 분은 주님 자신이라는 것을 차츰 깨닫게 되었습니다.
　치유와 축사사역에 대한 많은 통찰력을 제공하고 있는 찰스 크래프트

박사는 축귀사역에 있어서도 이 상상의 기법을 많이 사용하였습니다.
  그는 귀신을 쫓아낼 때 상상 속에서 박스를 준비하여 귀신들을 그 속에 집어넣고 천사들로 하여금 그 상자를 가지고 가도록 하는 상상을 통하여 치유와 축귀를 시도하기도 했던 것입니다.

  우리는 이 훈련을 약간씩 내용을 변경하여 시도해보았는데 귀신들은 자루나 상자에 들어가지 않겠다고 몸부림을 쳤고, 그것은 단순히 상상이라고 보기 어려운 여러 가지의 현상과 열매들을 동반하였습니다.

  영성 훈련의 가장 일반적인 상상을 통한 훈련은 말씀을 상상하면서 그 속으로 들어가 보는 체험일 것입니다.
  우리는 산상수훈을 가르치시는 그 산으로 올라갈 수도 있습니다.
  오병이어의 기적의 현장으로도, 풍랑을 잔잔케 하시는 배 안에도 들어갈 수 있습니다.
  거기서 바위에 앉아 있을 수도 있고 배의 노를 저어볼 수도 있습니다.
  우리의 몸은 이러한 경험을 할 수 없으나 영과 상상은 이러한 경험이 얼마든지 가능합니다.
  이러한 경험을 하고 나면 평소에 알지 못했던 새로운 통찰력과 인식을 얻을 수 있으며 말로 표현키 어려운 심오한 감정을 경험하기도 합니다.

  이러한 훈련의 경험들을 통해서 여러 사람들이 부분적으로 천국을 경험했고 천국에 있는 자기들의 집을 보았습니다. 그들의 말을 전적으로 무시하기 어려웠던 것은 그들의 보았던 것들이 서로 일치하는바가 많았기 때문입니다.

 가장 인상 깊었던 역시 주님과 함께 걷는 상상이었습니다. 그것은 너무나 선명한 경험이었고 주님과 오솔길을 걸으며 심지어 놀이터에서 노는 이미지들을 보면서 자매들은 신성한 기쁨에 감싸였습니다.

 나는 이제 그러한 경험의 진위를 논하는 것보다 그러한 경험들이 경험한 사람들에게 어떠한 영향을 끼쳤는 지에 대하여 더 관심을 가집니다. 분명한 것은 이러한 상상의 훈련과 경험이 사람을 바로 깨뜨리고 성숙시키고 변화시키는 것은 아니지만 어떤 하나의 좋은 자극제임은 분명하다는 사실입니다.

 기도하면서 주님의 음성을 기다릴 때에 주님은 일반적으로 어떤 메시지를 떠오르게 하시지만 또한 어떤 이미지, 그림을 주실 때도 적지 않습니다.
 사람들은 보통 환상을 전문으로 보는 사람이 따로 있는 줄 알지만 나의 경험으로 보면 자매들은 보통 3-40%는 어떤 그림, 이미지를 경험하였습니다.
 이것은 개발되지 않았을 뿐 모든 사람들이 가지고 있는 기능이며 훈련에 따라서는 주님과 교통할 수 있는 좋은 요소가 될 수 있음을 보여주는 것입니다.

상상의 위험성

기독교의 유명한 지도자들 중에는 소위 '바라봄의 법칙'과 같은 정신력의 사용을 믿음의 중요한 비결이며 핵심으로서 가르치며 권장하는 분들이 꽤 많습니다.

이것은 무엇이든 자신의 소원, 예를 들어 교회의 부흥, 자신의 교회에 사람들이 꽉 들어 차있는 모습이나 자신이 필요로 하는 것이 자기 손안에 들어온 모습을 계속 상상하는 이미지 트레이닝을 강조합니다.

그리고 그것이 계속되면 기도는 응답되며 그것은 소원을 이루는 가장 성경적이고 확실한 방법이라는 것입니다.

나도 거듭나고 주님을 개인적으로 알기 전에는 이러한 정신력의 원리에 대하여 많은 관심을 가지고 있었으며 실제로 그러한 방법을 시도해서 어떤 결과를 얻기도 했습니다.

그러나 나는 거듭난 이후 그러한 방법을 버렸으며 그것은 아마 워치만 니의 영향이 컸을 것입니다.

워치만 니나 제시펜 루이스 같은 영적 지도자들은 그러한 혼의 힘, 정신력의 사용을 극도로 경계합니다.

나는 인간의 정신력을 거의 위험시하며 경계하는 그들의 다소 지나쳐 보이는 견해에 100% 동의하는 것은 아니지만 분명한 것은 그러한 상상의 기법, 정신력의 사용이 전혀 아무런 의심 없이 사용하는 것에는 무서운 위험이 따른다는 것입니다.

정신력의 사용을 믿음이라고 가르치며 이것이 성경의 중요한 가르침이라고 믿는 분들의 가르침은 별로 성경적이라고 보기 어려우며 논리적이라고 보기도 어렵습니다.

'아브라함아, 너 있는 곳에서 동서남북을 바라보라' 이 부분이 '바라봄의 법칙' 에 대한 성경적인 근거이며 계시라는 식의 성경 해석은 논리가 너무 약한 것입니다.

또한 믿음이란 무엇에 집중하여 자기의 소원을 이루는 것이 아니며 믿음이란 본질적으로 관계이며 주님을 알아 가는 것이라는 점을 생각할 때 그들의 견해는 설득력을 상실합니다.

더욱이 문제가 되는 것은 그러한 상상의 기법은 성경이 아니라 모든, 대부분의 마법, 신비술, 초혼술, 최면, 기, 마인드컨트롤, 초월적 명상, 요가 등에서 하나같이 강조되어지고 사용되는 기법이라는 데에 있습니다.

조안나 마이클슨 이라는 여성은 〈악마의 아름다운 가면〉이라는 그녀의 간증 책에서 그녀의 악한 영에 미혹되었던 과거를 상세하게 기술하고 있습니다. 그녀는 영감이 아주 민감한 여성이었으며 마인드컨트롤과 각종 마법, 주문 등을 통하여 초자연적인 치유능력을 가지고 있었습니다.

그녀는 주로 사람의 병을 치유하는 선한 일을 하였기 때문에 자신의 능력이 하나님으로부터 온다고 믿고 있었습니다.

마인드컨트롤에서는 마음속의 상상 속의 칠판 위에 상상의 방을 꾸미도록 상상을 하게 합니다.

그리고 그 방에 책상도 갖다놓고 캐비닛도 갖다놓고 방을 꾸밉니다.

그리고 나서 방이 완성되면 그 방안에 자기의 영적 안내자들을 초청합니다.

역사에 있었던 위인들, 선하다고 여겨지는 사람들을 초청합니다.

물론 그렇게 하여 그들을 빙자하여 다가오는 존재들은 미혹의 영들이지만 그들이 그것을 알 리가 없습니다.

이 조안나양은 기독교의 배경에서 자라났기 때문에 조언자로 예수님을 초청합니다.

당연히 그녀는 그녀의 방에 온 존재가 진짜 예수님인 것으로 믿습니다.

가끔 예수의 모습이 흉칙한 모습으로 나타나서 그녀가 의아해 하면 그 영은 '너의 믿음을 시험하기 위한 것이다.' 라는 식으로 그녀를 속입니다.

결국 마음의 평안을 찾을 수 없었던 그녀는 나중에 진정한 복음 전도자를 만나서 복음을 듣고 주님을 영접합니다.

그러자 그녀의 방에 살고 있었던 거짓 예수는 비명을 지르며 떠납니다.

굳이 이러한 예화를 사용하는 이유는 영적인 세계에는 많은 미혹들이 있으며 영적인 지혜와 분별이 없이 함부로 능력이나 신비한 것을 추구하는 것이 결코 안전하지 않다는 것을 경고하기 위한 것입니다.

능력을 받기 원하며 사람들에게 그것을 과시하지 좋아하는 어린 영혼들에게는 이 영적 싸움이 결코 쉽지 않습니다.

그저 우리의 소원을 성취시켜주고 병을 고쳐주는 영이면 다 선한 영으로 생각하는 무지는 많은 대가를 지불하게 합니다.

인도네시아에는 전통적으로 주술의 힘이 강합니다.

그래서 선교사와 복음이 들어오기 전에 아픈 사람들은 자연스럽게 주술사에게 갔고 주술사는 주문을 외워서 그들의 병을 고쳐주었습니다.
 어떤 소아마비 증세가 있던 사람은 주님을 영접하기 전에 주술의 힘으로 병을 고쳤는데 주님을 영접하자 다시 소아마비 증세가 나타났습니다. 병을 치유한 귀신이 떠나자 다시 원래 상태가 된 것입니다.

 사람들은 귀신들이 병을 고치며 물질을 공급하고 축복한다는 사실을 알지 못합니다.
 누가 자기에게 복을 주건 그냥 받으면 좋지 않느냐고 생각합니다.
 이러한 영적 무지는 실로 엄청난 비극을 초래합니다.
 왜냐하면 악의 영들에게는 공짜가 없으며 그들은 그 복의 대가로 그 영혼들을 사로잡기 때문입니다.
 그들은 그들이 받은 모든 복들을 다 토해내기 전 까지는 결코 주님을 영접할 수 없습니다.
 상상력의 개발 - 그것은 아름답고 풍성한 세계로 들어갈 수 있는 귀한 하나의 문입니다.
 그러나 거기에는 위험한 요소가 도사리고 있음을 결코 경시해서는 안 됩니다.

상상의 죄

 상상력을 자극하는 것은 보는 것, 듣는 것, 접촉, 등 여러 가지가 있습니다.
 그러나 가장 중요한 요소는 눈에 의한 것입니다.

눈으로 보는 것, 영상 문화는 상상력을 엄청나게 자극합니다.

그리고 그러한 상상의 타락은 곧 영성의 타락입니다.

눈을 제대로 관리하지 못한 삼손, 다윗, 하와는 엄청난 대가를 지불해야 했습니다.

삼손은 들릴라의 아름다움을 눈으로 즐기다가 그 눈이 뽑히고 말았는데 오늘날에도 눈을 제대로 관리하지 않는 사람은 영성이 발전되기가 어렵습니다.

특히 아무 생각 없이 TV앞에서 많은 시간을 버리며 즐거워하고 있는 사람들은 이미 세상의 영에 사로잡혀 있는 것이며 영적 성장을 기대하기는 어려운 것입니다.

눈으로 들어온 것은 영혼에까지 들어옵니다.

사람들은 상상의 죄에 대하여는 별로 신경을 쓰지 않지만 상상의 죄를 통제하지 않으면 그 사람의 영은 결코 맑아질 수 없습니다.

상상 속의 복수나 상상 속의 간음으로 현실의 감옥에 가지는 않겠지만 영적인 세계에서는 그는 감옥에 갇혀있는 것입니다.

당신은 그 어떤 이성이든 당신의 상상 속의 침대로 끌고 들어갈 권리가 없습니다.

현실에서 해서는 안 되는 것은 상상 속에도 해서는 안됩니다.

사람은 속일 수 있으나 주님은 우리의 중심을 보시는 분이며 그 분을 속일 수는 없습니다.

마음이 청결하지 않으면 결코 주님을 볼 수가 없으며 당신이 만약 지속적으로 악하고 더러운 상상을 즐기고 있는데도 주님의 모습이 보이고 그 분의 음성이 가까이 들린다면 당신은 그것을 조심하실 필요가 있습니다.

  그분은 자신의 말씀과 어긋나게 역사하실 수 없으며 거룩하신 분이기 때문에 더러움과는 공존할 수 없으시기 때문입니다.

  우리가 상상을 통한 영성의 개발을 하기 원한다면 제일 먼저 해야 할 일은 우리의 상상 속의 죄들을 주님의 보혈로 씻어달라는 것과 진정 거룩함, 정결함을 사모하는 영을 달라고 기도하는 것입니다.

  주님의 피로 씻겨질수록 그에게는 정결한 영이 오시며 상상과 영의 세계가 열립니다.

  물론 악한 미혹의 영이 주는 능력과 힘은 정결함과 아무 상관도 없습니다.

  나는 어린아이들의 눈에 안수를 해 준 적이 있었는데 영안이 열려서 천사들과 악한 영들, 천국과 지옥의 영의 세계를 보게 되는 어린이들이 더러 있었습니다.

  나의 아들, 딸들도 어렸을 때는 천국의 음악 소리나 주님의 음성을 선명하게 듣고 천국과 지옥의 모습을 보고는 아주 상세하게 그림으로 그리곤 했습니다.

  어른의 경우에는 거의 영안이 열리는 경우가 없었는데 나는 그 차이가 눈의 정결함 여부에 달려있는 것이 아닌가 생각하고 있습니다.

결론

　꿈을 통한 영성 개발, 상상을 통한 영성 개발... 근래에 들어 많이 듣게 되는 이야기들입니다.
　이제 결론을 내려야겠습니다.
　영적 세계는 아직 우리에게 미개발지이며 우리가 알지 못하는 놀라운, 또한 위험한 요소가 많이 내재되어 있습니다. 그러나 그러한 위험함에도 불구하고 우리는 그 세계를 탐험할 필요가 있습니다.
　그것은 기도와 말씀 속에서 진정 주님을 사랑하는 마음으로 조심스럽게 걸어가면 아름다운 열매를 많이 얻을 수 있는 세계입니다.

　언젠가 이 훈련을 인도하고 있을 때 나는 어느 자매가 한없이 흐느껴 우는 것을 보았습니다.
　그녀는 상상의 세계 속에서 주님과 함께 숲 속 길을 걸었고 이제 조그마한 연못가에 앉아서 주님의 무릎을 베고 누워있었습니다.
　그녀에게 있어서 그것은 너무나 생생한 실제였습니다.
　나는 그녀에게 물었습니다.
　"왜 울어요?"
　그녀는 계속 울면서 대답을 했습니다.
　"너무나...너무나 그리웠어요.. 주님이.. 그리고.. 너무나... 기다려 왔어요.. 이러한 순간을.."
　그녀는 주님과 사랑의 교제를 나누고 있었고 그것은 그녀에게 너무나 행복한 경험이었던 것입니다.

상상을 통하여 들어가는 세계는 기도하면서 걸어가면 가볼 만한 곳입니다.

그리고 그것은 주님께서 그의 사랑하는 백성들에게 역사하시는 여러 가지 방법들 중의 하나입니다.

주님은 다양한 방법으로 각 사람에게 맞는 방법으로 역사하십니다.

그리고 우리는 그 분의 방법을 나의 기질에 맞지 않는다고 해서, 나의 이해를, 경험을 초월한다고 해서 억지로 제한해서는 안됩니다.

왜냐하면 그분은 사랑이시며 우리가 수용할 수 있는 모든 방법을 통하여 우리를 안아주시고 우리를 사랑해주시기 때문입니다.

6장
육성의 2가지 죄성에 대하여

 육에 속한 2가지의 대표적인 죄는
혈기성과 음란성입니다.
이것은 대부분의 죄를 대표하며
이것으로부터 대부분의 죄들이
새끼를 치고 나옵니다.

육이 소멸되지 않는 한
70이 되든 80이 되든
이 죄는 완전히 소멸되지 않습니다.
다만 육체가 쇠하여지면
죄를 실현할 힘이 부족해지는 것뿐입니다.

혈기성과 음란성은 육체를 통하여 역사하며
육체는 기억과 생각을 통하여 움직이므로
기억과 생각이 소멸되지 않는 한
이것은 죽지 않습니다.
오직 영으로 사는 영의 사람이 되어갈수록
이 죄의 세력을
극복해갈 수 있게되는 것입니다.

타락

하나님의 속성이 공의성과 사랑성인데 공의가 가장 타락한 차원이 혈기성이며 사랑이 낮게 타락한 것이 음란성입니다.
　이 우주는 하나님의 법도와 사랑을 통하여 유지됩니다.
　모든 사람, 모든 생물은 이 하나님의 법도와 사랑에 의하여 그 생명이 유지되며 그 흐름이 끊어지면 1초도 생존할 수 없습니다.

　하나님의 법도, 하나님의 공의란 악을 미워하고 죄를 싫어하시는 거룩한 성품입니다.
　타락한 인간은 이 기능이 타락하여 나에게 불리한 것을 미워하고 내 뜻대로 안 되는 것에 대하여 화를 내는 성품으로 변질되었습니다.
　하나님의 사랑이란 죄인을 용서하시고 불쌍히 여기셔서 빛을 공급하시고 연합하시는 그 분의 자비입니다.
　사람이 타락되었을 때 이 사랑의 기능도 타락되어 더러운 것을 좋아하고 근원 되신 주님이 아닌 피조물과의 연합을 사랑하는 음란성으로 떨어지고 말았습니다.

두 가지의 성질

　모든 물질은 어떤 것에 강하고 어떤 것에 약하다는 성질을 가지고 있습니다. 이 물건은 열에 약하고 습기에 강하다...는 등의 성질이 있습니다.

여기서 무엇을 받아들이고 무엇은 거부하는 성질이 나타납니다.

어떤 물체든 자기의 정체성을 유지하려면 어떤 것을 받아들여야하며 어떤 것을 거부해야합니다.

여기서 받아들이는 - 성분이 사랑성이며 거부하는 속성이 혈기성 즉 + 성분입니다.

일반적으로 남성은 + 성분이 많으며 여성은 -성분 받아들이는 성분이 많습니다.

남성은 하나님의 법도를 대표하며 여성은 하나님의 사랑을 대표합니다. 그러므로 일반적으로 남성들은 진리성, 공의성이 강하며 여성은 사랑과 정이 많습니다.

그래서 남성들은 혈기성의 문제가 많으며 여성은 음란성의 문제로 많이 괴로워합니다.

보통 강하고 거칠은 사람들은 혈기성이 많으며 온유하고 부드러운 사람들은 음란성이 많습니다.

이 음란성은 단순히 성적인 것만을 의미하는 것은 아닙니다.

여성들은 사랑이 그들의 삶의 중심 주제가 되며 아무리 삶이 어려워도 현실의 삶에서 자신이 사랑 받고 이해되면 행복해합니다.

물론 남성은 좀 다르며 그들은 사랑보다 성취와 성공을 중요시합니다.

여성들은 분위기를 좋아하며 로맨틱함, 예쁜 것, 아기자기한 것들을 좋아합니다. 이런 성향들도 다 사랑성과 음란성과 연관된 것입니다.

혈기성은 다른 악들, 교만, 비판, 고집, 자기 의, 강퍅함, 사나움 등의 악들과 짝을 이루고 있습니다.

음란성에서는 사치, 방탕, 게으름, 나태, 더러움 등이 같이 따라 다닙니다.

주님께서 세상을 향하여 '악하고 음란한 세대'라고 말씀하셨을 때 그것은 혈기성과 음란성을 의미하는 것입니다.

귀신에게 항상 '악하고 더러운 귀신아'라고 하는 데 이것도 혈기성과 음란성을 말합니다.

'악하고 게으른 종아'라는 꾸짖는 말씀도 혈기성과 음란성의 두 성분과 연관된 말씀입니다.

음란성은 더러움과 밀착되어 있습니다. 게으름과도 밀착되어 있습니다.

혈기성이 많은 분들은 보통 활동에너지가 많아 부지런하여 많은 것들을 성취하지만 공격성이 많고 비판과 정죄를 많이 합니다.

그래서 유능한 사람이긴 하지만 '가까이 하기에는 너무 먼 당신'입니다.

그러나 음란성의 사람들은 그러한 공격성은 없어서 사람을 포근하고 편하게 해주는 반면에 매사가 불분명하고 귀가 얇으며 모든 것들을 귀찮아하고 게으르며 할 수 있는 한 모든 것들을 내일로 미룹니다.

그들은 결심은 많이 하지만 실행하는 것은 별로 없으며 일을 미루어야 할 이유를 찾는 데 있어서 천재적입니다.

음란성은 더러움과 관계가 많습니다.

사람들이 이성에게 느끼는 애정은 사실 많은 경우 이 음란성에서 오는 것입니다.

영혼이 어릴수록 외모에 많은 관심을 기울입니다.

그러나 영의 시각이 열릴수록 그러한 과다한 외적 꾸밈이 싫어지게 되며 부자연스럽게 느껴지기 시작합니다.

술집에서 술에 취한 사람들은 더러운 모습에 대하여 정욕을 느끼며 아름답게 느낍니다.

술집의 불빛이 어두운 것은 그러한 흐릿한 불빛이 더 사람의 영혼을 어지럽혀서 혼미한 영들을 많이 받아들일 수 있기 때문입니다.

음란한 영에 사로잡힐수록 더러운 것에 매력을 느끼며 만족을 느낍니다. 일본에서 나온 어떤 책은 분뇨를 온 몸에 바르고 성행위를 하는 도착행위를 묘사한 것도 있습니다.

영혼의 감각이 발달해 갈수록 사람들은 이 세대에 가득한 더러운 영들에 대하여 고통을 느끼며 영이 병들어 갈수록 그러한 것들에 대하여 은밀한 기쁨을 얻게 되는 것입니다.

하나님의 섭리

대부분의 남성들은 혈기문제로 고통을 많이 겪습니다.

그들은 속에서 치밀어 오르는 성질 문제를 해결하지 못해 고생합니다.

물론 여성들도 여기에 대하여 자유로운 것은 아닙니다.

이 시대는 성을 혼돈시키는 영들의 활동이 많기 때문에 이러한 원리와 반대적인 상황들도 많이 있습니다.

그러나 원리적으로 남성은 진리를 대표하며 여성은 사랑을 대표하기 때문에 둘의 연합은 근본적으로 영혼의 완성을 위하여 이루어집니다.
일반적으로.남성은 여성이 진리가 부족하므로 속이 뒤집어지고 여성은 남성에게서 기대하는 사랑을 얻지 못함으로 삶이 비참해집니다.
남성들은 자신의 아내의 행동이 비논리적이라고 생각합니다.
여성들은 자신의 남편이 따뜻하지 않으며 자신의 마음을 잘 몰라준다고 생각합니다.
물론 그것은 하나님의 섭리의 한 부분입니다.
남성이 여성에게서 진리적인 만족을 얻으면 그의 영혼은 성장하기가 어려우며 여성이 남성을 통하여 사랑의 만족을 얻으면 그의 영혼은 주님과 연합하기가 어렵습니다.

근본적으로 이 땅이 고통스러운 이유는 영적 발달 수준이 틀린 사람들이 함께 모여 살기 때문입니다.
그들은 성향도 소원도 삶의 목적도 기쁨을 얻는 대상도 다 틀립니다.
근본적으로 빛과 어두움이 함께 있기 때문에 세상은 괴롭습니다.
그러나 언젠가 짧은 훈련기간이 끝나면 하나님의 명령을 따라 흙은 흙대로, 물은 물대로, 모든 것은 성분을 따라 나뉘어질 때가 옵니다.
그때 비로소 빛과 어두움은 분리되며 같은 성분끼리 거하게 됩니다.
이 땅에 있는 육체의 연합, 혈연, 지연, 학연...등의 연합은 온전하지 않으며 그 때 우리는 영적 생명의 발전 상태와 수준에 의하여 연합하게 되며 완전한 사랑과 삶을 누릴 수 있게 되는 것입니다.

혈기의 근원

혈기는 악입니다.
그것은 공격성입니다.
주님은 죄인을 보고 자비를 베푸시나 타락한 인간은 불 합리를 보면 그 속의 야수성이 일어나 분노하고 정죄합니다.
물건을 찾다가 없으면 화를 냅니다.
전화를 해도 상대방이 계속 통화중이면 화를 냅니다.
상대방이 약속시간에 늦어도 화를 냅니다.
나에게 불리한 상황이 생기면 자기를 방어하며 화를 냅니다.

혈기는 어디에서 근원되는 것일까요?
그것은 주권에 대한 문제입니다.
혈기란 우주의 주인되시는 주님께 내가 굴복되지 않은 것을 의미합니다. 아직도 자신이 시간, 물질, 살아가는 방식, 모든 것들에 대하여 주인 됨이 처리되지 않았을 때 혈기성이 나타나는 것입니다.
주님은 우리의 삶에 주인 되시는 영역이 많아질수록 혈기성은 소멸됩니다. 광야는 바로 이 내 고집, 혈기성을 처리하는 곳입니다.

한 가지, 두 가지 처리 받아 주님의 주인되심이 많아질수록 사람의 영혼은 잔잔해지고 부드러워 집니다.
그는 오해를 받든 배반을 당하든 자기의 오랜 노력이 좌절되든 별로 영향을 받지 않고 화를 내지 않으며 점점 감정을 통제하고 자유로운 상태가 됩니다.

그는 오직 주인의 뜻에 기뻐하고 즐거워하며 복종될 뿐 자신의 감정과 기분을 따라 사는 것에 대하여 점점 관심이 없어지는 것입니다.

이 훈련을 위하여 오해받음도, 버림받음도, 좌절도, 눈물도 분량이 있습니다.

그것이 마냥 억울한 사람은 그 이수 기간이 늘어날 뿐이며 끝까지 억울하고 원통한 사람은 그냥 광야에서 부끄러운 구원으로 죽을 수밖에 없습니다.

그는 은혜로 구원은 얻지만 훈련을 받는 데 너무 시간을 낭비해서 주님의 도구로 별로 쓰여지지는 못하는 것입니다. 물론 이 땅에서 사람들에게 알려지며 유명한 사역자가 되는 것과 주님의 손에 의하여 생명을 살리는 도구가 되는 것은 전혀 같지 않은 것입니다.

음란의 근원

음란성은 근본적으로 어디에서 근원 될까요?

그것은 에덴 동산에서부터 시작되었습니다.

음란이란 근본적으로 주님과 연합되도록 만들어진 인간이 근원 되신 주님을 버리고 피조물에 대하여 애착을 느끼는 것을 의미합니다.

주님이 아닌 선악과에 대하여 매혹을 느끼는 것이 음란성의 시작입니다. 주님을 사랑하고 그 안에서 우리의 영혼이 확장되고 그 충만한 생명을 얻도록 만들어진 인간이 주님 아닌 다른 것을 우리 안에 받아들이

는 것입니다.

사랑은 흡수성입니다.
그것은 받아들이는 것입니다.
주님을 사랑하면 주님을 받아들이게 되며 어떤 사람을 사랑하면 그 사람의 영이 내 안에 들어옵니다.
그래서 그 사람 없이는 살 수 없게 됩니다.
어떤 오락이든, 취미든, 술이든, 도박이든, 공상 중독이든, TV중독이든 수다 중독이든, 쇼핑 중독이든 우리가 어떤 것에 빠지는 것은 그 영을 받아들인 것이며 우리가 그것을 사랑하지 않으면 그것은 들어오지 않습니다.

이 놀라운 사랑성, 흡수성을 오늘날 사람들은 잘못 사용하여 주님을 받아들이지 않고 세상의 더러운 것들이 들어오도록 허용합니다.
그것이 바로 음란입니다.

성장과 정화 과정

사람의 근본적인 악은 그러므로 결국 주님의 주권에 순복하지 않은 혈기성과 주님을 진정으로 사랑하지 않는 음란성에 있는 것입니다.

신앙의 첫 번째 단계 애굽에서 주님은 구원자로서, 아버지로서 오십니다.

여기서 우리는 권능을 경험하게 되며 우리 자신의 힘이 아닌 주님의 능력을 의지하는 것을 배웁니다. 이 단계에서 주님은 단순히 그 분을 의지할 것을 요구하십니다.

신앙의 두 번째 영역 광야에서 주님은 우리의 주인으로서 오십니다.
그리고 여기서는 지난 시절의 은혜와 응석이 통하지 않으며 모든 것들이 철저하게 주님께 굴복될 때까지 그들은 광야를 통과할 수 없으며 영적 배고품, 굶주림, 고독, 좌절, 절망... 많은 것들을 경험해 갑니다.
이스라엘 당시에도 그랬듯이 대부분의 그리스도인들은 주님의 의도를 알지 못하고 여기서 그냥 원망만 하고 팔자 타령만 하다가 죽습니다.
이 단계에서 주님은 우리에게 순종과 굴복을 요구하십니다.

신앙의 세 번째 영역에서 주님은 신랑으로서 오시며 우리에게 순결한 신부의 사랑을 요구하십니다.
이 영역에 이르면 신자의 기쁨은 오직 주님을 얻는 것이며 그분을 기쁘시게 하는 것 외에는 다른 소망이 존재하지 않습니다.

주님은 애굽의 어린아이에게 사랑을 요구하지 않습니다. 그들의 영혼은 아직 사랑할 수 없으며 아무 것도 분별하지 못하고 이기적이며 오직 자신과 물질, 눈에 보이는 것 외에는 인식할 수 없다는 것을 잘 아십니다.
그들에게 오직 그분만을 바라보고 의지하도록 가르치실 뿐입니다.
광야의 젊은이들에게도 사랑을 요구하시지 않습니다. 그들은 지금 혈기방장한 때이며 한참 제 잘난 맛에 사는 때임을 아십니다. 그들에게는 철저히 굴복되도록 훈련과 안식, 징계와 위로를 반복하십니다.
　그러나 가나안에 이르면 그분은 자신을 부분적으로 계시하시며 그분의 영광에 사로잡히는 것을 부분적으로 허용하십니다.

　어떤 분들은 여러 가지 달콤한 경험을 많이 한 후에 자신이 술람미 여인이라고 주장하기도 합니다.
　그러나 대부분 그것은 육적인 경험에 지나지 않으며 술람미의 경험은 광야의 훈련, 주님의 주권에 굴복된 만큼 임하시는 것입니다.
　삶의 열매는 그 실상을 분명히 보여줍니다.

　어떤 사람이 사랑에 빠지게 될까요?
　그것은 상대방의 아름다움을 발견한 사람일 것입니다.
　주님은 그분의 주권에, 뜻에 굴복된 사람들에게 제한적으로 그분의 영광과 아름다우심을 허락하십니다.
그리고 나서 그분과 사랑에 빠지지 않을 사람은 없으며 그 사로잡힘은 주님의 계시의 분량에 비례하는 것입니다.
　사람들이 주님의 사랑에 빠지지 않는 오직 한 가지의 이유는 그분의 영광을, 그분의 기쁨을 경험하지 않았기 때문입니다.
　사람들이 드라마나 오락, 여러 가지 시시한 것들에게 빠지는 이유는 그러한 것에서 기쁨을 얻었기 때문입니다.
　그러므로 그것들을 사랑하고 있기 때문입니다.

　주님께서 그의 백성들을 애굽에서 이끌어 내신 것은 단순히 애굽인들의 압제에서 벗어나게 하시기 위한 것만이 아니었습니다.

그들의 목표는 광야에서 다 죽는 것이 아니었습니다.

주님은 말로 표현할 수 없는 영광의 세계로 우리를 부르십니다. 그리고 인도하십니다.

오늘날 이 시대의 그리스도인들이 너무나 비참하고 가련한 영적 상태에서 머무르고 있는 것은 얼마나 비극적인 일인지 모릅니다.

그러므로 우리는 더 깊고 아름답고 측량할 수 없는 풍성한 세계로 부르시는 주님의 인도하심에 대하여 좀 더 깨어있어야 하는 것입니다.

주님의 평화, 주님의 사랑

육의 두 가지 악성, 혈기와 음란성은 처리되어야 합니다. 이 두 가지는 영혼의 힘이 강해져서 육이 그에게 굴복되기 전 까지는 비슷한 종류의 여러 다른 형태의 에너지로 바뀔 뿐 소멸되지는 않습니다.

혈기성이 처리되지 않으면 분노하고 원망하면서 살다 죽게 됩니다.

그는 아무도 섬길 수 없으며 마치 자기가 우주의 주권자인양 항상 자기는 옳다고 믿으며 함부로 판단하고 심판하는 죄를 짓게 됩니다.

무지가운데 짓는 죄라고 해서 심판이 면제되는 것은 아니며 그는 이로 인하여 많은 고통의 대가를 경험할 수밖에 없는 것입니다.

그는 항상 불안하고 초조하며 아주 적은 은혜, 평안을 누릴 수 있을 뿐입니다.

음란성이 처리되지 않으면 허무한 것들, 허무한 즐거움에 빠지며 아무 것도 아닌 것들에게 목숨을 걸게 됩니다.

오직 주님께 굴복되어진 자만이 참된 마음의 평화를 경험하게 되며 오직 주님을 사랑하는 자만이 참된 기쁨을 맛보게 됩니다.

불안과 염려는 자기의 주권이 깨어지지 않아서 스스로가 인생을 다스리기 때문에 오는 증상이며 주님께 엎드려지면 주님의 평강이 임하게 되며 모든 불안, 쫓김은 사라지는 것입니다.

육적인 사람은 감정이 고조되면 미워하고 화를 내며 감정이 떨어지면 불안하고 초조해집니다.

그러나 굴복의 분량이 많아질수록 그의 정서는 쉽게 흔들리지 않으며 그는 더 깊고 더 많은 평화를 체험하게 되며 전쟁이 나든, 집에 불이 나든 그의 평화는 쉽게 사라지지 않게 되는 것입니다.

사소한 중독, 귀가 얇으며 망설이고 우유부단하며 쉽게 이것저것에 빠지는 증상은 음란성과 관련되어 있는 것이며 주님의 사랑 안에 함몰되지 않았기 때문에 나타나는 증상입니다.

이것은 주님의 사랑에 붙잡히는 것 외에는 아무런 해결책이 없는 것입니다.

주님의 평화는 너무나 순결한 것이어서 이것을 약간만 맛보게 되면 그전에 자신이 얼마나 불안과 쫓김 속에 살아왔었는지를 깨닫게 되는 것입니다.

이 평화를 약간만 알게 되면 자신이 전에 평안이라고 생각했던 것이 사실은 불안에 가까운 것이라는 사실을 알게 됩니다.

또한 주님의 사랑은 너무나 순결한 것이어서 이것을 약간만 맛보게 되면 전에 자신이 사랑이라고 생각했었던 것은 정욕에 지나지 않으며 차라리 미움에 가까운 것이었음을 깨닫게 되는 것입니다.

이 땅에서 완전할 수는 없으나 날마다 주님의 주권에 순종하려고 애쓰며 그분 앞에 엎드러지는 자를 주님께서는 자유케 하실 것입니다.

그리고 그분만을 사랑할 수 있는 사랑의 영을 부어주실 것입니다.

주님을 사랑하는 자는 모든 것을, 모든 사람을 사랑하는 자입니다.

그러나 주님을 사랑하지 않는 자는 많은 것을 사랑한다고 생각할 뿐 사실은 아무도 사랑하지 않으며 자기 자신만을 사랑하며 욕망과 소유욕과 집착에 빠져있을 뿐입니다.

혈기가 처리되지 않으면 아무도 섬길 수 없으며 자신이 우주의 주인인양 판단하고 심판하는 죄를 반복하게 됩니다.

부디 해방과 자유를 위하여 기도하십시다.

그리고 아름다운 주님의 소유가 되기 위하여 주님께 나아가십시다.

오늘도 주님의 사랑은 우리를 이끌고 인도하시니 그를 충실히 따르고 순종하는 자는 진정 세상이 알지 못하는 기쁨을, 행복을 누리게 될 것입니다.

7장
안식의 원리에 대하여

우리는 죄에서 해방을 얻기 위해서
주님의 열매를 맺기 위해서
열심히 애쓰고 노력합니다.
그러나 이상하게도
우리의 열심은 결실을 맺지 못하며
오히려 상황은
더 힘들어지는 것 같이 보입니다.

그 이유는 무엇일까요?
그것은
안식을 통하여 우리의 겉 사람이 잔잔해질 때
우리 안에 계신 주님의 영이 역사하시며
해방과 자유의 열매를 주시는 원리를
우리에게 보여주고 있는 것입니다.

우리의 고통은 관념일 뿐입니다.

나는 평소에 독자들의 전화를 많이 받는 편입니다.
 거의 날마다 문제를 가지고 있거나 주님의 은혜를 사모하시는 분들이 전화를 주십니다.
 어떤 날은 아침부터 밤까지 상담을 하다가 목이 쉬어버리기도 합니다.
 단순히 영적인 원리를 알고 싶어서 전화하시는 분도 있고 힘든 상황 때문에 전화를 하시는 분들도 계십니다.

 군대에서 사고로 아들을 잃은 어머니의 통곡으로 가득한 전화, 아내의 불륜의 낌새를 느끼고 침식을 전폐하다시피 한 남편의 고뇌어린 전화, 목사님이 너무 미워서 미칠 지경이라는 집사님의 전화…자신의 불같은 성격 때문에 괴로워하시는 분들의 전화…주님을 가까이 알기를 원하지만 생각만큼 되지 않아서 고민하는 전화… 질병과 배우자와의 성격차이로 고민하는 분들, 남편의 불륜으로 이혼을 고려하는 분들의 이야기…

 이런 문제를 한 두 시간에 걸쳐 이야기하고 기도를 해주다 보면 전화가 끝날 무렵쯤이면 나는 완전히 탈진해버립니다.
 그러나 감사할 것은 대부분의 사람들이 전화를 시작할 때는 거의 고통으로 가득한 상태이고, 심지어 자살을 기도하지 않고 죽을 수 있는 방법이 없느냐고 묻는 분까지 계시지만 전화가 끝날 때쯤이면 기쁨과 소망이 가득하여 기쁨의 눈물이나 웃음으로 끝나는 경우가 대부분이기 때문입니다.

　어떻게 조금 전까지 고통으로 가득하다가 순식간에 기쁨으로, 즐거움으로 가득해질 수 있을까요?

　그것은 사람이 영적인 존재이며 그들이 고통이라고 생각하고 있는 것은 사실 하나의 환상, 그림자, 착각에 지나지 않는 것이기 때문입니다.

　그러므로 그들이 그림자가 아닌 실존과 영원한 실체에 대해서 알고 깨닫게 되면 그들은 자기들이 고통이라고 생각했던 것들이 아무 것도 아닌 것을 알게 되고 그 결과 그들은 자유함과 행복감을 느끼게 되는 것입니다.

　그들이 실제라고 생각하는 고통들은 하나의 허상에 지나지 않습니다.

　즉 그들은 하나의 관념의 지옥에 묶여있는 것이며 그가 자신의 영혼에 대해서 눈을 뜨고 사고와 관점이 바뀌게 되면 그것은 오히려 축복일 수 있음을 알게 되는 것입니다.

　의식이 바뀌게 되면 우리가 대단하게 생각하던 것들이, 복이라고 생각했던 것들이 사실은 별것이 아니며 우리가 고통이라고 생각했던 것들이 사실은 행복임을 깨닫게 됩니다.

　모든 고통은 하나의 사고 작용에 지나지 않으며 우리의 생각의 위치가 너무 높아져서 주님의 통제를 벗어나 제멋대로 움직이면서 주인의 위치를 차지하고 있기 때문입니다.

　이 생각이 조금 더 낮아지고 주님의 통제에 들어가게 된다면, 그리하여 주님의 시각, 영혼의 시각에서 우리가 모든 상황들을 바라볼 수 있다면 우리는 진정 자유로와 질 수 있을 것입니다.

영적인 원리의 인식은 변화를 일으킵니다.

최근에 어떤 자매님이 상담을 요청했습니다.

시어머니를 사랑하고 입으로 사랑을 고백하려고 시도도 하고 무진 애를 쓰다가 그녀는 탈진을 해버렸습니다.

그녀는 도저히 할 수 없다고 울면서 하소연하는 것이었습니다.

나는 웃었습니다.

"잘 되었군요... 할 수 없는 것을 알게 되었으니... 그러니 신경을 끄고 잠이나 주무십시오..."

어떤 방법을 기대했던 그녀는 맥이 빠지는 모양이었습니다.

"그냥... 포기하고 잠이나 자라구요?"

"예... 한잠 푹 자고 나면 기분이 달라지지요... 내 가슴에 아직 이루어지지 않은 것을 머리가 억지로 누르게 되면 정신병원에 가게 됩니다. 그러니 포기하고 재미있게 사세요."

그녀는 모처럼 시원하기는 했지만 미련이 있는 것 같았습니다.

"그러면... 방법은 없는 건가요?"

"방법이요? 그야 있지요. 아주 간단한 방법이 있어요... 예수님께서 괜히 돌아가셨나요? 무지하게 쉬워요... 원리만 알면 참 간단하죠..."

"그게...무지하게 쉬운 일이라구요? 목사님이야 그러시겠지만 저는..."

"아니요...저도 못해요..자매님도 못하구요.. 그러나 자매님은 할 수 없지만 자매님 안에 주님이 계시니까 그분이 하시도록 가만히 내버려 두기만 하시면 됩니다. 지금 자꾸 자매님이 주님을 방해하고 못살게 구

니까 주님이 그냥 가만히 계시는 중이시거든요... 그러니 주님이 움직이실 수 있도록 하는 방법만 알면 되지요..."

그녀는 비로소 눈이 뜨여지는 모양이었습니다.
"그래요... 그럼 어떻게 주님이 일하실 수 있지요..?"
"하하하. 그러니까 잠이나 주무시라니까요..."
"아니, 농담이 아니고 정말인가요? 그냥 잠만 자면 주님이 일하신다고요?"
"하하하. 조금은 농담입니다. 하지만 원리는 비슷하지요. 내가 애쓸수록 우리는 죄에 묶이게 되고 주안에서 안식할수록 내 안에서 주님이 움직이고 일하십니다. 아주 간단하지요... 가만히 있기만 하면... 그분은 일하십니다. 그러니 안식의 원리를 배워야 하지요..."

한번은 자신의 혈기 문제로 고민하시던 분에게 이런 이야기를 했습니다.
"혈기요? 뭐 그런 것 가지고 고민하십니까? 그러면... 지금까지 혈기를 사랑해보셨나요? 혈기를 감사해 보셨어요? 혈기를 축복해 보셨습니까?"
그녀는 깜짝 놀라는 것 같았습니다.

"혈기는 악인데... 죄인데... 그런데 그것을 감사하고 축복하라구요...?"
"예. 그렇습니다. 혈기, 악이란 하나의 어두움, 허상에 지나지 않습니다. 그것을 이기려고 싸우고 애를 쓰면 오히려 그것을 인정하는 것이 되어 그것이 실상이 되어 버리지요. 죄란 우리가 몸부림칠수록 오히려 그 세력에 잡히게 되는 것입니다.

 그 시간에 주님의 영광을 바라보세요. 그분 안에서 안식을 하세요. 그분의 임재가 가득해질수록 우리는 자신을 잊어버립니다. 그리고 어느 사이인지 모르게 죄에서 해방이 된 것을 알게 되지요. 그 비결은 안식에 있습니다."

 나는 고민하고 씨름하던 사람들에게 간단한 몇 가지의 원리를 가르쳐서 한 두 번 정도의 강의로 짧은 시간에 그들의 인생의 방향과 목회의 방향, 삶이 바뀌어졌다는 고백을 많이 들었습니다.
 평생 용서할 수 없던 사람을 용서하게 되었다든지, 죽어도 사랑이 가지 않을 것 같던 남편이 사랑스럽게 보이기 시작했다든지, 아이들에게 마음과 달리 거칠게 대하고 죄책감에 시달리는 것을 반복하다가 이제는 너무 자연스럽게 사랑하게 되었다든지, 몇 십년을 우울하게 살다가 기쁨이 무엇인지 알게 되었다든지...

 그렇습니다. 주님이 우주의 왕이시고 그분이 우리 안에 계신 것이 분명하다면 그러한 일은 별로 대단한 일이 아닙니다.
 그러한 변화는 그저 간단한 몇 가지의 원리를 이해하고 시도해보는 즉시 우리의 삶 속에 나타납니다.
 그리고 그러한 중요한 원리중의 하나가 바로 안식의 원리입니다.

영을 방해하지만 마십시오.

주님은 우리 안에 계십니다.

우리 안에 계신 그 분은 인격이시며 생명이십니다.

생명이란 어떤 특성을 가지고 있을까요?

그것은 자신을 스스로 보호하며 움직입니다.

생명은 그 자체의 표현을 가지고 있습니다.

즉 생명은 어떤 다른 생명이 그 생명을 억압하고 방해하지 않는 한 그 자신의 생명을 표현하는 것입니다.

그렇다면 우리 안에 계신 주님의 생명은 나타나고 표현되는 것이 당연한 데 왜 그것은 나타나지 않으며 표현되지 않을까요?

이 세상을 창조하시고 죄를 이기셨으며 우리의 원수를 사랑하실 수 있는 분이 우리 안에 계십니다. 그런데 왜 그분의 표현은 그렇게 적게 나타날까요?

이제 이해할 수가 있겠지요…

우리의 밖에 계신 주님은 우주보다 크고 강하신 분이시지만 우리 안에 계신 주님은 우리에 의하여 영향을 받으십니다.

즉 우리가 우리 자신을 내려놓고 그분께 의탁하기 전까지 그분은 그저 지켜보실 수밖에 없는 것입니다.

그러므로 우리의 생명이 주님을 방해할 때 주님은 조용히 우리가 잠잠해질 때까지 기다리시며 우리가 지치고 힘들어 좌절하고 포기할 때 비로소 그분의 역사를 하실 수 있는 것입니다.

어린 아기는 비록 작지만 생명을 가지고 있습니다.

이 아기에게 하루쯤 먹을 것을 주지 않으면 어떻게 될까요?

아마 울고 난리가 나겠지요...

그는 생명을 가지고 있으므로 살아남기 위해서 발버둥을 칠 것입니다.

우리 안에 있는 영의 생명도 먹을 것을 주지 않으면 살아남기 위해서 발버둥을 치며 우리의 겉사람, 육이 그를 방해만 하지 않는다면 자연스럽게 그의 생명이 흘러나오고 자연스럽게 영의 열매를 맺을 수 있는 것입니다.

마태복음 13장에 씨뿌리는 비유 중에서 가시떨기 밭이 나옵니다.

이 가시떨기 밭에서 씨가 자라기는 자랍니다.

그러나 가시가 더 크게 자라서 씨의 기운을 막기 때문에 그 씨는 지속적으로 자라서 열매를 맺지 못하는 것입니다.

주님은 우리 안에 거하시며 우리 안에서 열매를 맺기 원하십니다.

그러나 우리는 그 영의 열매를 방해하는 많은 겉사람의 노력과 애씀이 있습니다.

그리고 그러한 열정은 많은 경우에 우리 안의 영의 작용을 방해합니다.

우리는 애쓰고 노력할수록 별로 열매를 얻지 못하며 지치고 힘들게 됩니다.

주님 안에 조용히 안식하며 주님을 누리던 마리아는 주님의 말씀을 받으며 주님을 기쁘시게 했으나 나름대로 주님을 기쁘시게 하려고 그 마음이 바쁘고 쫓기던 마르다는 별로 기쁨도 열매도 경험하지 못했던 것입니다.

노력을 그치고 주님 안에서 안식하는 것 - 그러므로 주님의 열매, 영의 열매가 자연스럽게 이루어지는 것 - 이것은 우리의 본성에는 맞지 않지만 매우 귀중한 원리입니다.

그러나 신앙에 있어서 끝없이 우리의 노력을 요구하고 긴장하게 하는 요소는 너무나 많이 있습니다.

그토록 많은 가시떨기, 율법, 체계, 틀... 그러한 것들이 우리를 쉽게 열매맺지 못하게 하며 고생만 하고 결국은 좌절하게 만드는 것입니다.

늪에 빠진 사람처럼 애쓰고 허우적거릴수록 우리는 더 깊이 빠지게 되며 주안에서 누리고 안식할수록 우리는 쉽게 열매를 맺게 됩니다.

안식 - 이것은 결코 하나의 개념이 아니며 우리는 구체적인 훈련과 경험을 통하여 그것을 누리고 주님의 변화시키는 역사들을 경험해 갈 수 있는 것입니다.

안식과 누림은 모든 열매의 시작입니다.

우리는 하나님이 제정하신 최초의 법이 선악과에 대한 금지의 명령이라고 알고 있습니다.

물론 맞는 말씀입니다.

그러나 어떤 의미에서 보면 그보다 더 앞선 법이 있었습니다.

그것은 안식의 명령입니다.

하나님께서는 세상을 창조하시고 안식일을 만드셨습니다.

그리고 그것을 거룩하게 하셨습니다.

그리고 그 안식에 사람도 같이 동참하기를 원하셨습니다.

안식이란 무엇일까요?

안식은 어떤 의미를 가지고 있을까요?

히브리말로 안식의 의미는 완성과 연합의 의미가 있습니다.

어떤 거칠은 말이 있어서 사람이 도무지 탈수가 없습니다.

그런데 이 말을 열심히 길을 들이고 나서 이 말을 처음으로 탑니다.

그것을 안식이라고 합니다.

어떤 여인과 오래 연애를 하고 결혼을 합니다.

그리고 나서 그녀를 취하는 것을 안식이라고 합니다.

오래동안 집을 짓습니다.

그리고 나서 낙성식을 거행하고 그 집에 들어가 삽니다.

그것을 안식이라고 합니다.

 이와 같이 안식이란 그 본질적인 목적이 이루어지는 것을 의미합니다.

하나님은 왜 세상을 창조하셨을까요?

그것은 안식을 위한 것입니다.

사람들은 광대한 우주를 보면서

와, 너무나 크고 대단하다. 그에 비하여 우리 인간은 얼마나 초라하고 작은가!

하고 말합니다.

 그러나 하나님께서 우주를 창조하실 때 그 창조의 핵심은 인간입니다.

주님은 별을 지으시고 기뻐하시고 만족하시지 않으셨습니다.

마지막 결론은 사람을 지으시기 위한 것이었고 그 인간 창조의 이유는 안식, 즉 사람과의 사랑이며 연합이며 교제이며 누림이었습니다.

그분은 그분의 생명을 사람에게 공급하기를 원하셨고 그분과의 생명적인 관계, 생명적인 연합을 원하셨던 것입니다.

그러나 사람은 이 안식에 실패했습니다.
아담은 하나님과의 연합에도, 아내와의 하나됨에도 실패했습니다.
하와가 미혹되었을 때 그녀는 혼자 있었습니다.
부부가 서로 온전히 연합되지 않을 때 어떤 일이 있을까요?
'위기의 여자' 같은 상황이 있습니다.
남편은 남편대로 이방인 같고 아이들은 다 커서 자신의 자리가 없습니다.
삶이 너무나 허무하고 외롭고 갑자기 어디론가 다 팽개치고 떠나고 싶은 마음이 듭니다.
목적지도 없이 정처 없이 떠나는데 누군가가 가까이 와서 "사모님..."
합니다.
누구일까요? 물론 제비족이지요...
연합이 온전하지 않으면 제3자가 개입합니다.

사람이 주님과의 안식, 교제, 누림, 연합이 온전하지 않을 때 모든 문제는 시작되는 것입니다.

오늘날 사람들은 주님 안에서의 안식과 누림이 무엇인지 잘 모릅니다.

열심히 노력하고 애쓰고 주님을 기쁘시게 하려고 온갖 몸부림을 치지만 그러한 열정들이 주님의 자연스러운 흐름을 방해한다는 것을 알지 못합니다.

주님은 이미 승리하셨습니다.

나는 모태신앙이었고 어릴 적부터 교회생활에 익숙해 있었습니다.
나는 지옥과 같았던 어린 시절의 삶 때문에 자연스럽게 주님을 열망하게 되었습니다.
그리고 주님을 경험하기 위해서 온갖 몸부림을 쳤습니다.
그러나 나는 온갖 노력들, 기도와 금식 등에도 불구하고 주님을 경험할 수 없었습니다.

자살의 기도, 탈영, 기도원에서 목숨을 건 마지막 기도의 사투를 통하여 드디어 나는 주님의 음성을 듣고 그분을 경험할 수 있었습니다.
그러나 그것은 분명히 내 삶에 지진을 일으킨 사건이었고 더 깊은 주님을 열망하게 된 시작이었지만 어떤 면에서 새로운 고통이기도 했습니다.
나는 여러 가지 체험도 많이 했고 영적인 현상도 많이 겪었지만 기쁨은 잠간이었고 죄와 성질은 사라지지 않았던 것입니다.

나는 죄를 이기기 위해서 엄청난 노력을 했습니다.
그러나 나는 승리할 수 없었습니다.
항상 기도하고 씨름했으며 심지어 하루에 10여 시간을 기도하기도 했지만 부분적인 은사나 경험했을 뿐 나는 죄에서 자유롭지 못했습니다.

수많은 기도원을 갔고 수많은 앞서 간 믿음의 선배들의 글을 읽었으나 나에게는 그림의 떡과 같았습니다.

어느 날 나는 전철을 타고 가면서 나의 죄에 대해서 묵상을 하고 있다가 기독교란 이렇게 피곤한 것일까.. 하고 생각하고 있었습니다.

그러다가 나는 갑자기 깨달았습니다.

주님은 이미 승리하셨으며 승리의 삶이란 이미 이루어진 그것을 믿고 바라보고 누리는 것이지 내가 다시 그것을 성취하려고 애를 쓰는 삶이 아니라는 것을 나는 갑자기 알게 되었던 것입니다.

갑자기 끓어오르는 기쁨을 나는 주체할 수가 없었습니다.

승리는 이미 내 안에 있었고 나는 또 다시 승리할 필요가 없었습니다.

그것은 노력하는 삶이 아니고 그저 주님 안에서 안식하는 삶이었습니다.

그 이후로 나는 변화되기 시작했습니다.

하루 아침에 모든 것이 달라진 것은 아니었지만 전보다 훨씬 더 적게 기도하고 놀면서도 나는 많은 변화를 경험하기 시작했습니다.

몹시 괴로워하고 일생동안 끊을 수 없다고 느꼈던 죄들에 대해서 별로 관심이 없어지게 되었습니다.

사람들에게 사랑을 표현하거나 감정을 표현하는 것은 죽는 것 보다도 더 힘들었는데 점점 그것이 아주 쉬워지고 예전 같으면 닭살이 돋을 말들도 쉽게 하게 되었습니다.

점점 하늘은 푸르고 모든 사람들은 아름답고 사랑스러우며 인생은 기쁨과 영광이 가득한 것이며 온 우주 안에는 하나님의 영광이 가득하다는 사실들이 느껴지고 경험되기 시작했습니다.

그 모든 것들은 내가 그저 노력을 그치고 주님을 바라보면서 안식을 누릴 때 이루어졌던 것입니다.
이것은 얼마나 쉬운 길이었는지요!
나는 이러한 메시지가 많이 있는 이야기이며 많은 신앙의 선배들이 이야기하고 경험했던 것이라는 것을 나중에야 알 수 있었습니다.

주님은 우리를 기다리십니다.

안식이란 그처럼 쉬운 일일까요?
아닙니다.
그것은 어떤 의미에서 가장 어려운 일입니다.
우리들은 "하루에 3-4시간씩 기도하십시오. 그러면 승리합니다."
그런 메시지를 더 좋아합니다.
"아무리 졸려도 이를 악물고 새벽 기도에 나가십시오." 그런 메시지를 더 좋아합니다.
"졸리면 자고 주님이 감동주실 때 하세요…" 하면 아주 불안해하면서 정말 목사 맞아요? 라고 반응합니다.

우리는 속성 적으로 자기 의를 가지고 있습니다.
마르다처럼 움직이는 것이 훨씬 더 익숙하고 편합니다.

우리는 어릴 적부터 "열심히 노력하면 성공한다"는 가르침을 받고 자랐습니다.

울부짖으며 기도로 마음을 찢으며 어떤 몸부림을 통해서 주님이 임하시는 것이 마땅하다는 인식을 타고날 때부터 가지고 있습니다.

많은 분들이 복음을 잘 이해하지 못하는 것도 복음은 공짜이며 이것이 우리의 계산과 이해를 추월하기 때문입니다.

이와 같은 속성이 우리에게 있기에 사도 바울은 갈라디아에서 "성령으로 시작하였다가 이제는 육체로 마치겠느냐"(갈3:3)고 경고했던 것입니다.

그러기에 안식한다는 것… 그것은 어떤 면에서 가장 어려운 일인지도 모릅니다.

오늘날 기독교의 틀 안에 이처럼 사람을 안식하지 못하게 방해하고 억압하는 요소는 무척 많이 있습니다.

사람들은 죄와 싸워 이기려고 합니다. 자기 나름대로의 법을 만들어 아주 열심히 노력합니다. 지금은 이렇지만 언젠가는 나아질 거야…하면서 열심히 애쓰고 기다립니다.

실제의 해방과 자유함을 별로 경험하지 못한 사역자들도 열심히 이러한 애씀으로 사람들을 인도합니다.

그러나 그러한 많은 노력이 진행될 때 주님은 조용히 기다리시며 우리가 그분을 진정으로 기다릴 때까지 그분의 역사를 멈추실 수밖에 없는 것입니다.

영의 흐름은 자연스러운 것입니다.

영의 역사의 특징은 자연스러움입니다.

육의 역사의 특징은 애쓰고 노력하는 것입니다.

그러므로 악을 쓰고 매달리면 은사는 경험할 수가 있습니다.

방언도, 예언도, 지식의 말씀도, 치유의 기적도, 입신도, 투시도 부분적으로 경험할 수 있습니다.

그러나 사람의 속성이 변화되지는 않습니다.

원수를 사랑하고 자신을 용서하며 평화와 자유, 죄에서의 해방을 경험하지는 못합니다.

왜냐하면 은사는 바깥의 일이지만 열매는 영혼에서 나오며 내면의 주님이 풀려 나오지 않으면 이루어질 수 없는 것이기 때문입니다.

자연스럽게 봄이 오고 자연스럽게 여름이 오듯이

영의 역사는 그와 같이 자연스럽게 흐릅니다.

우리가 이를 악물고 애쓰고 노력해서 얻은 것은 참 기쁨과 자유의 열매가 아니며 애를 쓰고 얻은 만큼 그것은 우리의 자기 의가 되고 그것을 하지 못하는 타인에 대한 정죄로 이어지게 됩니다.

우리가 주님의 영의 흐름을 방해하지 않고 자연스럽게 놓아둔다면 우리 안에는 그러한 자연스러운 영이 흐르게 됩니다.

우리는 자연스럽게 우리를 미워하는 사람에 대한 애정이 일어나는 것을 경험하게 됩니다.

까다로운 시어머니도, 불쾌한 상사도, 완악한 남편도, 그저 이상하게 예쁘게 보이기 시작합니다. 이것이 나의 열매일까요? 천만에요. 우리는 그렇게 할 수 없습니다.

그저 자연스럽게 내 안에서 어떤 기운이 움직이는 것입니다. 그것이 나의 육을 부드럽게 내려놓을 때 움직이는 영의 역사입니다.

그리고 이것이 나의 열매가 아니고 내 안에 계신 주님의 은혜인 것을 알기에 자랑할 것이 없어지는 것입니다.

가재를 잡을 때 가재는 물이 움직이면 위험을 느끼고 바위틈에 조용히 숨어있습니다.

그러나 물의 흐름이 없고 조용해지면 가재는 움직이기 시작합니다.

우리의 영도 그렇습니다. 우리의 육, 겉사람이 활동하고 애를 쓸 때 영은 그저 가만히 있을 뿐입니다.

그러나 육이 잠잠해지면 영은 자연스럽게 움직입니다.

그리고 이것이 열매의 시작입니다.

연못에 구슬을 빠뜨렸을 때 우리는 금방 그 구슬을 찾을 수 없습니다.

그러나 조용히 기다리면 우리는 연못의 어느 곳에 구슬이 빠져있는지를 알게 되고 구슬을 건져낼 수 있습니다.

이와 같이 육은 고요하고 잔잔해지면 그 속에 있는 구슬, 영의 생명이 드러나고 움직이게 되는 것입니다.

오늘날 영의 자연스러운 흐름을 막는 육의 긴장됨, 노력이 얼마나 많은 지요!

성경은 육신의 생각은 하나님과 원수가 되며 하나님의 굴복치 아니할 뿐 아니라 할 수도 없다고 말씀합니다. (롬8:7) 그러나 우리는 좀 더 열심히 하면 될 거야.. 라고 생각하지요.

강아지는 날 수 없습니다.

그러나 강아지는 자신이 날 수 있다고 생각합니다.

그래서 높은 곳에서 뛰어 내립니다.

그리고 잠깐 동안 날았다고 생각합니다.

하지만 강아지는 곧 땅바닥에 부딪쳐서 턱이 깨집니다.

강아지는 아픈 턱을 만지면서 음… 좀 더 금식하고 작정 기도하고 애쓰면 언젠가는 날게 되겠지…하고 생각합니다.

그 얼마나 어리석은 생각인지요!

강아지는 절대로 날 수 없습니다.

그러나 독수리와 함께 난다면 날아갈 수 있겠지요…

그와 같이 주님의 승리를 받아들이지 않는 자기의 노력은 결코 열매를 맺을 수 없는 것입니다.

절망은 안식으로 가는 길입니다.

우리는 아직도 자신의 방법에 많은 기대를 걸고 있습니다.

주님께 묻고 그분의 인도 속에서 기도와 삶, 모든 것들을 하는 데 익숙하지 않습니다.

그러나 우리는 언젠가 우리의 한계에 부딪칩니다.

우리는 주님의 역사를 정형화시키려고 합니다.

주님은 여호수아에게 여리고를 돌라고 말씀하셨고 다윗에게는 뽕나무에서 소리가 들리면 공격하라고 말씀하셨고 기드온에게는 항아리를 깨고 나팔을 불라고 하셨습니다.

그러나 우리는 개인적으로 주님을 누리고 맛보기보다는 남이 하는 것을 흉내낼 뿐입니다.

여호수아가 돌았으니 나도 돌자고 계속 돌다가 돌아버리는 사람들도 있습니다.

그러나 주님의 감동이 없는 그러한 모든 방법들은 육적인 것에 지나지 않는 것입니다.

주님은 우리가 주님 자신을 보지 않고 지도자나 어떤 방법, 테크닉만을 볼 수 있는 위험을 아십니다.

주님의 때가 이를 때 우리는 자신에 대해서 절망하게 될 것입니다.

우리에게 로마서 7장이 임할 것입니다.

언젠가 오호라, 나는 곤고한 사람이로다…라는 고백이 임합니다.

로마서 7장은 로마서 8장의 생명의 법을 체험하기 전의 과정입니다.

로마서 7장은 한마디로 나는 죽었다 깨어나도 안 되는구나…하고 깨닫는 것을 말하는 것입니다.

로마서 8장은 주님께서 이제 알았니? 하고 오셔서 그분의 역사를 성취하시는 것입니다.

절망은 안식으로 가는 과정입니다.

절망의 분량이 클수록 주님은 강렬하고 풍성하게 임하십니다.

자신의 무능에 대하여 눈이 열려서 보게 된 사람은 다시는 허탄한 육신의 노력에 기대를 걸지 않으며 오직 주님의 은혜, 역사하심 만을 조용히 기다리게 되는 것입니다.

영적으로 가나안의 상태는 어떤 깊고 높은 경지가 아니며 자신의 실상과 무능함을 분명히 보게 되어 모든 순간에 주님의 의, 주님의 긍휼, 그분의 은총이 없으면 도저히 살아갈 수 없는 상태를 말하는 것입니다.

안식이 깊을수록 우리는 주님을 경험합니다.

모든 기도, 예배, 찬양의 단계는 바깥뜰에서부터 지성소로 나아가는 과정입니다.
찬양을 드릴 때 우리는 처음에 신나고 뜨거운 찬양을 드립니다.
바깥뜰에는 이방인도 올 수 있으며 세상의 영들이 많이 장난을 치기 때문에 우리는 외치고 선포하며 공중 권세 잡은 자들의 세력을 초토화해 버립니다.
그리고 얼마 후에는 달콤한 기쁨이 옵니다. 그것은 이미 전쟁이 아니고 누림입니다.
그러나 어느 때가 되면 주님의 임재가 너무 선명해집니다.
그는 갑자기 입을 벌릴 수 없습니다.
그는 움직일 수 없습니다.
숨도 쉴 수도 없습니다.
그는 자신이 거룩한 곳에 와있다는 것을 알게 됩니다.
그는 온몸이 무기력해지며 그분 앞에 엎드러질 뿐입니다.
이것은 지성소의 경험입니다.
찬양이든 기도든 예배든 처음에는 육체의 강한 표현으로 시작합니다.
그러나 영이 풀리고 주님의 임재가 점점 더 강렬해지면 우리의 육은 무기력해지며 힘을 잃고 주님께 수종적으로 드려지게 됩니다.

부르짖는 기도, 외치는 기도는 몸을 사용하여 기도하는 것입니다.

이 발성의 훈련이 되어있지 않고 묵상기도만 하는 이들은 영이 약하고 눌려서 깊은 기도의 세계에 들어가지 못합니다. 상처를 잘받고 변덕이 심하며 결단력과 추진력이 부족하게 됩니다.

그러나 어느 정도의 기도의 세계, 예배의 세계에 들어가게 되면 언어를 사용하는 기도나 무릎꿇는 자세 등, 몸이 긴장되어 있는 자세로는 깊은 주님의 영을 경험하기 어렵습니다.

편하게 누운 자세로 온 몸이 릴렉스되고 긴장이 풀어진 상태, 그리고 생각의 긴장이 풀어져 눈과 머리의 근육이 릴렉스된 상태에서 영의 역사와 흐름이 자연스럽게 이루어지는 것입니다.

그리고 이 세상의 감각, 육체의 감각이 소멸되고 주님과의 깊은 안식과 누림을 경험할수록 우리는 내적인 변화를 쉽게 경험할 수 있는 것입니다.

긴장을 풀고 고요해지십시오.

혈기, 분노, 폭발... 이런 것들은 그 사람이 못된 사람이라기 보다는 그 사람이 긴장되어있는 것을 보여줍니다.

느긋한 사람이 폭발하는 경우는 없지요.

다들 성질이 급하고 완벽주의적이며 마르다처럼 마음이 바쁘고 쫓기는 사람들이 폭발하는 것입니다.

그러나 이렇게 급한 자세의 사람은 외적인 일의 성취는 조금 있을지 모르나 결코 심령의 변화는 없습니다.

그는 유능한 사람일지는 모르지만 다른 사람들을 편하게 해주지는 못합니다.

그는 '가까이 하기에는 너무나 먼 당신' 입니다.

영의 열매는 고요하고 부드럽고 잔잔한 것이며 육의 열매는 거칠고 사나운 것입니다.

그러므로 혈기성으로 고민하는 분들은 이와 같은 릴렉스하는 기도의 훈련을 하면 곧 자유를 경험하게 됩니다.

불면증으로 고생하는 이들도 머리가 너무 긴장되어 있는 것입니다.

그러므로 밤에 잠자리에 누운 자세에서 조용히 온 몸의 긴장을 풀고 주님께서 당신에게 임하시고 만져주시기를 기대하고 바라보십시오.

밤에 잠자리에 편하게 누워있는 자세는 영성 훈련을 하기에 아주 적합한 자세입니다.

잠을 자는 것은 영계에 들어가는 것이므로 밤에 자기 전에 결코 쓸데없는 생각이나 공상을 하지 말고 주님과 조용히 대화하며 그분의 말씀을 묵상하십시오.

그리고 그분이 당신에게 임하시기를 기대하십시오.

그러다가 잠이 들면 그냥 자면 됩니다.

아침이 되면 당신은 뭔가 달라져 있는 것을 알게 될 것입니다.

주님을 바라보는 것이 안식입니다.

어느 날 어떤 목사님이 머리가 너무 아프다고 기도요청을 하는 전화가 왔습니다.

나는 그에게 대답했습니다.

"예...기도를 해드리지요... 그런데 목사님...실례지만 발가락이 몇 개가 되십니까?"

그분은 이상한 모양이었습니다.

"발가락이요? 물론 열 개지요...그런데 그걸 왜 물으십니까?"

"아, 예... 그냥 알고 싶어서요..그러면 왼발의 발가락은 몇 개이고 오른 쪽은 몇 개입니까?"

"다섯 개, 다섯 개 해서..열 개 인데요..."

"아, 그래요... 고맙습니다. 그러면 새끼 발가락은 합쳐서 몇 개이고 새끼 발톱은 어떻게 생기셨는지요..?"

이 같은 대화를 계속 하자 목사님이 물었습니다.

"저... 그런데 머리 아픈 것은 언제 기도해주시나요?"

나는 다시 물었습니다.

"아... 머리가 아직도 아프신 가요?"

그러자 그는 깜짝 놀라는 것이었습니다.

"아... 그러고 보니 머리가 안 아프네...이게 어떻게 된 거지? 이상하네..."

사람들은 문제가 있으면 그 문제만을 바라봅니다.

주님을 바라보지 않습니다.

그러나 그 문제와 고통은 점점 더 커지게 되고 나중에는 그 문제에 사로잡혀 버리는 것입니다.

그래서 내가 그 목사님께 아픈 머리 대신에 아프지 않은 발에 마음을 집중하도록 시켰을 때 머리의 통증은 사라져버렸던 것입니다.

오늘날 사람들은 자신의 죄와 연약함에 지나치게 몰두합니다.

나도 깨져야 되고 너도 깨져야 되고 우리 모두는 다 깨져야 한다고 말합니다.

도대체 어디에 누림과 영광이 있는지요?

우리를 인식하고 바라보는 것은 우리를 긴장시킵니다.

그것은 자유함의 열매를 가져오지 못합니다.

눈을 들어 영광의 주님을 바라보십시오.

그분의 영광이 우리 안에 가득할수록

우리는 안식하며 변화됩니다.

주님은 그분의 메시지를 전하시는 초기에 "수고하고 무거운 짐진 자들아 다 내게로 오라 내가 너희를 쉬게 하리라"(마11:28)고 말씀하셨습니다. 왜냐하면 안식은 영광과 누림의 시작이며 변화의 시작이기 때문입니다.

아담은 6일에 태어났고 그가 태어난 후에 처음으로 맞이한 다음 날은 안식일이었습니다.

우리는 주님 안식에서 안식해야 합니다.

수고하고 애쓰고 씨름할수록 우리는 지치고 힘들고 피곤하며 별로 열매도 없지만 그분 안에서 안식하며 그분의 임재를 누리고 즐거워할수록 우리는 변화됩니다.

　구름이 가득 하늘을 덮고 있는 흐린 날씨에 사람들은 마음이 우울해집니다.

　그러나 그 순간에도 구름보다 훨씬 더 크고 강한 태양이 존재합니다.

　그러므로 우리는 구름에 마음을 집중하지 말고 문제에 마음을 집중하지 말고 의의 태양이신 주님, 나의 죄와 연약함보다 크신 주님의 은혜와 영광을 바라보아야 하는 것입니다.

　부디 안식을 배우십시오.
　그것은 너무나 쉽고 재미있는 일입니다.
　기도와 예배의 순간에만 주님을 느끼려고 하지 마십시오.
　주님의 영광은 온 우주에 충만합니다.
　우리가 그분을 누리고 맛볼 때
　우리는 삶의 모든 순간이 황홀이며 영광이며
　온 우주에 하나님의 사랑이 가득한 것을 알게 될 것입니다.

　온 세상에 환희가 가득하며
　주님이 주변에 보내주신
　사랑하는 사람들과 함께
　이 짧은 삶을 걸어가는 것이
　얼마나 영광스럽고 행복한 일인지
　경험하게 될 것입니다.

당신이 안식을 누릴 때
하늘은 푸르고
사람들은 아름다우며
삶은 기쁨으로 가득 차 있는 것을
당신은 경험하게 될 것입니다.
부디 이 좋으신 주님을 누리십시오.
측량할 수 없는 주님의 사랑에 감사 드리며
그분께 한없는 영광과 존귀를 올려 드리십시다.
할렐루야!

8장
사랑과 영성의 관계에 대하여

영성에는 다양한 차원과 방향이 있습니다.
능력도 있고 지혜도 있으며
말씀도 있고 주의 임재도 있으며
전쟁도 있고 무기도 있으며
거룩함도 있고 엑스타시도 있으며
무한한 영광의 세계가 펼쳐지기도 합니다.

그러나 그 모든 것들의 중심은 사랑입니다.
영성은 사랑이며 사랑은 영성입니다.
사랑은 영혼의 본질이며
또한 천국의 본질입니다.
우리는 사랑의 분량만큼
원수의 진을 초토화시킬 수 있으며
사랑의 분량만큼 지도자가 되고
사역을 할 수 있습니다.
왜냐하면
사랑은 그 모든 것이기 때문입니다.

참된 리더쉽이란?

오래 동안 나는 리더쉽이란 어떤 것일까 하는 생각을 했었습니다.
어떤 사람이 진정한 지도자이며 참된 지도력을 가지고 있는 것인지 궁금했습니다.
리더쉽, 지도자의 자질은 무엇일까요?
그것은 열정일까요? 비전일까요? 아니면 많은 지식, 통찰력? 혹은 경험, 영적인 체험일까요? 활동력일까요? 사람을 고무시키고 사로잡고 흥분시키는 통솔력일까요?

남이 보지 못하는 비전을 보고 그것을 제시하는 것, 남들이 깨닫지 못하는 지혜와 통찰력으로 그들의 눈을 열어주고 방향을 제시하는 것, 주님과의 깊은 합일의 경험, 사람들에게 어떤 열정, 전염을 잘 일으키는 성향, 그 모든 것들이 지도자의 자질과 연관되어 있으며 중요한 부분임은 말할 것도 없습니다.
그러나 그 모든 것들은 이 땅에서의 물질 세계의 지도자의 자질, 리더쉽에 불과한 것입니다.
영계에 있어서는, 천국에 있어서는 오직 하나의 리더쉽의 근원이 있을 뿐입니다.

그것은 사랑의 분량이며 포용의 분량입니다.
어느 누구든 그 사람의 사랑의 분량만큼 포용의 분량만큼 그는 사역을 할 수 있으며 사람을 도울 수 있습니다.
자기 사랑의 분량, 포용할 수 있는 분량 이상의 사역을 하는 이는 그

도 고통이며 그에게 도움을 받는 이도 고문입니다.

 자녀의 양육도 마찬가지입니다.

 부모의 사랑과 은혜, 포용의 분량이 부족한 사람이 아이를 키운다면 그것은 부모와 자식, 양쪽 다에게 있어서 지옥입니다.

 이 사랑의 분량, 은혜의 분량, 포용의 분량이 부족해서 모든 사람들은 지옥과 같은 삶을 살고 있는 것입니다.

 주님께서는 으뜸이 되고 싶고 높은 자리에 앉고 싶어하는 제자들에게 이렇게 말씀하셨습니다.

 "얘들아. 너희들, 정말 으뜸이 되고 싶니? 큰 자가 되고 싶으냐? 너희들이 원하면 그렇게 될 수 있을 것이다.

 그러나 내가 말하는 원리는 세상과 전혀 같지 않은 것이란다.

 세상에서는 높은 사람들이 아래 사람들에게 명령하고 권세를 부리며 아래 사람들은 꼼짝도 못하고 그가 시키는 대로 움직인다.

 그러나 진정한 지도자는 섬기는 것이다. 종이 되는 것이다.
그리고 나 자신도 항상 섬기며 나의 목숨까지도 주려고 하는 것이다."
(마20:25-28)

 천국에서는 오직 한가지 기준으로만 사람이 지도자가 되고 인정을 받을 수 있습니다.

 그것은 그가 가지고 있는 사랑의 분량입니다. 섬김의 분량입니다.

 사랑으로 섬기는 것을 즐거워하는 분량이 증가될수록 자신의 목숨까지 주는 것을 즐거워할수록 그는 영적인 세계에서 인정을 받으며 사람들을 도울 수 있게 됩니다. 왜냐하면 이 세상의 통치 원리는 힘과 권력이지만 천국의 통치 원리는 오직 사랑과 은혜이며 사랑의 통치가 그 나라의 근본이 되기 때문입니다.

옳고 그름보다 중요한 것은 사랑의 영입니다.

나에게는 독자 님들의 전화가 많이 오는 편입니다.
하루에 적게는 2-3통, 많이 올 때는 10여 통이 옵니다.
최근에 나는 독자 님들로부터 그런 전화를 참 많이 받았습니다.
"목사님… 친구에게 저의 죄와 약한 부분에 대해서 지적을 받았는데요, 그 말이 다 맞는 말인데 자꾸 화가 나더라구요… 목사님…저 아직 멀었지요? 저 자아가 깨지려면 멀었지요?"
나는 웃습니다.
그리고 대답합니다.
"성도님… 그 놈의 자아라는 것, 죽을 때까지 깨져도 다 안 깨집니다. 자신의 자아에 집중하지 말고 주님의 사랑과 은혜에 마음을 집중하십시오."
그리고 나서 나는 덧붙입니다.
"물론 성도님의 영이 어린것도 있겠지요. 또한 영이 약하기 때문에 악한 에너지가 흡수되어 상처가 된 것이지요..그러나 또한 그러한 말을 한 분의 영도 별로 바른 것은 아닙니다.
그의 말이 상처가 된 것은 비록 옳다고 하더라도 사랑의 영으로 하지 않았기 때문입니다. 부드럽고 아름다운 사랑의 영으로 한 지적과 권면은 영을 소성시키며 상처가 되지 않기 때문입니다."

주님께서는 우리의 행위 자체보다 그 동기를 살피십니다.

영의 차원에서 어떤 말이 옳으냐 그르냐보다 더 중요한 것은 그 말이 사랑과 애정으로 행하여 졌느냐 하는 것입니다.

고린도 전서 8장에 비슷한 상황이 있었습니다.

당시에 고기를 먹는 문제에 대한 논란이 있었습니다.

우상 숭배가 만연한 당시 상황에서 우상에게 제사를 드리지 않은 고기를 찾기는 어려웠습니다.

그래서 과연 우상에게 드려진 바 있는 고기를 먹을 수 있느냐 없느냐가 문제가 되었습니다.

사도 바울에게 있어서 그것은 웃기는 문제였습니다.

그에게 있어서 우상이란 아무 것도 아니며 오직 살아계신 하나님 그 분만이 우주를 창조하시고 만물을 다스리시는 분이셨습니다.

그러나 대부분의 사람들에게 있어서 그것은 간단하지 않았습니다.

그들의 믿음과 지식은 온전하지 않았습니다.

그들은 우상을 두려워했으며 찜찜한 상태에서 고기를 먹었습니다.

이러한 상태는 교회 안에 항상 존재하는 것입니다.

즉 어떤 이들은 믿음에 대하여 자유로우며 어떤 이들은 지식과 믿음이 부족하여 자유롭지 않습니다. 그들의 믿음은 쉽게 실족하고 시험이 듭니다.

자, 바울의 결론은 어떤 것이었을까요?

그는 아주 명쾌하게 결론을 내렸습니다.

"지식은 교만하게 하고 사랑은 덕을 세운다.

138 영성의 원리 (1)

내가 볼 때 그들의 두려움은 참 어처구니없는 것이다.

그러나 나는 그들의 무지와 연약함을 인정한다.

그러므로 그들의 믿음이 시험 들지 않도록 나도 고기를 먹지 않겠다.

나는 그들을 위해서 고기를 평생 먹지 않을 수도 있다. 아니 그뿐만 아니라 나의 어떠한 권리이든 포기할 수 있다. 왜냐하면 옳고 그름보다 나의 어린 형제들이 내게는 훨씬 더 소중하기 때문이다."

그는 그러한 이야기를 했던 것입니다. (고전 8:1-13)

이것은 무엇이 옳으냐 그르냐의 문제보다 사랑하고 있느냐 아니냐가 훨씬 더 중요하며 본질적인 문제라는 것을 보여줍니다.

내가 어떤 이에 대해서, 교회에 대해서 어떤 의견을 가지고 있을 때 중요한 것은 그것이 틀렸느냐, 맞았느냐가 아닙니다.

중요한 것은 내가 사랑의 영이신 주님의 영 안에 있느냐인 것입니다.

주님의 영은 사랑의 영이며 우리가 그 영 가운데 움직이고 있다면 우리는 사랑의 마음으로 가득할 것입니다.

사랑의 분량은 곧 사역의 분량입니다.

어떤 사역자가 있고 그를 대적하거나 속을 썩이는 성도가 있습니다.

그 사역자가 그에 대하여 불쌍히 여기고 사랑한다면 그는 그를 도울 수 있으며 영적인 공급을 할 수 있을 것입니다.

사역자를 대적하는 영, 괴롭히는 영과 사역자 안에 거하는 사랑의 영이 서로 싸워서 사역자가 승리하면 서로 사랑하게 되며 사역자가 지면 서로 미워하고 벽이 생겨서 헤어지고 상처만 남게 됩니다.

사역자가 그를 싫어하며 사랑스럽게 여기지 않는다면 그는 그 성도를 바르게 인도할 수 없으며 성도의 안에 역사하는 나쁜 기운의 힘이 갑절로 강해지게 됩니다.

그를 가르치고 훈계하기 위하여 아무리 논리를 제시하고 설득하고 성경을 인용해도 그 동기가 어둠에서 나오기 때문에 그는 어둠의 권세를 이길 수 없습니다.

오히려 악을 더 키워줍니다. 사랑할 수 없다면 그는 진 것입니다.

이길 수 없으며 도울 수 없으며 가르칠 수 없습니다. 그는 좀 더 주님의 사랑에 대하여 은혜에 대하여 체험하고 자라가야 합니다.

그렇지 않고는 그는 사역을 할 수 없으며 사역을 할수록 상처만 서로 주고받게 됩니다.

사역의 대상이 예뻐보인다면 그는 그 사람을 도우며 공급할 수 있습니다.

예를 들어 어떤 집사님이 예배에 항상 지각을 하고 사사건건 목회자의 사역에 대하여 반기를 들어도 그가 사랑스럽고 아름답게 보인다면 그는 그 분을 지도하고 주님께로 인도할 수 있습니다.

그러나 그가 꼴 보기 싫다면 사역자는 영적 싸움에서 이미 진 것이며 영적 지도자로서의 권위와 힘을 상실한 것입니다. 그 집사님은 그의 영력으로는 감당할 수 없는 존재인 것입니다.

우리는 사랑과 용서, 포용의 범위만큼 우리는 사역할 수 있을 뿐입니다.

자녀의 양육도 마찬가지입니다.

자녀의 어떤 부족한 모습에도 불구하고 그가 아름답고 귀하게 보인다면 그는 부모로서의 권위와 능력을 행사할 수 있으며 자녀를 변화시킬 수 있습니다.

그러나 자녀가 말을 안 듣고 속을 썩이는 것이 지긋지긋하다면 그는 이미 영적 싸움에서 진 것이며 아무리 많이 기도해도 자녀를 실제적으로 도와주며 변화시킬 수는 없는 것입니다.

하나님의 사랑은 아무런 조건이 없습니다.

그분의 성품이 사랑이시기 때문에 사랑하시는 것입니다.

마귀의 미움도 조건이 없습니다.

그의 성품이 악하기 때문에 미워하는 것입니다.

그러므로 하나님의 사랑과 은혜의 실상을 경험할수록 사람은 사랑하고 용서하며 원수까지도 예쁘게 보이게 됩니다. 아직 그 분량이 부족한 상태에서 사역하는 것은 곧 비극의 시작인 것입니다.

사랑의 고백은 사탄의 진을 초토화시킵니다.

나의 책 〈열린 영성 따뜻한 마음〉에서 나는 영적 전쟁의 세 가지 단계를 이야기하였습니다.

첫 번째 단계, 첫 번째 차원은 능력 대결로서 주의 이름과 권세를 사용하여 마귀를 부수는 것입니다.

은사를 받고 능력을 받아 담대히 선포하면 악한 영들은 그 정체를 드러내며 떠나갑니다.

사람들은 이러한 경험을 하면 몹시 신이 나서 즐거워합니다.

그러나 이것은 표면적인 피상적인 승리입니다.

영의 세계는 속성, 즉 소원의 세계이며 그는 은사와 능력으로 마귀를 물리쳤을 뿐 아직 그의 속성이 바뀌지 않았습니다.

그는 여전히 죄를 사랑하며 육체의 쾌락을 대단하게 생각합니다.

일반적으로 은사가 강할수록 육체의 속성이 강해지기 때문에 이 승리는 일시적인 것이며 잠시 후에 악한 영은 다시 와서 그를 괴롭히게 됩니다.

그러므로 각종 은사들, 방언, 예언, 투시, 입신, 온갖 은사들을 체험한 분들이 변화되지 않는 자신에 대하여 실망하고 나중에 허탈감에 빠지게 되는 것입니다.

두 번째 대결은 진리의 대결입니다.

사탄의 능력은 대부분 거짓말로 속임에서 오며 생각을 통해서 옵니다.

그러므로 바른 진리의 빛을 깨닫고 체험하므로 우리는 많은 어둠의 생각에서 묶임에서 벗어날 수 있습니다. 이것은 첫 번째의 대결보다 좀 더 깊은 차원입니다.

세 번째 대결은 가장 근본적인 것이며 영원한 것입니다.

천국은 사랑으로 형성이 되어 있으며 지옥은 미움의 세계로 형성이 되어 있습니다.

사랑과 갈망, 그리움은 서로를 끌어당기게 되어 있으며 미움은 서로를 밀어내게 되어 있습니다.

주님이 육체로 계실 때에는 누구든지 그에게 가까이 가고 싶은 이는 갈 수가 있었습니다.

그러나 주님이 부활하셔서 영으로 운행하시는 지금은 우리의 중심이 그분을 갈망하는 만큼만 그분은 오실 수 있습니다.

그러므로 사랑하는 만큼 소원하는 만큼 주님은 오시며 죄를 사랑하는 이도 아무리 겉으로 기도하고 애를 써도 속으로 죄를 미워하지 않으면 그 죄의 영들은 결코 떠나지 않습니다. 그것은 영계의 법칙이기 때문입니다.

어떤 이가 주님을 맛보고 사랑의 영으로 가득하다면 그는 그 사랑을 다른 이들에게 공급해 줄 수가 있습니다.

그러나 그가 사랑의 분량이 부족하다면 그는 사람들을 도울 수 없습니다.

그는 그의 말을 듣지 않은 이를 보면 화가 납니다.

그는 그를 괴롭히는 이를 보면 화가 납니다.

내 자식이라도 자기의 말을 듣지 않으면 미워하고 욕을 합니다.

이는 그에게 사랑의 분량이 부족하기 때문입니다.

그러나 어떤 이가 사랑의 분량이 많아서 주어진 사역을 충분히 소화할 수 있다면 그는 그리움과 사랑으로 가득 차게 됩니다.

사역자가 성도를 보면 기쁨과 사랑으로 가득 차서 오직 그들을 격려해주고 축복하고 싶은 마음으로 가득하게 됩니다.

부모가 자녀를 볼 때 얼마나 사랑스러운지 그저 사랑하고 축복해주고 싶으며 아무리 실수하고 넘어져도 그저 예쁘게 보입니다.

자녀의 교육을 위하여 징계할 때도 있으나 사랑의 마음으로 징계하게 됩니다.

이와 같이 사랑의 분량이 충분하면 사역을 풍성하게 할 수 있습니다.

그러나 사랑의 분량이 모자라면 모든 것이 밉고 싫고 화가 나며 자신이 불쌍하고 속이 상할 뿐입니다.

이런 이들은 모든 사역을 내려놓고 먼저 주님의 은혜와 만지심을 경험해야 합니다.

많은 분들이 치고 때리는 멧세지를 많이 전합니다.

그들은 자신이 의분으로 차 있다고 생각합니다.

그러나 그들은 주님의 끝없는 은혜와 용서와 사랑의 터치를 별로 맛보지 못했기 때문입니다.

공격적인 메시지는 죄책감과 두려움에서 기인하는 경향이 많으며 주님의 만지심이 임할수록 메시지는 영혼을 소성시키고 행복하게 합니다.

세 번째 차원의 영적 대결 - 그것은 사랑의 대결입니다.

사랑의 고백과 선포 -그것은 사탄의 진을 초토화시킵니다.

그것은 강력한 핵무기와 같습니다.

서로 포용하며 사랑한다고 고백할 때 원수의 진은 파괴됩니다.

직접 그 무기를 사용해본 사람들은 그 엄청난 파괴력에 대해서 놀라게 될 것입니다.

영적 실제의 삶이란 곧 사랑의 삶을 의미합니다.

사람들은 "영적 실제"라는 이야기를 참 많이 합니다.

워치만니가 이 이야기를 시작한 이래 사람들은 많이 이 개념을 사용합니다.

그렇다면 영적 실제란 과연 무엇일까요?

그것은 어떤 신비한 체험일까요? 아닙니다.

그것은 놀라운 지식일까요? 흔히들 이야기하는 깨달음, 비췸일까요? 아닙니다.

엑스타시, 황홀경일까요? 아닙니다.

놀라운 은사, 능력일까요? 아닙니다.

그런 것들은 부분적으로 훌륭하지만 다 부분일 뿐입니다.

지식도, 체험도, 능력도… 그것들은 항상 분열을 일으켰습니다.

영적인 실제란 사랑입니다.

영적 성숙이란 곧 사랑의 분량의 증가를 의미하는 것입니다.

사람에게는 세 가지 에너지가 필요합니다.

사람은 몸과 머리와 심장의 세 부분인 것을 이해하시기를 바랍니다.

그러므로 차원을 이야기 할 때 항상 몸의 차원, 머리, 정신의 차원, 가슴, 영의 차원을 이야기하는 것입니다. 성경에서 애굽은 몸의 차원을 보여주며 광야는 머리의 차원, 가나안은 심장의 차원과 대응되는 것입니다.

사람에게는 몸에 필요한 에너지, 활기 에너지가 필요합니다. 힘이 필요합니다.

그 다음에 진리 에너지가 필요합니다. 이것은 실상은 아니지만 방향

을 제시합니다.

　그러나 가장 본질적인 에너지는 심장에 공급되어야 하는 사랑의 에너지입니다.

　이것에서 행, 불행이 나옵니다.

　머리에 지식이 모자라서 자살하는 사람은 없지만 가슴이 채워지지 않으면 사람은 돌게 되며 있으며 정도가 심해지면 자살할 수도 있습니다.

　외로움, 버림받음, 아무도 나를 이해하지 않는다. 사랑하지 않는다... 그러면 사람은 돌게 됩니다.

　사람은 날 때부터 이 근본 에너지를 추구합니다. 그리고 부모로부터 이 부분을 제대로 공급받지 못하면 그는 시체와 같이 생기 없는 사람이 됩니다.

　그는 자신의 빈 속을 채울 대상을 찾아 방황하게 됩니다.

　사람에게 극단적으로 빠지며 그를 버리면 목숨을 걸고 증오합니다.

　도박이든, 술이든, 출세욕이든, TV 드라마든 무엇이든 지나치게 빠지는 것은 이 속이 비어있는 것입니다.

　각종 범죄, 혈기, 짜증, 분노, 미움...그 모든 증상들도 이 속의 비워진 것에서 나옵니다.

　그들은 살아있으나 미이라와 같습니다.

　이 속의 비워진 부분은 오직 주님만이 채우실 수 있습니다.

　그러나 사람들은 이를 알지 못하며 인간의 사랑과 위로로, 또는 세상의 쾌락으로 그 속을 채우려고 합니다. 그러기에 그들은 매달릴수록 더 비참해지며 어둠 속으로 떨어져 가는 것입니다.

어떤 이가 실제에 대하여 알게 될 때 그는 사람들의 증상을 이해하게 됩니다.

사람들의 각종 병리증상이 오직 사랑의 에너지 부족증인 것을 알게 됩니다.

악한 사람이란 존재하지 않으며 오직 그저 사랑에 굶주린 배고픈 사람들 뿐인 것을 알게 됩니다.

그러므로 그들은 비로소 사랑의 사역자가 될 수 있는 것입니다.

그는 그저 조용히 다가가서 "당신을 사랑합니다. 당신은 너무나 아름다운 사람입니다."

그리고 상대방은 울기 시작하며 그 순간부터 변화되기 시작하는 것입니다.

사랑의 표현 속에 하나님의 임재가 흐릅니다.

목회자와 성도의 사이에, 성도와 성도의 사이에, 가족들의 사이에 사랑의 관계가 형성될 때 사탄의 진은 파괴됩니다.

악한 영들은 우리가 서로 포옹하며 사랑을 고백하는 것을 보고 고통을 느낍니다.

그들은 충격을 받고 멀리 도망갈 수밖에 없습니다.

그들은 그러한 평화로운 상태를 견디기가 몹시 어렵기 때문입니다.

그들은 화를 내고 흥분하고 마귀를 저주하고 난리를 치고... 그러한 분위기를 오히려 좋아합니다.

그들은 잠시 피하지만 다시 돌아옵니다.

그들은 그것이 단지 게임에 불과하다고 생각합니다.

사탄은 오직 이 사랑의 관계를 파괴하는 데에 총력을 기울입니다.
대부분의 교회가 파괴되고 가정이 파괴되는 것은 이 사탄의 전략에 속았기 때문입니다.
그는 사람과 사람 사이에 쐐기를 박아놓습니다.
그래서 많은 사람들이 '나는 저 사람은 쳐다보지도 않겠다, 근처에도 가지 않겠다'고 결단합니다. 그리고 한 때 아주 좋았던 은혜의 관계들이 나중에는 다 파괴되어 사람들의 사이에는 벽이 생깁니다. 물론 그 배후에는 악한 영의 역사가 있는 것입니다.

오늘날 대부분의 교회들 사이에는 벽이 있습니다.
한 교회 안에도 벽이 있지만 다른 교회와는 더 큰 벽이 있습니다.
그들은 서로 경쟁하며 무관심하며 미워합니다.
주님의 몸된 교회는 서로 갈갈이 찢어져 있습니다. 그것은 사단이 개인주의, 성공주의, 탐욕 등을 많이 심어놓았기 때문입니다.
교회만 떠나면 거의 벽이 생기고 어색한 관계가 되는 모습은 아주 보편적인 모습입니다. 이것은 우주적인 주님의 몸된 교회가 사탄의 폭격을 맞은 상태인 것입니다.
사랑과 하나됨을 회복할 때만이 사탄의 세력은 초토화될 수 있습니다.

사랑과 용서의 고백 - 그것은 사단을 무력화시킵니다.
나는 불신 남편을 둔 부인들의 많은 기도와 아픔을 압니다.

그러나 그들이 많이 기도해도 응답은 별로 오지 않습니다.

그 가장 본질적인 이유는 그들을 사랑하지 않고 기도만 하기 때문입니다. 그러나 100번의 기도보다 한번의 친절과 따뜻한 대화가 상대의 가슴을 연다는 사실을 기억해야 합니다.

나는 오래 동안 복음을 전했으나 전혀 먹혀 들어가지 않던 사람들이 막힌 관계가 회복되었을 때 권하지도 않았는데 스스로 신앙생활을 시작했다는 이야기를 많이 들었습니다.

어느 자매는 행실이 단정하지 않은 자매를 오래 동안 미워하다가 깨닫고 나서 동생에게 "미안하다...나를 용서해 줘.."라고 하면서 울었습니다. 둘은 같이 붙들고 울었으며 동생은 권유한 것도 아닌데 그 때부터 신앙생활을 시작했습니다.

어떤 자매는 너무 세상적인 오락과 불륜에 빠져있던 친구를 판단한 것을 깨닫고 회개했습니다. 그리고 그 순간부터 그녀의 친구는 신앙생활을 시작했습니다.

며칠 전 광명에서 집회를 하면서 나는 사랑의 고백이 사탄의 진을 초토화시킨다는 것을 나누었습니다.

한 자매는 집회를 마치고 집에 가서 태어나지 24년 만에 처음으로 할머니에게 사랑을 고백하였습니다.

어머니가 어떻게 할머니와 45년 동안 살았는지 존경스럽다는 그녀...

그러나 이제 할머니는 변화되기 시작할 것입니다.

한 집사님은 구역예배를 인도하다가 너무나 영적인 것에 관심이 없는 그들의 영적 상태 때문에 눈물의 기도를 드렸고 그러자 그분들은 같이 통곡하기 시작했습니다.

그녀들을 사랑한다고 고백하면서 안아주자 한 분은 자신의 죄를 고백하면서 통곡하기 시작했습니다.

사랑의 고백 - 그것은 원수의 진을 초토화시킵니다.

고백을 하면서 흐르는 눈물은 영혼들을 아름답게 합니다. 그 눈물은 그 어떤 사우나보다도 마음을 맑게 씻어주는 역할을 하는 것입니다.

예배란 주님과의 교통이며 성도와의 나눔입니다.

그러므로 주님께 대한 사랑의 고백이며 성도들에 대한 사랑의 고백입니다.

나는 집회를 하면서 사랑의 고백을 많이 합니다.

하나님은 사랑이시며 하나님이 계시는 곳에 사랑이 흐르고 사랑의 표현이 있는 곳에 하나님이 역사하십니다.

나는 성도님들에게 내가 그들을 얼마나 그리워하는지 그들을 보고 싶어하는지 그리고 지금 여러분과 함께 있는 이 순간이 얼마나 행복한지를 이야기합니다.

나는 마치 애인에게 사랑을 고백하듯이 주님께 그렇게 이야기하고 성도들에게 그렇게 이야기합니다.

많은 분들이 즐거워하고 행복해하며 웁니다.

젊은이들의 집회를 인도하면서 부모의 정을 충분히 느껴보지 못한 이들을 일으켜 세우고 돌아다니며 그들을 안아줍니다.

그리고 단지 "사랑한다…얘들아…" 하고 이야기합니다.

대부분 그들은 바닥에 대굴대굴 구르면서 통곡을 하며 그 심령이 회복되어 가기 시작합니다.

아무 것도 하지 않고 단지 그저 고백만 했는데 사람들은 변화를 경험하기 시작하는 것입니다.

한국 사람들은 워낙 오래 동안 감정이 억압되고 눌려서 삶의 기쁨이 없습니다.

그들을 예배 중에 일으켜 세우고 같이 사랑을 표현하고 격려하며 서로 껴안고 기도할 때 나는 하나님의 임재를 느낍니다.

그들의 눈물, 기쁨, 웃음들 가운데 주님의 영이 운행하시는 것을 느낍니다.

나는 조용히 그들에게 교제를 시켜놓고 찬양을 합니다.

푸른 풀밭에 양떼들이 어울려서 뛰어 노는 것처럼 그들이 서로 안아주고 웃고 조용히 주님의 임재를 위하여 서로 축복기도하며 기다릴 때 그들의 영혼이 소성되어 가는 것을 나는 느낄 수 있습니다.

사랑의 고백, 표현 - 그것은 영의 생명이 흐르는 통로입니다.

우리는 이것을 교회에서 예배에서 연습해야 합니다.

많이 기도하고 훈련해서 일상의 삶에서 어색하고 쑥스럽지 않고 자연스럽게 할 수 있어야 합니다.

우리가 사랑을 고백하고 표현하는 것에 익숙해질 수 있다면 우리는 사단의 집에 엄청난 충격을 줄 수 있습니다. 우리는 사람들을 많이 얻을 수 있습니다.

어떤 성도의 어머니가 주일날 나에게 찾아온 적이 있었습니다.

그녀는 어떤 오해가 있어서 나를 때리고 싶어했습니다.

그녀는 찻집이 떠나가라 욕을 했습니다.

내가 주님을 바라보았을 때 주님은 그녀를 사랑의 시선으로 볼 수 있게 해 주셨습니다.

나는 그녀에게 애정을 담뿍 담고 그녀의 용서를 구했습니다.

영의 세계에서는 옳고 그름이 아무 의미가 없는 것입니다. 그녀가 나 때문에 화가 났다면 이유를 막론하고 용서를 빌어야할 이유는 충분한 것입니다.

그녀는 화가 풀렸고 내가 그녀를 위하여 기도를 하자 죄송하다고 하면서 눈물을 닦았습니다.

친절과 사랑은 사람의 양심과 영을 일으킵니다.

그러나 경직됨과 자기 방어는 악한 영의 공격을 강화시킵니다.

내가 항상 승리하는 것은 아니지만 나는 그녀의 어두움이 쫓겨나간 것이 몹시 기쁘고 행복하였습니다.

생활 영성은 주님과 함께 걷는 사랑의 삶입니다.

생활 영성이란 무엇입니까?

그것은 주님을 교회와 기도의 좁은 공간에만 묶어놓지 않고 모든 곳에서 모든 순간에 주님을 경험하며 맛보는 것을 말합니다.

영이 어린 사람은 환상을 봐도 항상 남의 숨겨놓은 죄를 보며 귀신이나 용을 봅니다.

그들은 어디에 마귀가 있고 저주가 있다고 합니다.

그러나 영이 조금 자라서 빛의 세계와 교통을 하는 이들은 온 우주 안에 하나님의 영광이 가득 차 있는 것을 보고 느끼게 됩니다.

그러므로 모든 곳과 모든 순간에 하나님의 깊은 임재를 경험하며 누리게 되는 것입니다.

또한 만나는 모든 사람을 주님으로 느끼고 모시게 됩니다.

그러므로 아기를 안아주며 주님을 안아주게 되며 남편이나 아내를 섬기면서 주님을 섬기게 되는 것입니다.

또한 우리가 삶에서 경험하는 모든 사건들을 통하여 주님의 가르치심을 발견하고 그분의 사랑의 구애와 고백을 느껴가게 됩니다.

영성이 발전하는 것 그것은 사랑의 분량이 증가되는 것을 말합니다. 사랑은 그리움이며 갈망이며 끌어당기는 것입니다.

그러므로 영이 성숙하고 사랑의 분량이 많은 자는 항상 영을 끌어당기며 사랑과 천국을 확장시킵니다.

그러나 영이 어리고 사랑의 분량이 적은 이는 항상 상처를 받으며 혼자가 편하고 남에게 줄 것이 없는 것입니다.

영이 어릴 때는 그저 자신이 빨리 자라고 영적인 스타가 되고 싶어하지만 영이 자랄수록 자신에 대한 인식도 줄어들어 오직 그리움, 사랑이 증가될 뿐입니다.

사랑의 분량이 증가될수록 주님은 가까이 임하십니다. 그는 주님께 대한 사모함으로 잠을 잘 수 없으며 그리움이 사무쳐 병이 납니다.

그럴수록 주님은 가까이 오시며 그의 사랑의 고백에 만족해하시는 것입니다.

그가 주님의 실상을 가까이 경험해 갈수록 그는 영혼들을 좋아하게 됩니다. 사람을 그리워하며 좋아하며 주님을 나누어주고 싶게 됩니다.

그리고 그는 사람들에게 사랑을 고백하면서 주님의 천국을 확장시키게 되는 것입니다.

천국은 사랑입니다.
그리움은 사랑입니다.
우리가 주를 사랑할 때
주님은 가까이 오십니다.
우리가 사람들을 사랑할 때
그분은 강하게 임재하십니다.
주님은 마지막으로 세상을 떠나기 전에
말씀하셨습니다.
시몬아.
네가 진정
그 누구보다도
더 나를 사랑하느냐?
그러면
너는
내 양을 쳐라.
네가 나를 사랑한다면
너는 양을 먹일 수가 있을 것이다.

그들을 세워줄 수가 있을 것이다.
주님은 그렇게 말씀하셨습니다.
우리는 주님을 사랑하며
사람들을 사랑하도록
부름 받았습니다.
우리의 인생은
사랑의 발전을 위해서 존재합니다.
모든 사람의 영혼은
오직 사랑에 굶주려 있으며
진정으로 자신을 사랑해줄 사람을
찾고 또 찾고 있습니다.
지식도, 능력도, 그 어떤 신비도
그들을 채울 수 없으나
우리가 그들을 사랑할 때
사랑한다고 말할 때
그들은 변화되며
사탄의 견고한 진은 무너지기 시작합니다.

사랑하는 것
그것은 우리 삶의 목적입니다.
사랑
그것은 바로 리더쉽입니다.
사랑
그것은 바로 영성입니다.

9장
세 종류의 사역에 대하여

많은 사람들이 주의 사역자로 부름 받지만
그들이 다 같은 사역을 맡는 것은 아닙니다.
어떤 이들은 권능적인 사역으로 부름 받아
능력과 역사와 부흥의 불길을 일으키며
어떤 이들은 진리적인 사역으로 부름 받아
사람들에게 지혜와 깨달음과 방향을 제시하며
어떤 이들은 사랑의 사역으로 부름 받아
사람의 영혼을 아름다운 열매로 가득하게 합니다.

그것은 모두 부르시는 주님의 뜻에 달려 있으며
어떤 것만이 옳고 바른 것은 아닙니다.
이 세 가지 사역들이 서로 조화되고 연합될 때
그리스도의 몸된 교회는
아름답고 온전해질 수 있을 것입니다.

어떤 분쟁

고전 1장과 3장에 보면 고린도 교회에 심각한 분쟁이 있었던 것을 알 수 있습니다. 이 분쟁은 고린도 교회의 근본을 뒤흔들 정도의 심각한 분쟁이었습니다.

고린도 교회의 성도들은 나는 바울파다, 나는 아볼로파다, 나는 베드로파다 하면서 편당을 만들었던 것입니다.

왜 그들은 편당을 만들었을까요?

그리고 어떤 기준으로 편당을 만들었을까요?

이런 생각을 한 번 해봅시다.

베드로의 편당이 있다면 그는 어떤 사람일까요? 그는 어떤 기질의 사람일까요?

아마 그는 활동적이고 단순하며 화끈한 성격의 소유자일 것입니다.

그는 아마 이렇게 이야기할지 모릅니다.

"바울? 그 양반이 사도야? 아니, 사도면 다 같은 사도인줄 알아? 우리 베드로 사도님 좀 봐! 그분은 한 번 말씀을 전했다 하면 3천명, 5천명이 회개해! 바울 사도님은 설교할 때 사람 하나가 졸다가 떨어져 죽었다면서? 세상에! 얼마나 지겨웠으면…

베드로 사도님의 설교는 아주 속이 시원해요, 체증이 확 풀려. 그 정도 되어야 사도라고 할 수 있는 것 아니야?"

그리고 그는 이렇게 덧붙였을 것입니다.

"베드로, 베드로가 최고야!"

아볼로의 지지자들은 아마 이렇게 말하지 않을까요?

"베드로? 아이고. 참 무식한 인간들... 그래 사람이 숫자만 많이 모이면 최고야? 말씀이 깊이가 있어야지.

이봐요, 사람들아. 베드로사도 같은 사람들과 우리 아볼로님은 수준이 틀려요. 조금만 영이 자라봐. 그런 말씀 유치해서 못 들어. 아볼로님의 말씀을 들으면 얼마나 깨달아지는 게 많은 지 알아? 참, 단순하기는..."

바울사도의 지지자들은 아마 이렇게 말할 것입니다.
"이봐요. 아볼로님의 말씀이 깊이가 있다는 것은 나도 인정해. 그런데, 뭐 영이 자란다고? 아이고 참. 그분은 영의 세계를 몰라요. 그분은 지적인 말씀을 전할뿐이에요. 하지만 바울사도님은 영의 시각이 아니면 알 수도 없는 통찰력들을 제공하고 있어요. 전혀 비교가 안되지..."
아마 그들은 이런 식으로 '신령하게' 싸우고 있지 않았을까요?

사람들은 흔히 자기의 기질에 맞는 사람들을 좋아합니다. 그리고 자기의 기질과 반대되는 사람들은 이른바 '육적' 이라는 딱지를 붙입니다.

예를 들어 지적인 사람들은 깊은 지식, 깨달음 들을 '영적' 인 것으로 생각합니다.

활동적인 사람들은 활동 에너지, 열정, 눈에 보이는 어떤 역사들을 '영적' 인 것으로 생각하는 경향이 있습니다.

정서적인 사람들은 따뜻하고 부드럽고 달콤한 분위기를 '영적' 인 것으로 생각하며 강하고 활발한 분위기는 육적인 것으로 봅니다.

주님의 다루심을 실제적으로 충분히 통과하며 포용을 배우지 못한 자연인들은 대부분 이러한 형태로 자신의 기질을 섬기며 고린도 교회의 분쟁도 이러한 자신의 기질을 따른 분쟁이었다고 생각해도 무방할 것입니다.

그들이 그러한 편당을 만든 것은 그들 지도자들을 진정으로 사랑하고 따른다기보다는 자신의 성향을 사랑하는 것에 지나지 않는 것입니다.

사실 무엇이 육적인가 아닌가, 누가 영적인 사람인가 아닌가 라는 판단 자체가 어린아이의 사고이며 육적인 태도인 것을 고전 3장은 잘 보여주고 있는 것입니다.

기질과 사명

에베소 4장에 보면 교회의 복음사역에 대한 다섯 가지의 사역이 나옵니다. 주님께서는 그의 몸 된 교회를 위하여 이런 사명을 부어주십니다.

그것은 사도, 선지자, 복음전도자, 목사, 교사입니다. 그런데 이런 사역과 사명은 그의 기질과 평소의 의식과 많이 연관을 맺고 있는 것입니다.

사도적인 은사나 부르심을 받은 사람이 있다고 합시다.
그가 주로 이런 기도를 드릴 것입니다.
"오, 주님. 어떻게 교회를 세워야 합니까? 성경에 나타난 하나님의 능력과 역사는 다 어디에 갔습니까? 왜 오늘날 교회는 이처럼 무능합니

까?"

선지자적인 기질과 부르심의 사람들은 이렇게 기도할 것입니다.

"주여. 악들이 교회 안에 너무나 많이 들어와 있습니다. 오. 주님. 저는 도저히 고통스러워 견딜 수가 없습니다. 주님. 언제 당신의 몸 된 교회를 정화시키시겠습니까?"

복음전도자의 사명과 기질은 이렇게 기도할 것입니다.

"주님. 지금도 잃어버린 영혼들이 지옥으로 떨어져가고 있습니다. 오. 주님. 왜 우리는 그것을 그저 보고만 있어야 합니까? 교회들이 영혼들을 얻는 투쟁을 할 수 있도록 힘을 주십시오."

교사의 사명을 받은 이들은 기도할 것입니다.

"주님. 너무나 많은 비 진리로 교회가 혼란스럽습니다. 주여. 말씀의 진리가 훼손되지 않도록 교회를 지켜주소서. 그리고 바른 진리를 가르치는 당신의 종을 일으켜 주옵소서."

목사의 사명을 받은 이들은 기도할 것입니다.

"오, 주님. 지금도 많은 양들이 사랑을 받지 못하고 유리방황하고 있습니다. 제게 사랑을 주십시오. 낙심하고 상처받고 아픈 영혼을 주님, 제게 보내어 주십시오. 그래서 제가 주님의 손, 주님의 통로가 되게 하옵소서."

이것은 사람의 기질과 관심사는 주님께서 그에게 부어주신 사명과 밀접한 관련을 갖고 있다는 것을 설명한 것입니다.

목사 사명자는 영혼을 위로하고 돌볼 때 가장 행복감을 느끼며 교사 사명자는 진리에 대하여 갈증을 느끼고 새로운 진리의 체계를 깨달았을 때 가장 행복하며 복음 전도자는 한 영혼을 얻었을 때 얻는 기쁨을 그 어느 것과도 바꾸지 않습니다.

　그 모든 사역들은 다 아름답고 귀한 것이지만 각 사람에게 주어진 중심적인 사역이 있다는 것입니다.

세 종류의 사역

　베드로의 기질과 바울의 기질과 요한의 기질은 다릅니다.
　그리고 그들의 그러한 기질과 그들에게 주어진 사역, 사명은 어떤 연관성을 가지고 있는 것으로 보입니다.
　베드로는 주님께 부름 받을 때에 그물을 던지고 있었습니다. 그는 중도에 실족하여 주님을 부인하고 갈릴리바다에서 다시 그물을 던질 때 다시 주님께서 찾아오셔서 새롭게 사명을 확인시키십니다.
　바울은 장막을 짓는 것이 그의 업이었습니다. 그는 이 일로 자비량하며 복음을 전했습니다.
　또한 요한은 베드로와 같은 어부이기는 했지만 그는 그물을 깁고 있을 때 주님의 부름을 받습니다.
　그물을 던지는 베드로, 장막을 세우는 바울, 그물을 깁는 요한 - 이것을 그들의 사역과 연관을 지으면 흥미롭습니다.

　베드로의 사역은 그물 던지기와 같이 한꺼번에 수 천명의 영혼을 얻었습니다.
　바울의 사역은 장막을 짓듯이 교리의 기둥을 견고하게 세우고 가르치고 확립하는 사역을 주로 이루었습니다.

요한의 사역은 그물을 보수하듯이 보수하는 사역으로서 그의 서신들은 사랑과 생명적인 삶에 대한 가르침으로 점철되어 있습니다.

사역의 순서를 보면 항상 베드로로 시작됩니다. 그리고 바울이 그것을 견고하게 만듭니다. 그리고 요한은 다시 그것을 완성시킵니다.
베드로는 열정적이고 활동적인 기질을 가지고 있습니다.
보통 대부분의 사람들은 생각을 한 후에 행동을 하는데 베드로는 먼저 행동을 하고, 일단 말을 먼저하고 그리고 생각은 나중에 합니다.
주님께서는 베드로의 이런 기질을 사용하셔서 항상 교회의 시작, 사역의 시작을 그로부터 시작하셨습니다.
그 다음 타자는 바울입니다.
바울은 냉철하고 논리적인 사람입니다.
그는 합리적으로 납득이 되지 않으면 믿지 않는 사람입니다.
그는 그러한 기질을 통하여 주님의 몸된 교회와 복음의 진리를 견고하게 하는데 쓰여집니다.
그리고 항상 마지막 완성 사역은 요한을 통하여 이루어집니다.
그의 글은 항상 마지막에 등장합니다. 복음서에서도, 편지에서도, 그리고 성경의 맨 마지막 책도 그가 기록합니다. 그는 복음에는 능력의 측면도 있고 진리의 측면도 있으나 결국 그 마지막 완성은 사랑인 것을 보여줍니다.
이것을 보면 주님께서는 항상 처음에는 베드로처럼 열정적이고 활동적인 사람을 통하여 외적인 부흥과 사역의 열매를 맺으시는 것을 볼 수 있습니다.
그러나 바울의 측면에서 보면 베드로의 사역은 뜨겁고 열정적이지만 진리적으로 헛점이 많고 문제점이 많이 노출됩니다. 그러므로 바울을 통하여 그 사역은 정리되고 체계를 갖춥니다.

그러나 요한의 사역이 오기 전 까지 그 사역은 능력이 있고 체계적이지만 따뜻하며 누림이 있고 달콤하며 생명적인 것은 아닙니다.

사람들은 여기에 뭔가가 부족한 것이 있음을 느낍니다.

그리고 요한은 사랑의 사역을 나누며 주님의 몸된 교회와 그분의 사역을 온전케 하는 것입니다.

세 기질의 특성과 사명

이러한 세 종류의 사역은 항상 있는 것입니다.

사람은 대체로 태어날 때부터 어느 한쪽에서 탁월함을 가지고 있습니다. 어떤 이는 몸의 기질을, 어떤 이는 지적인 기질을, 어떤 이는 정서적인 기질을 가지고 태어납니다.

그래서 어떤 이는 어릴 적부터 가만히 있지 못하고 뛰어 다닙니다.

그들은 가만히 있는 것이 고통스럽습니다.

그들에게 마리아, 마르다를 비교, 대조하는 설교를 아무리 많이 하고 잠잠히 주님을 기다리라고 가르쳐도 그들은 가만히 있는 것이 여전히 고통스럽습니다. 주님께서 이런 이들은 초기의 부흥을 위하여 사용하십니다.

어떤 이들은 어릴 적부터 생각이 많고 의문이 많으며 잘 믿지 않고

신앙의 회의에 잘 빠집니다.

　이들은 진리를 세우는 사명이 있기 때문에 교회의 빗나간 모습을 보면서 비판과 실족에 잘 빠집니다.

　주님께서 이들은 교회의 진리를 회복시키시고 중심을 든든히 하는데 사용하십니다.

　베드로형의 사람들은 진리 자체에 별 관심이 없으며 그들은 단순한 사고를 하며 복잡한 것을 싫어합니다.

　어떤 이들은 어릴 적부터 느낌이 많습니다.

　그들은 쉽게 상처받고 귀가 얇아서 남의 말에 잘 빠지지만 끈기가 없으므로 별로 오래가지는 않습니다.

　주님께서 이런 사람들은 교회의 온전함, 풍성함을 위해서 사용하십니다. 이런 사람들은 교회에 따뜻함이 없고 사랑이 없는 것 때문에 가장 상처를 받습니다.

　베드로형의 사람들은 '교회에 열정이 없다' 고 비판합니다.

　바울형의 사람들은 '교회에 진리가 훼손되었다, 너무 잘못 가르치는 것이 많다, 큰일이다' 리고 비판합니다.

　요한형의 사람들은 '교회가 사랑이 식었다' 고 걱정합니다.

　모두가 옳습니다. 그들 모두는 부분적으로 주님의 마음을 대변하고 있으며 주님의 교회를 부분적으로 보수합니다.

　문제는 자신의 사명을 전체 안에서의 하나의 기능으로 보지 않고 자신의 체계만이 옳다고 믿는 것입니다. 바울형의 지적인 사람들이 이러한 오류에 가장 많이 빠지기 쉬우며 가장 많이 주님을 제한하는 경향이 있습니다.

  그러한 모든 사역, 사명은 다 아름다운 것이지만 전체 안에서 자기의 기능을 보지 못하면 이는 고린도 교회의 모습처럼 분열되고 한쪽으로 치우친 교회가 될 수 밖에 없는 것입니다.

사역과 성장의 순서

  분명한 사실은 이 세 가지 사역은 전부가 다 교회에 반드시 필요한 것이며 연합적으로 이루어져 있어야 한다는 것입니다.

  사역의 순서도 바르게 이루어져야 합니다.

  예를 들어 베드로의 사역이 있기 전에 바울의 사역으로 시작하면 그것은 별로 풍성한 열매를 기대할 수 없습니다.

  베드로의 사역은 예표적으로 권능의 사역을 의미하며 애굽의 사역을 보여줍니다.

  애굽에서는 하나님의 놀라운 권능이 임했고 그것으로 바로를 굴복시켰습니다.

  바울의 사역은 진리적인 사역입니다. 그것은 광야의 사역을 보여주는 것입니다.

  애굽에서 하나님의 권능을 경험한 이스라엘 백성은 아주 기뻐하며 춤을 추고 좋아했지만 아직 그들은 주님께 굴복되지 않았습니다.

  그들은 광야에서 주인 됨의 자리를 주님께 돌려드리기까지 모진 훈련을 받습니다.

  요한의 사역은 생명적인 사역을 보여주며 주님과의 연합을 보여줍니다. 성경에서 요한은 자주 주님께 안겨있는 모습으로 나타납니다.

마르다가 마리아를 질투하듯이 베드로는 이러한 요한이 아니꼬와서 자꾸 시비를 겁니다.

그것은 그들의 위치와 사역을 상징적으로 보여주는 것입니다.

첫 번째의 권능과 활동, 외적 역사, 그리고 두 번째의 진리, 깨달음 그리고 마지막으로 생명의 연합. 사랑... 이 세 가지 사역은 그 항상 존재합니다.

첫째의 사역과 메시지의 핵심은 하나님의 능력, 승리, 문제 해결, 풍성함입니다.

두 번째의 사역과 메시지의 핵심은 굴복과 순종, 십자가입니다.

세 번째의 사역과 메시지의 핵심은 부활과 영적인 삶입니다.

이 세 가지의 메시지는 서로 부딪칩니다.

즉 처음에 필요한 메시지가 있고 좀 자란 후에 필요한 메시지가 있다는 것입니다.

어느 정도 성장하면 처음에 그토록 은혜스럽고 감동되었던 메시지가 나중에는 시큰둥하게 느껴질 수도 있습니다.

이는 그가 잘못된 것이 아니라 그가 성장했기 때문입니다.

이 사역의 순서는 아주 중요합니다.

예를 들어 능력의 측면을 생각해 봅시다.

복음에는 반드시 권능적인 측면이 있습니다.

그러나 어떤 분들은 이 부분을 무시해 버립니다.

그저 깨달음만 많으면 좋다고 생각합니다.

그러나 날마다 엄청나게 많이 깨닫고 가르칠 것은 너무나 많은데 도

무지 변화되지 않는 사람은 많습니다.

주님께서는 때가 되었을 때 비로소 십자가를 가르치셨습니다.

즉 처음부터 십자가로부터 복음을 가르치기 시작하지 아니하셨다는 것입니다. 이것을 이해하지 못하는 많은 분들이 악한 영에게 눌려서 고통스러운 삶을 삽니다.

복음의 시작은 풍성함입니다.

애굽에 갇혀있던 이스라엘 백성은 하나님의 풍성하심을 경험했습니다.

그들은 아직 십자가를 배우지 않았습니다.

그들은 하나님의 은혜와 힘을 보았습니다.

그들은 아직 광야에서 훈련을 시작하지 않았습니다.

오늘날 아직 하나님의 권능과 역사를 잘 알지 못하는 사람들이 너무 빨리 십자가를 배웁니다. 그리고 자기 부인을 배웁니다. 그 결과 그들은 정죄하는 영들에게 눌리며 죄책감에 빠져 창백한 신앙 생활을 합니다.

기억하십시오.

광야에 들어가기 전에 그들은 바로와 말탄 자들이 물에 빠져 죽는 것을 보고 기뻐 춤을 추었습니다. 그리고 나서부터 그들은 광야의 훈련, 자기 부인의 훈련에 들어갔습니다.

아직 권능의 세계, 하나님의 능력과 은사, 영광이 어떤 것인지 모르고 십자가에서부터 복음을 배우는 사람들은 악한 영들에게 많이 눌립니다.

그리고 그들은 그것을 거룩해지는 과정이라고 믿습니다.

나는 어떤 신실한 자매가 항상 주님의 음성을 듣고 듣기를 기대하며 사는 것을 보았습니다.

그녀는 자신은 오직 주님 외에는 없다고 말했습니다.

그러나 그녀의 영은 너무 억압되어 있었습니다.

그녀는 영적인 책들을 많이 읽고 그대로 실천하며 살기를 원했습니다.

그녀는 눌림과 번민으로 가득했지만 자신은 오직 편안하다고 말했습니다.

그녀가 듣는 주님의 음성이 착각이라고 차마 말할 수 없는 것이 안타까웠을 뿐입니다.

왜냐하면 주의 음성은 실상이며 반드시 어떤 상황에서든 영을 자유케 하고 행복하게 하시기 때문입니다.

잔느 귀용이나 데이비드 브레이너드같은 분들의 책을 읽고 많은 분들의 영이 억압됩니다.

물론 그들의 책은 깊고 훌륭한 책이지만 수준에 맞지 않는 영적인 독서는 아주 위험할 수도 있다는 사실을 기억해야 할 것입니다.

어떤 이들은 충분히 십자가의 의미를 경험하지도 않고 주님과의 연합이나 생명적인 삶으로 들어가려고 합니다.

그러나 광야의 경험이 부족하면 아무리 바빠도 주님은 자신을 계시하지 않으십니다.

영리한 사람들은 그 영리함 때문에 주님을 경험하기가 어렵습니다.

자기 부인에 대한 책을 많이 읽었기 때문에 그것을 경험했다고 생각하고 그 다음의 달콤하고 깊은 단계로 들어가려고 합니다.

그러나 이해와 체험은 전혀 같지 않습니다.

수영을 배우기 위해서 비디오로 수영 강사의 모습을 아무리 많이 봐도 실제로 해보면 잘 되지 않는 것을 깨닫게 될 것입니다. 그것이 바로 이론과 실제의 차이입니다.

그러므로 순간적으로 아무리 주님과의 달콤함에 빠져있어도 광야의 훈련이 충분하지 않을 때 다시 세상에 나오면 자기 성질이 올라오게 됩니다.

하나님의 권능, 하나님의 진리와 지혜, 그리고 하나님의 성품과 사랑...
이것은 개인의 성장에 따라 경험되어 갑니다.

또한 교회의 성숙에 따라 체험되어 갑니다.

우리는 모두 성장의 과정에 있으며 어느 부분에서 한 역할을 맡도록 예정되었습니다.

우리는 우리의 기질과 사명을 따라 봉사하며 또한 우리에게 없는 부분에 대해서 지체의 도움을 받아 온전케 되어야 합니다.

그러나 오늘날 진정 가슴이 아픈 것은 주님의 몸 된 교회가 서로 분열하고 경쟁하여 진정한 연합과 성장이 서로 어렵다는 것입니다.

사역의 통합

우리의 영은 자라갑니다.

그러나 기본적인 기질과 사명은 타고나는 것입니다.

심는 자와 뿌리는 자는 아무 것도 아니며 오직 자라나게 하시는 분은 하나님이시고 우리는 분량만큼 상을 얻을 것입니다.

베드로형의 사람의 입장에서는 바울형의 사람이 답답해 보일 것입니다.
바울형의 사람의 입장에서는 베드로형의 사람의 문제점이 하나 둘이 아닐 것입니다.
그러나 주님의 입장에서는 모두가 아름답고 귀한 존재들입니다.
주님께서는 어떤 이들에게는 폭넓은 사역을 맡기십니다.
그는 깊은 사역은 아닙니다.
왜냐하면 넓은 사역은 깊을 수가 없으며 깊으면 많은 사람들이 모일 수가 없습니다. 그것을 유치하게 보아서는 안됩니다.
어떤 분은 깊은 사역을 또는 감춰진 중보의 사역을 맡기실 수도 있습니다. 그러나 그 모습을 보고 외적인 사역의 열매를 보고 무능하게 보아서는 안 되는 것입니다.
대중성과 진리성은 원리적으로 공존하기가 어렵습니다.
어떤 책이 베스트 셀러라면 그 책은 깊이 면에서 탁월할 수는 없을 것입니다. 왜냐하면 고등동물보다는 하등동물이 숫자가 더 많으며 높은 산에 오를수록 면적은 좁아지며 낮은 곳으로 내려올수록 면적은 넓어지기 때문입니다.

오늘날 대형 교회에 대한 많은 비판들은 사실상 사랑이 결여된 시기와 질투에서 많이 나옵니다. 그러나 그 모든 교회들은 모두가 다 주님의 몸 된 교회의 한 모습이며 우리의 몸이고 생명인 것입니다.

큰 교회도 아름답고 작은 교회도 아름답습니다.

베드로의 열정도 아름답고 바울의 진리도 아름다우며 요한의 사랑도 아름답습니다.

오늘날 교회들이 서로 경쟁하며 서로 자기만이 옳다고 주장하는 것은 참으로 주님의 가슴을 아프게 하는 것입니다.

교회에서는 사람들의 재능과 사명에 따라 방언도, 예언도, 가르침도, 찬양도, 치유도, 교제도, 상담도... 모든 것이 아름답고 다양하게 이루어져야 합니다.

지금의 모습처럼 담임 목사님이 싫어하는 것을 하는 사람은 다른 교회에 가야되는 것은 비극입니다.

제자 훈련을 하는 교회는 능력을 싫어하고 표적을 좋아하는 교회는 말씀에 대한 열정이 없이 날마다 새로운 체험만을 기다리고... 이런 것은 건강한 것이 아닙니다. 자기만이 옳다고 믿는 것은 비판적인 자세를 낳으며 교회를 분열시키게 됩니다.

부흥을 일으키고 있는 유명한 젊은 목회자가 이런 이야기를 한 적이 있습니다.

"어떤 교회에 전화를 했더니 그 목사가 전화를 받아요, 세상에! 아니, 목사가 편안하게 교회 사무실에 앉아서 전화 받을 시간이 어디 있습니까? 그리고 무슨 부흥이 되요?"

다른 영성 사역을 하시는 분의 이런 이야기를 들은 적도 있습니다.

"여러분, 요즘 목사님들... 너무 분주합니다. 그저 이리 뛰고 저리 뛰고 주님 앞에 깊은 무릎꿇음, 묵상이 없어요..."

물론 두 분의 이야기가 다 일리가 있고 온당하지만 다른 사역자를 비

판하는 것은 별로 주님이 기뻐하시는 일이 아닙니다. 그것은 자신의 수준에서 진리이며 절대적인 것은 아니기 때문입니다.

모든 사역들은 어느 하나에 치우칠 때 문제가 생깁니다.
십자가와 자기 부인은 아름답고 훌륭한 진리이지만 너무 빨리 가르쳐지고 지나치게 강조될 때 사람들이 영이 억압되어 창백한 형태의 신앙생활을 양산합니다.
주의 이름의 권세와 능력, 풍성함과 누림은 귀한 진리이지만 이도 지나치게 강조될 때 육체의 모습이 등장하게 됩니다.
어떤 이들은 모든 원리의 중심을 전투로 봅니다. 그래서 항상 악한 영들을 결박하기에 바쁩니다.
물론 그것도 훌륭한 원리이지만 지나치게 거기에 매달려 있으며 신앙의 누림과 안식을 소멸시키게 되며 지나치게 경직되고 긴장된 삶을 살게 됩니다.

회개를 너무 많이 강조하면 영이 맑아지지만 약해져서 눌리기가 쉽습니다.
오직 모든 것에 찬양으로 해결을 하려고 하는 것도 주님을 도식화시켜서 전투할 때와 기다려야 할 때 주님의 인도하심을 방해할 수도 있습니다.
가르치는 것만을 강조하면 삶이 약해질 수 있으며 체험만 강조하면 진리가 약해집니다.
은혜만을 강조하면 영이 나태해지며 율법을 강조하면 영이 피곤해집니다.

부르짖어 기도하는 이들은 영이 강해지지만 영이 강퍅해지고 둔해져 주님의 음성듣기가 어려울 수 있습니다.

침묵으로만 기도하는 이들은 영이 섬세해지지만 영이 너무 약해서 외부 영들의 침투로 피해를 많이 받고 활동 에너지가 사라져 무기력해지기 쉽습니다.

신앙 안에는 많은 사역들이 있고 원리들이 있습니다.

그 모든 것들은 하나로는 불완전합니다.

그 모든 사역들은 상반되는 사역의 보충을 통하여 비로소 발전하고 온전해 질 수 있는 것입니다.

귀가 몸에 붙어있다면 귀는 듣는 기능하나로도 충분합니다.

그러나 귀가 혼자 떨어져 있다면 귀는 혼자서 보고, 듣고, 말하고… 모든 기능들을 다 해야 합니다.

오늘날 교회들의 가장 큰 비극은 주님의 몸 된 교회들이 서로 경쟁하고 비난하며 서로 사랑하지 않고 연합하지 않으므로 주님의 몸에 엄청난 피해를 주고 있는 것입니다.

우리 모두는 한 두 가지의 사역을 맡았습니다.

그리고 다른 사역에 대해서는 잘 모릅니다.

그러므로 그러한 부분에 대해서는 지체의 도움을 받아야 하는 것입니다.

모든 교회는 아름답습니다.

모든 사역은 아름답습니다.

모든 그리스도인은 아름다운 주님의 사람입니다.

모든 주의 사람들이 주님의 분량 속에서 쓰여질 것입니다.
우리가 진정 서로 사랑하며
서로의 사역을 위하여 축복하고
주님의 몸을 이루어 나갈 때
진정 주님의 몸 된 교회는 강건해질 것입니다.

10장
예배와 부흥에 대하여

부흥은 기도에서 시작됩니다.
그리고 예배에서 나타납니다.
예배를 드릴 때 주님의 영광과 임재가
강렬하게 나타나는 것 -
이를 통하여 부흥은 실제화됩니다.

예배에는 치열한 영의 전쟁이 있으며
이 전쟁에서 승리할 때에
예배의 부흥은 시작되는 것입니다.

주님의 임하심

최근 몇 주전에 부산에서 대학생 수련회를 인도하게 되었습니다.

얼떨결에 초청을 받아들이기는 했지만 돌아다니는 것을 싫어하는 성격이라 부담도 많이 되고 후회도 했었지만 일단 집회를 마친 후에는 보람과 기쁨, 행복감으로 가득 차게 되었습니다.

성령님의 역사는 생각 이상이었습니다.

부산지역은 고신의 영향이 강하여 역동적인 성령님의 역사에 대하여 조금 둔감합니다. 이 대학생들도 방언을 하는 이들도 거의 없었습니다.

그러나 집회를 하면서 그들의 심령은 열리기 시작했고 그들은 그들의 마음을 주님께 쏟아붓기 시작했습니다.

통곡, 눈물의 홍수가 임하면서 주님의 임재하심이 집회 장소를 가득 채웠습니다. 방언을 못하던 이들은 거의 다 방언을 받았고 3시간으로 예정된 집회는 7시간이 가까이 걸렸습니다. 아마 울고 통회하며 기도하던 그들을 절제시키지 않았다면 10시간도 부족했을 것입니다.

주님의 임재는 아주 강렬하여 그들은 비틀거리고 온몸에 어떤 두꺼운 망토와 같은 것이 덮여지는 것을 대부분 경험했습니다.

그들은 주님의 압력을 느꼈습니다.

그들은 천국이 어떤 것인지 알게 되었습니다.

영광이 어떤 것인지 알게 되었습니다.

자매들은 울음을 주체할 수가 없어서 집회 내내 울었습니다.

기도할 때도 울었고 찬양을 드릴 때도 울었고 서로 기도해주는 시간

에도 포옹한 채로 한없이 흐느껴 울었습니다. 말씀을 전할 때도 터져 나오는 울음을 간신히 손으로 입을 틀어막고 울었습니다.
집회를 다 마치고 서로 축복하며 포옹하는 순간에도 그들은 서로 붙들고 울고 떨어지지 않았습니다.

2박3일의 수련회가 끝나자 우리에게 이별은 모두 너무 가슴아픈 것이 되었습니다.
우리는 헤어짐이 너무 아쉽고 보고싶어서 가슴이 아렸습니다.
나도 많이 울고 그들도 울었습니다.
주님 안에서의 짧은 만남은 세상에서의 오랜 만남보다도 훨씬 더 깊은 유대감을 주는 것을 알게 되었습니다.
그들은 수련회의 열기를 잊을 수가 없었습니다.
그들은 열기모임이라는 기도모임을 만들고 날마다 모여 기도회를 하기 시작했습니다. 그들은 서로에 대해서 사랑이 새로워지는 것을 느꼈고 중보하며 기도하기 시작했습니다.
이제 처음으로 영의 세계에 눈을 뜬 그들은 날마다 나의 홈페이지에 들어와 많은 질문들을 쏟아놓기 시작했습니다. 영적인 기도란 무엇인가? 어떻게 주님께 인도받는 기도를 드릴 수 있는가? 방언의 의미는?
어떻게 주의 음성을 듣는가?
기도모임의 열기, 부흥을 유지할 수 있는 길은?
나는 그러한 그들의 질문에 답을 해주며 그들의 부흥이 지속되기를 바라고 있습니다.
물론 그러한 한번의 경험들이 그들을 순식간에 성장시키는 것은 아닙니다. 성장은 평생에 걸리는 훈련이며 우리는 계속 그 길을 걸어가야 합니다.

그러나 그들은 적어도 모임의 행복에 대해서 알기 시작했습니다. 그리스도인의 교제가 얼마나 아름다운지 옆에 있는 형제, 자매가 얼마나 사랑스럽고 귀한 존재인지 깨닫기 시작했습니다.

예배의 영광, 기도의 행복, 찬양에 임재하시는 주님의 권능에 대하여 알게 되었습니다.

사단은 그들을 내버려두지 않고 방해하겠지만 그러나 그들은 그 길을 걸어가게 될 것입니다.

그리고 주님의 영광과 부흥을 사모하며 추구하게 될 것입니다.

부분적으로 경험한 주님의 사랑을 계속 누리고 더 성장해가기 위하여 그들은 새로운 모험을 시작할 것입니다.

예배의 행복

예배는 주님의 천국을 이 땅에 가져오는 것입니다.

그러므로 거기에는 영광과 거룩함, 생명의 풍성함이 있습니다.

예배의 핵심은 주님의 임재하심입니다.

주님이 예배가운데 오셔서 각 사람을 만지시고 말씀하실 때 사람은 놀라고 충격을 받으며 그분의 소유로 사로잡히게 됩니다.

그러나 오늘날 그와 같은 감동적인 주님의 만지심, 영광을 경험하는 경우는 많지 않은 것 같습니다.

많은 예배에 지루함, 졸림, 따분함이 있습니다. 나는 그러한 성도들의 불평을 많이 들었습니다.

그들은 예배가 TV의 오락이나 주말의 명화, 드라마보다 재미없는 것으로 생각합니다. 친구들과의 수다떨기보다도 재미없다고 생각합니다.

주님과의 만남에 대한 별 기대없이 그들은 예배에 가며 그저 졸다가 옵니다. 그리고 원래 신앙이란 따분한 것이라고 생각합니다.

과연 그럴까요?

물론 그렇지 않습니다.

예배는, 기도는 가장 놀라운 모험이며 행복입니다.

스릴이 넘치고 영광이 넘치며 우리의 삶에 추억 속의 가장 아름다운 장면보다 첫사랑의 기억보다 더 행복하고 아름다운 주님의 향취가 임하는 것이 예배입니다. 그리고 그 주님의 아름다우심에 사로잡힐 때 아무도 더 이상 세상을 사랑하며 자기에 집착하는 것에 대하여 매력을 느낄 수 없는 것입니다.

사역자의 영적 준비

오늘날 예배에 기쁨과 영광, 주님이 임재하시는 역동성이 약한 이유는 무엇일까요?

거기에는 여러 요인들이 있지만 가장 중요한 것은 사역자의 영적인 수준과 상태가 예배의 흐름을 결정하는 가장 중요한 요인이 되는 것을 부인할 수는 없을 것입니다.

청중 중에서 영성이 뛰어나고 훌륭한 많은 성도들이 있다고 해도 그들이 청중 속에 묻혀있을 때는 거의 그의 영향력을 행사할 수 없습니다.

  그러나 사역자의 영이 강건하고 풍성하게 흐를 수 있다면 청중의 영은 바로 회복이 될 것입니다.

  사역자들은 일반적으로 풍성한 예배를 위하여 강건한 영, 영의 제압에 대한 것과 민감한 영, 영의 분별에 대한 것을 이해하고 체험하여야 합니다.

  그래야만 성도들에게 실제적인 영의 풍성함과 주님의 실상을 공급해 줄 수 있는 것입니다.

영의 제압

  사역자들의 영은 우선적으로 강력해야 합니다.
  그들은 성도들의 영을 제압할 수 있어야 합니다.
  그들이 성도들의 영을 사로잡을 때 성도들은 예배에 사로잡히며 주님께 사로잡힙니다.
  그러나 사역자의 영이 약하여 성도의 영을 제압하지 못하면 성도들은 은혜를 맛볼 수 없습니다.
  그들은 피곤하고 지루하게 느낍니다.
  그들은 좋은 이야기를 많이 듣고 다 옳은 말씀이라고 생각하지만 그 말씀의 영이 너무 약하여 그들의 심령까지 뚫고 들어오는 느낌이 없습니다. 그저 '좋은 이야기지, 다 아는 거야…하지만 안 되는 것을 어떻게 해…' 그렇게 생각하면서 졸다가 집으로 옵니다.

그것은 예배의 실패입니다.

가인이 예배에 실패하고 모든 삶이 실패로 끝이 났듯이 사역자와 성도들이 예배에서 실패하고 주님의 은총을 경험하지 못하면 그리스도인의 삶은 가장 비참한 고문이 되는 것입니다.

나는 온유하고 부드러운 사역자들을 많이 만나보았습니다.

그들은 아름답고 겸손했습니다.

그들의 동기는 순수했고 주님을 위한 열망이 있었습니다.

그들은 자신들이 아주 성숙했다고 느끼고 있었습니다.

그리고 거칠고 어리고 미성숙한 사역과 신앙의 행태에 대해서 많은 비판적인 견해를 가지고 있었습니다.

그러나 그들의 영들은 대부분 너무 약했습니다.

그들의 영은 힘이 없었습니다.

그들의 영은 사람들의 영을 사로잡지 못했습니다.

그들의 전하는 메시지는 훌륭했고 깨달음도 좋았지만 그들에게서 흐르는 영이 강력하여 성도들로 하여금 그 말씀에 빠져들게 하고 사로잡히게 하고 주님의 영광에 들어가게 하지는 못했습니다.

말씀을 들을 때 듣는 이들의 심령이 시원하고 설레이고 감격의 물결에 사로잡히게 하는 강력함이 없었습니다.

비록 그들이 자신의 깨달음에 대해서, 자신의 깊이에 대해서 무한한 긍지와 자부심을 가지고 있다고 하더라도 연약한 영은 청중들에게 영향을 별로 행사할 수 없는 것입니다.

그들은 혼자서 조용히 주님을 묵상하면 풍성함을 느낍니다.

그들은 말씀을 준비하며 감동을 느끼기도 합니다.

그러나 이상하게도 많은 이들 앞에서 자신이 깨달은 것을 전할 때 그 공감을 함께 나눌 수 없음을 느낍니다.

이상하게도 청중들은 그가 느끼고 깨달은 것을 같이 공감하지 않고 그저 차갑고 냉냉하게 느껴집니다.

그 이유는 무엇일까요? 그의 영은 아주 섬세하지만 영이 너무 연약하여 성도들의 영을 제압하지 못하며 그들의 심령까지 흘러가지 못하고 자기 안에서 묶여 있으므로 그들의 영을 만지지 못하는 것입니다.

그는 자신이 너무 깊고 성도들의 수준은 너무 낮으므로 자신의 깊은 메시지를 성도들이 흡수하지 못한다고, 그러니 깊은 사역자들은 세상에서 고독하다고 위안하면서 자신을 추스릴 수는 있겠지만 그의 영을 바꾸지 않는 한 그는 성도들에게 어떤 영향을 주기는 어려울 것입니다.

권투를 했던 어떤 형제로부터 이런 이야기를 들은 적이 있습니다.

권투 시합을 할 때 1회전에서 탐색전을 하면서 조금 펀치를 교환해보면 상대 선수가 나보다 센지, 약한지 금방 안다는 것입니다.

조금 부딪혀 본 후에 아, 이 사람은 나보다 하수다 싶으면 게임이 재미있다고 합니다.

그러나 나보다 상수다 싶으면 그 다음에는 경기가 끝날 때까지 공포의 순간이라는 것입니다.

어떤 면에서 사역자의 예배인도는 권투 경기와 같습니다.

사역자는 권투 선수가 시합에 대비하여 몸을 만들고 최상의 컨디션으로 링 위에 올라가듯이 최고의 영적인 상태로 강단에 올라갑니다.

그리고 자신이 가지고 있는 주님의 신선한 영과 성도들의 둔감하고

찌들은 심령과 대결하는 것입니다.

그가 강한 영으로 성도들의 눌린 영을 극복하면 예배는 기쁨의 잔치가 됩니다.

그는 풍성한 영으로 성도들의 눌림을 치유하고 그의 영 안에 있는 주님의 기쁨, 행복, 사랑을 공급할 수 있습니다.

그러나 그의 영이 약하여 성도들의 근심, 두려움, 염려, 분노 등의 영을 제압하지 못하면 그도 같이 눌리고 영의 기쁨이 소멸되는 것입니다.

그는 예배를 마친 후에 그가 극복하지 못한 성도들의 눌림이 전달되어 여러 가지 스트레스, 성도들에 대한 실망, 사역에 대한 회의 등 여러 영의 눌림 현상을 경험하게 될 것입니다.

사역자가 강한 영으로 주의 말씀을 선포할 때 거기는 승리의 영광과 기쁨이 있습니다.

그 말씀은 듣는 이의 심령을 강건하고 충만하게 합니다.

심령에 와 닿은 말씀의 펀치는 그들의 삶을 주님께 헌신하도록 충격을 줍니다.

무하마드 알 리가 전설적인 강자인 소니 리스튼을 예상을 뒤엎고 이겨서 헤비급 세계 챔피언이 되자 모든 사람들은 놀랐습니다.

그리고 어쩌다 운이 좋았다고 말했습니다.

다시 리턴 매치가 이루어졌을 때 모든 사람은 리스튼이 이길 것이라고 생각했습니다.

그러나 리턴 매치에서도 리스튼은 패했습니다.

그는 그의 강력한 펀치를 휘둘렀으나 알리는 그것을 피했고 그만 리스튼의 팔이 빠져버린 것입니다.

 그 펀치에 알 리가 맞았다면 그는 KO가 되었겠지만 펀치를 헛치게 되자 그만 팔이 빠져나와서 오히려 리스튼이 KO로 지고 말았던 것입니다.

 말씀의 펀치가 상대의 심령에 정확하게 꽂히면 그것은 엄청난 반향을 일으킵니다. 그러나 그 말씀이 헛치고 지나가게 되면 그것은 사역자에게 오히려 허탈감만을 일으키는 것입니다.

 예배 인도를 시작한지 단지 몇 분이면 사역자는 자신이 성도들을 사로잡았는지 아니면 실패했는지 느낄 수 있습니다.

 그는 자신이 은혜를 끼치는지 아니면 죽을 쑤는지 압니다.

 그의 영이 무기력하면 그는 그저 평범하고 따분하고 지겨운 예배를 그럭저럭 지탱해 나가다가 내려올 수밖에 없는 것입니다.

 십 여년 전에 나는 어떤 외국 목사님의 집회에 참석한 적이 있었습니다.

 준비 찬양, 여러 특송의 순서, 많은 악기들이 동원되어 1시간 반이 지나갔지만 나는 너무 피곤하고 지쳐서 집에 갈까 말까를 생각하고 있었습니다. 그들이 열심히 애쓰고 있다는 것은 인정해야겠지만 그들은 주님의 기름부음, 영의 해방, 임재… 이런 부분에 대해서는 잘 모르는 것 같았습니다.

 간신히 인내심을 다하여 버티고 있는데 그 목사님이 나오셨습니다.

 그리고는 큰 소리로 외치며 찬양을 인도하기 시작했습니다.

 그런데 그가 나오자 마자 큰 소리로 외치며 주님을 찬양할 때 나의

가슴은 마치 숨이 멎는 것처럼 충격이 오는 것을 느꼈습니다.

그리고 불과 1분도 안 되어 나는 내 자신이 울고 있는 것을 발견했습니다.

그의 영은 매우 강력했고 나의 영은 순식간에 그에게 사로잡혀 갔습니다.

그 날, 나는 주님의 달콤함, 기름부음의 행복에 대해서 새롭게 누리게 되었습니다. 그리고 십 여 년이 지나도 잊을 수 없는 충격으로, 즐거움으로 그 기억을 간직하게 되었습니다.

이제 나는 집회를 가끔 인도하면서 내가 집회를 시작하는 순간부터 울기 시작하는 사람들을 종종 봅니다.

나는 그것이 어떤 것인지 이해합니다.

나는 그렇게 함께 사로잡힌 영혼들을 데리고 주님의 세계로 인도할 수 있습니다.

그리고 함께 주님의 영광으로 나아갑니다.

사역자의 첫 번째 준비 - 그것은 영의 강력함입니다.

그 강한 영으로 성도와 집회를 제압하고 주님의 거룩하심, 임재, 영광의 세계로 함께 항해해 나가야하는 것입니다.

영의 분별

그 다음에 중요한 것은 사역자의 영이 예민하여 성도들의 상태를 분별하고 그 영의 욕구를 느끼며 채울 수 있어야 한다는 것입니다.

부드러운 사역자들은 영의 힘이 약합니다.

그래서 분별은 잘 하지만 사람들의 결박을 풀어주지 못합니다.

그러나 강한 사역자들은 또한 영이 둔합니다.

그래서 성도들의 영과 상태를 분별하지 못하며 그들의 필요와 아픔에 대해서 잘 모릅니다. 그들은 자신이 하고 싶은 이야기, 자신의 관심사, 자신이 옳다고 느끼는 것을 전할 뿐 지금 현재 성도의 영에 필요한 것이 무엇인지 분별하지 못합니다.

오늘날 사역자들이 주님이 전하라는 말씀을 받기 위하여 애쓰는 모습은 비교적 많이 볼 수 있습니다.

그러나 사역자들이 이에 못지 않게 중요한 것은 성도들의 영적인 수준과 상태를 분별해야 하는 예민한 영을 소유하고 훈련해야 하는 것입니다.

물론 각 사람의 영적 성숙도와 관심사는 다 다릅니다.

그러나 어떤 모임이든지 그 모임에 속한 사람들의 주도적인 영과 주도적인 필요가 있습니다.

어떤 모임에는 전체적인 영의 흐름이 상처받은 이들이 많아서 치유와 위로의 영이 필요하기도 하고 어떤 모임은 분노와 미움의 영의 작용이 많아서 사랑과 부드러움과 관용의 영이 필요하며 어떤 모임은 세상에 대한 사랑과 애착이 많아서 보다 강한 영이 필요한 상태이기도 합니다.

영들이 바로 분별되면 그 영에 합당한 메시지와 영이 나오게 됩니다.

사람들은 자신이 가장 필요한 부분이 흘러나오게 될 때 결코 졸지 않습니다.

주를 사모하며 더 깊이 주를 알고 싶어하는 이에게 주님의 마음과 고독을 전할 때 졸지 않으며 상처로 신음하고 삶의 희망을 갖지 못하는 이에게 주님의 치유와 위로, 안식을 전하며 그 영이 흘러나올 때 사람들은 졸지 않습니다.

사람들이 병원에 갔을 때 자신의 환부를 치유 받으면 그들은 시원함을 느낍니다. 의사가 병에 대하여 논문을 읽으면 그들은 졸지만 실제로 아픈 데를 다루면 그들은 졸지 않습니다.

부산의 집회에서 처음에 나는 마음의 답답함을 많이 느꼈습니다.
나는 그들에게 심장이 답답한 이들은 손을 들라고 말했습니다.
그들 대부분이 손을 들었습니다.
나는 그들의 답답함에 대하여 설명을 했습니다.
그것은 그들의 답답함이 아니고 그들의 안에 계시는 주님의 답답함이며 그들이 주님을 사랑하지 않고 세상을 사랑하며 내주하시는 그분을 함부로 대하고 있기 때문에 주님이 고통스러워하신다는 것을 이야기 했습니다.
그들은 모두 울기 시작했습니다.
그리고 주님께 죄송하다고, 헌신과 사랑의 고백을 눈물로 드리기 시작했습니다. 그리고 그들의 영은 회복되었습니다.

그러나 얼마전 광명시에서 집회를 하고 있을 때도 심령의 답답함을 느꼈는데 그것은 전혀 다른 느낌이었습니다.
마치 가슴에 날카로운 칼이 꽂혀있는 것 같은 통증이었습니다.
그것은 그와 같은 아픔을 가지고 있는 이들이 집회에 많이 참석하고 있다는 의미입니다.

그 고통은 주님을 사랑하지 않고 세상을 즐기는 데서 오는 고통이 아니었습니다. 주님을 몹시 사랑하지만 영이 너무나 약해서 세상의 영들을 이기지 못하고 눌려서 당하는 영의 슬픔이고 아픔이었습니다.

그들을 위한 치유와 예언의 메시지를 전하자 다시 그들은 울기 시작했습니다.

예배에서 중요한 사실은 주님께서 그 예배에 임재하시기를 원하시며 그분의 성도들을 만지시기를 원하신다는 사실입니다.

사역자를 통하여 그분의 사랑을 공급하시기 원하신다는 사실입니다.

만일 사역자의 영이 예민하여 그 영들을 분별하며 주님의 원하심에 깨어있을 수 있다면 그 예배는 반드시 풍성한 아름다움이 임하게 될 것입니다.

영을 표현함

사역자의 영이 별로 강하지도 않고 영의 별로 깊지도 않아서 영의 흐름이 별로 자유롭지 않다면 예배의 자유함과 영의 해방이 쉽지 않을 것입니다.

그러나 그렇다고 하더라도 성도들로 하여금 스스로 영을 해방할 수 있도록 그들의 영을 활성화시키면 그들은 자유롭게 되기 시작합니다.

보통 일반적인 예배에서 말하는 사람은 사역자 한 사람 뿐이고 성도들은 거의 예배 시작부터 끝날 때까지 거의 입을 열 기회가 없습니다.

이것이 영이 묶여있는 대부분의 이유입니다.

왜냐하면 영이 흘러가는 중요한 원리가 영은 말, 발성을 통하여 흐르기 때문입니다.

주님께서는 〈내가 너희에게 말한 것이 영이요, 생명이라〉고 말씀하셨습니다. (요6:63)

그러므로 입을 다물고 있으면 영이 활성화될 수가 없습니다.

아무리 좋은 말씀이라도 그것을 듣기만 하면 실제가 되고 내 것이 될 수가 없으며 사람들의 영이 해방되고 자유로와지는 것은 기도와 찬양을 통하여 자신의 속에 있는 영이 표현되고 밖으로 흘러나올 때입니다.

사역자들은 많이 말하므로 영이 지치고 성도들은 너무 많이 듣기만 하므로 영이 수동적이 되고 침체됩니다.

사역자들은 먹지 않고 많이 움직이므로 지치고 성도들은 먹기만 하고 운동하지 않기 때문에 각종 병이 걸립니다.

영의 흐름이 없는 말씀전파 만큼 고통스러운 것은 없습니다.

영이 자유롭게 흐르면 아주 평범한 말씀에도 사람들이 사로잡히고 즐거워하지만 영의 흐름이 없으면 온갖 지혜로운 말, 깨달음, 감동적인 예화를 수집하려고 몸부림을 치고 그렇게 한다해도 영혼의 행복은 맛보지 못합니다.

그저 삶이 변화되지 않는 지식적인 성도를 양산할 뿐입니다.

예배에는 영의 흐름, 영의 표현이 있어야 합니다.

집회에서 입을 벌리는 훈련이 안된 이들은 효과적인 전도자도 될 수 없습니다. 그들의 영은 약하고 수동적이기 때문에 순종은 잘 할지 모르지만 주도적으로 무엇을 하지는 못합니다.

예배에는 영의 흐름이 풍성한 기도와 찬양이 있어야 하고 영의 표현,

희노애락이 있어야 합니다. 그것이 풍성할 때 우리의 심령은 점점 더 자유롭게 됩니다.

어떤 전도사님이 전화로 질문을 하셨습니다.
중고등부를 맡고 있는데 찬양을 인도할 때는 은혜스러운 멘트도 떠오르고 학생들도 은혜를 받는 것 같은데 설교만 시작하면 대부분 초신자라 그런지 다들 머리를 쳐 박고 있고 전혀 듣지 않는 분위기인데 어떻게 하면 좋겠느냐는 것입니다.
나는 그에게 설명을 했습니다.
전도사님의 영이 약하기 때문에 찬양을 할 때는 서로의 영이 흘러 나와서 주님께서 깨달은 말씀을 주시지만 혼자서 전할 때는 그들을 제압하지 못하기 때문에 말씀이 그들의 심령 속에 들어가지 못한다고 말했습니다.
그러니 준비한 설교를 다해야 한다고 억지로 열심히 하지 말라고 했습니다. 그것은 서로 피곤한 일입니다. 사역자의 영이 피사역자의 영을 제압하지 못하면 그것은 마치 예배 고문, 설교고문과 같은 것입니다.
나는 그에게 메시지는 간단히 끝내고 찬양을 많이 하라고 했습니다.
찬양을 해도 잘 안 풀리면 통성 기도를 시키고 그래도 잘 안되면 빨리 끝내고 애들하고 떡볶이나 먹으러 가라고 했습니다. 아마 떡볶이 집회는 은혜를 받을 것이라고 말했습니다.

사람들은 예배에 대해서 어떤 틀을 너무나 많이 가지고 있습니다.
기도, 찬송, 설교만 있으면 다 되었다고 생각합니다.
그러나 중요한 것은 그 집회에 주님이 임하시고 영이 풀려서 주님의 실상을 경험하는 것입니다.

그렇게 집회 가운데 실제적으로 주님의 임하심이 있고 영의 움직임이 있다면 그것은 반드시 삶과 인격과 사고의 변화를 일으키며 열매를 맺게 됩니다.

그것은 단순한 하나의 엑스타시, 황홀경으로 끝나지 않습니다.

그러한 주님의 감동과 영의 역사 없이 준비된 원고를 다 읽는 것이 사역자의 의무를 다한 것은 아닌 것입니다.

우리는 예배 가운데 주님의 실상이 나타나며 그 결과 영의 해방과 자유를 사모해야 합니다.

부산의 집회에서 젊은이들에게 서로 포옹하게 하고 사랑의 고백과 교제의 찬양을 인도할 때 그들은 서로 울면서 얼싸안은 채 통곡으로 서로에 대한 사랑의 고백과 축복, 헌신의 고백을 나누었습니다.

하나님.. 사랑의 눈으로 너를 어느 때나 바라보시고...

하나님.. 인자한 귀로써 언제나 너에게 기울이시니...

그들이 울부짖듯이 외치며 노래하는 빛나는 얼굴을 보면서 나는 아, 이것이 바로 천국이구나...하는 생각이 들었습니다.

어디에서 우리가 이러한 기쁨을 얻을 수 있을까요...

나이트 클럽에서? 영화관에서? 야구장에서? 술집? 도박장? 멋진 연애를 통하여...?

아닙니다.

결코 아닙니다.

우리는 주님의 형상을 따라 그분과의 교제를 위하여 지어졌습니다.

그러므로 우리의 영혼이 주님께 사로잡히는 것, 그것 외에는 결코 그 어느 곳에서, 어떤 것으로도 참된 행복과 만족을 얻을 수는 없는 것입니다.

우리는 많이 은혜를 얻습니다.
심령에 달콤함을 경험합니다.
새로운 것을 깨달았다고 좋아하기도 합니다.
그러나 그 정도로는 우리는 주님께 사로잡힐 수가 없습니다.
우리는 그분의 영광에 사로잡혀야 합니다.
그분에게 미쳐야 합니다.
우리의 모든 세포 하나 하나가 그분의 거룩함과 영광에 사로잡혀야 합니다.
그분의 실상이 오셨을 때 미적거리던 이스라엘 백성들도 다같이 꿇어 엎드렸습니다. 그리고 "여호와, 그는 하나님이시로다!" 하고 외쳤습니다.
하나님의 영광이 실제로 임하게 될 때 그것을 보고 계속 초연할 수 있는 사람은 없기 때문입니다.

우리는 영광스러운 집회를 회복해야 합니다.
예배 가운데 주님의 그 놀라우신 영광이 임하는 집회를 사모하고 추구해야 합니다.
감동과 전율과 미칠 것 같은 사랑과 압도당하는 주님의 거룩하심을 경험하고 회복해야 합니다.
그분의 영광에 우리가 사로잡힐수록
세상의 아름다움은 소멸되고

자신의 영광도 희미해지며
오직 썩지 않고 더럽지 않고 쇠하지 않는 그 기업의 영광을 사모하게 될 것입니다.
주님의 사람이 되어갈 것입니다.

오, 주님.
당신의 거룩함, 당신의 임재, 당신의 영광이
우리의 모든 예배에서 회복되게 하옵소서.
모두가 당신의 영광에 사로잡히게 하옵소서.
세상과 나는 간 곳 없고
구속한 주님의 영광만이 우리의 심령을 가득하게 채우게 하옵소서.
왜냐하면
그것이 참된 삶이며
참된 만족이며
우리가 존재하는 참된 이유이기 때문입니다.

11장
영적 침체와 회복에 대하여

영적 침체는 자주 우리의 영혼을 괴롭히는
심각한 질병입니다.
종종 우리는 이유를 알지 못한 채
영혼의 어두운 골짜기에서 방황합니다.

영적 침체의 수준과 상태는 각자 다르며
치유의 회복의 방법들도 다양합니다.
이러한 침체와 회복의 투쟁을 통하여
우리의 영혼은 새로운 차원으로
승화될 수 있으며
좀 더 성숙하고 아름다우며 지혜로운 영혼으로서
발전해 갈 수 있는 것입니다.

영적인 무기력

오늘날 영적침체에 대한 언급과 관심은 아주 많습니다.
그것은 너무나 쉽게 접할 수 있는 것이기 때문입니다.
흔히 그리스도인의 삶은 기쁨에 넘친 것이라고 이야기들을 합니다.
"진리를 알지니 진리가 너희를 자유케 하리라"라고 이야기합니다.
그리고 '나 자유 얻었네...'라고 찬양을 합니다.
그러나 현실적으로 그러한 기쁨과 자유와 풍성한 삶을 누리는 그리스도인들을 만나기는 정말 쉽지 않습니다.
많은 그리스도인들이 지치고 피곤해 있습니다.
많은 사역자들이 영적으로 탈진 상태에 있습니다.
교회에서 여러 가지 봉사와 사역을 하는 많은 이들이 무기력과 의무감 속에서 일하며 그리스도와의 친교와 임재, 그 사랑의 달콤함 속에 들어가지 못합니다.

그래서 열심있는 이들은 이 영적인 무기력에서 벗어나기 위하여 애씁니다. 그래서 여름 등의 휴가철은 영성의 회복을 위한 좋은 기회가 되며 사람들은 이 때 기도원으로, 산으로, 부흥회로 가서 뭔가 한껏 은혜 체험을 하려고 노력합니다.
더러 성공하는 이들도 있으며, 그들은 매우 흡족해서 일상의 삶으로 돌아옵니다. 그러나 유감스럽게도 그 뜨거운 열기는 놀랍도록 빨리 식으며 그들은 다시금 무기력 속으로 돌아옵니다.
그리하여 그들은 추억을 되살리며 1년 전의 간증, 3년 전의 체험을 의지해서 살 수 밖에 없는 것입니다.

영의 상태에 대하여

오늘날 사람들은 기도의 방법론, 성경 공부의 방법론, 전도의 방법론에 대하여 관심이 무척 많습니다.

그러나 그 모든 것들을 수용할 수 있는 영의 건강과 상태에 대해서는 잘 모르며 그다지 많은 관심을 가지고 있지 않는 것 같습니다.

그러나 영의 건강, 영의 상태에 대한 인식은 아주 중요합니다.

아무리 산해진미가 있어도 그 음식을 소화할 수 있는 건강한 위장이 없으면 아무런 소용이 없는 것입니다.

방법론이 객체를 의미한다면 영적인 건강 상태는 주체에 해당되는 것입니다. 건강하지 못한 지치고 망가진 상태의 영으로는 아무 것도, 어떤 사역도 제대로 할 수 없습니다.

영의 상태에 대하여 이해하고 분별하기 위하여 간단히 그 현상들을 나누어서 설명하기로 하겠습니다.

영의 상태를 간단하게 구분해보면 가벼운 영의 상태, 무거운 영의 상태, 마비된 영의 상태로 편의상 구분할 수 있을 것입니다.

1) 가벼운 영 - 이것은 영의 상태가 맑고 건강한 상태를 말하는 것입니다.

이 상태에서는 주님과의 교제가 자유로우며 특별한 기법이 없이도 말씀을 통해서, 기도를 통해서 쉽게 주님의 임재를 경험하고 누립니다.

사역을 통해서 기쁨을 얻으며 사역의 열매도 풍성합니다.

이 상태는 영이 아주 민감한 상태이므로 이러한 상태에서 주님의 인도와 통제가 없이 움직이게 되면 몹시 고통을 느끼게 됩니다.

2) 무거운 영 - 그러나 유감스럽게도 그러한 맑고 가벼운 영의 상태는 그리 오래 유지되지 않습니다.

불과 얼마 되지 않아서 사람들의 영의 상태는 떨어지며 무거워지게 됩니다. 바로 얼마 전까지 기쁨이 되고 누림이 되던 원리와 말씀이 이제는 오히려 실족거리가 됩니다.

아무리 좋은 은혜의 말씀과 깨달음이라고 하더라도 영이 망가진 상태에서는 다른 이들에게 은혜가 되는 것들이 본인에게는 시험과 고통이 되기도 하는 것입니다.

이 상태에서 사람들은 여러 가지 근심과 죄책감에 눌립니다. 의욕이 상실되고 그리스도인의 삶이 피곤하게 느껴지게 되며 사역자들은 의무감과 각종 짐에 눌려 신음하게 됩니다.

3) 마비된 영 - 그러나 그러한 무거운 영의 상태도 영이 마비된 것에 비하면 나은 상태라고 할 수 있을 것입니다.

고통이 심한 상태에서 영이 빨리 회복되지 않으면 그 상태에서 고착되어 버리며 나중에는 거의 감각을 상실하게 됩니다.

그래서 이 상태는 어둡고 비참한 영적 상태에 익숙하여지며 고통도 별로 느끼지 않습니다.

이 상태에서는 전에는 고통이 되었던 육욕과 세상의 쾌락을 즐기게 되어 있으며 오히려 그것을 합리화시키고 만족을 느끼며 신실한 그리스도인들을 공격하기도 합니다.

이 상태는 거의 불신자와 비슷한 상태라고 할 수 있을 것입니다.

영적인 신선한 공급과 체험이 없이 오래된 신자들 가운데는 이 상태에 있는 분들이 적지 않으며 그들이 가지고 있는 것은 하나의 개념과 지식에 지나지 않고 실제적인 주님과의 교제가 거의 드문 상태가 되는 것입니다.

영의 침체와 마비는 이처럼 정말 무서운 것입니다.
처음에 기도와 예배를 소홀히 하면서 두려워하던 이들도 그것이 반복되면서 별로 고통을 느끼지 않게 됩니다.
물론 마비 상태가 계속 되어 영의 상태가 심각한 상태에 이르면 주님께서 매를 드시고 그러한 고통을 통하여 그의 영의 상태를 회복시키겠지만 그 과정에서 마음과 시간을 낭비할 수밖에 없는 것은 너무나 안타까운 일인 것입니다.

영의 회복과 치유는 너무나 중요한 일입니다.
물론 영적 상태의 회복과 기쁨의 회복이 모든 귀결점은 아닙니다.
즉 상태의 회복과 성장은 같지 않습니다.
다시 말하면 3살의 기쁨이 있고 20살의 번민이 있습니다.
이 경우에 물론 3살짜리의 기쁨이 20살짜리의 번민보다 더 나은 상태라고는 말할 수 없는 것입니다.
우리에게는 회복과 행복보다 성장이 더 중요합니다.
그러나 어떤 경우에 회복이 오래 걸리기 때문에 성장에 걸림돌이 될 수도 있는 것입니다.

일반적인 영의 회복

왜 그리스도인들이 일시적으로 맑은 영의 상태를 소유했다가도 쉽게 떨어지는 것일까요?

영적 상태를 아름답고 풍성하게 유지하는 것은 왜 그리 어려울까요?

거기에는 여러 가지 원인이 있을 수 있습니다.

아마 사람의 성향에 따라서 그 원인을 다르게 진단할 것입니다.

사회적인 진단, 심리적인 진단... 그 사람의 시각과 영의 수준에 따라 아마 다양한 관점으로 볼 수 있겠지요...

성경의 시각은 역사적이고 사회학적인, 인류학적인 통찰력이 아닌 영적 통찰력, 근원적인 통찰력을 제공해줍니다.

"이스라엘 자손이 여호와의 목전에 악을 행하여 자기들의 하나님 여호와를 잊어버리고 바알들과 아세라들을 섬긴지라..." (삿3:7)

그리고 그러한 영적 방황이 모든 재앙의 시작이었음을 보여줍니다.

영적인 침체의 원인도 이와 같이 근본적인 원인은 영적인 데에 있습니다. 그리고 각 사람마다 침체의 원인과 내용이 다를 것입니다. 또한 그 개별적인 상태에 따라 치유와 회복의 방법도 다양하게 될 것입니다.

1) 이 세대의 성향들 - 기독교는 본질적으로 내면적인 것입니다.

천국은 바로 심령 깊은 곳에 임하는 것입니다.

내적인 풍성함에서부터 이것이 바깥으로 흘러나오는 것이 바로 주님의 역사입니다.

그러나 이 시대의 경향성은 점점 물질화, 외면화됩니다.

이것이 곧 타락입니다. 점점 사람들은 점점 바깥일에 몰두하며 교회

성장, 교인숫자, 헌금액수, 건물크기, 아파트 평수 등에 민감해집니다.

그리고 심령은 점점 허탈해지는데 여기에는 몹시 둔감해집니다.

2) 대인관계, 접촉 - 인간이란 그 본체가 육체가 아닙니다.

육체는 다만 옷일 뿐 그 속에 있는 영혼이 본체인 것입니다.

그러므로 사람을 만나게 될 때 우리는 영혼체, 관념체를 만나는 것입니다. 그리고 거기에는 영의 교류, 전이 현상이 있습니다.

그러므로 헌신된 그리스도인들은 사람들과의 접촉과 교제를 조심하지 않으면 안 됩니다.

주님이 기뻐하시지 않는 악한 영의 역사가 있는 곳에는 주님의 허락이 없는 한 가서는 안 됩니다.

오늘날 영이 약한 그리스도인들은 남의 말에 쉽게 상처를 받고 영이 망가집니다.

때로는 상처받은 말들 때문에 오랫동안 잠을 이루지 못합니다.

이런 이들은 영이 너무 섬세하고 약하여 다른 사람들의 영에게 지배를 받는 것이며 이들은 권능의 기름부음을 받아야만 그 영의 눌림과 압박에서 벗어날 수 있습니다.

3) 주님의 통제 없이 움직임 - 많은 사람들의 마음이 너무나 바쁘고 쫓깁니다. 그들은 주님이 말씀하실 수 있는 고요한 상태에 머물러 있기 어렵습니다.

이 시대의 너무나 많은 사역들이 주님의 인도 없이 사람의 열심으로 애쓰고 뜁니다. 이것이 얼마나 영혼에게 충격을 주는지요!

이러한 사역들은 성령님의 근심과 탄식을 가져옵니다. 이들은 애쓰고 노력할수록 더 비참해지고 열매도 없으며 영적인 탈진을 가져올 뿐입니다.

4) 영적 전쟁에서의 패배 - 영적으로 열려질수록 그리스도인들은 사단과의 싸움이 문자 적이고 피상적인 것이 아니며 실제적이고 구체적인 것을 깨닫게 됩니다.

그들의 전략은 몹시 교묘하고 효과적입니다.

그들은 문화를 사용하고 악한 생각을 사람에게 집어넣으며 육적인 사랑, 취미생활, 성격적인 약점 등 사용할 수 있는 모든 것을 사용하여 그리스도인의 영적 성장을 방해합니다.

많은 그리스도인들이 성경의 교리와 개념을 지식으로 알고 있을 뿐 그들의 활동에 무지합니다.

그리고 그 결과로 악한 자의 화전에 맞아 중상을 입은 자들도 적지 않은 것입니다.

영적 침체의 원인은 이루 헤아릴 수 없이 많고 복잡합니다.

그리고 그만큼 회복의 원리도 많고 다양합니다.

중요한 하나의 원리가 있다면, 이 영의 회복을 위하여 그리스도인들은 주님의 음성, 내적 감동에 귀를 기울여야 한다는 것입니다.

주님께서 때로는 회개를 요구하십니다.

때로는 원수를 대적하도록 인도하십니다.

어떤 때는 믿음으로 인내하기를 요구하시기도 하며, 찬양만을 원하실 때도 있습니다.

때로는 행동으로 옮겨야 할 때도 있으며 주님께서 당장 어떤 이에게 전화를 걸어 용서를 빌도록 요구하시기도 합니다.

거기에는 어떤 정형이 없습니다.

사람들은 주님의 역사를 정형화, 획일화시켜서 그것을 훈련하고 연습하기 원하지만 주님은 그렇게 역사하지 않으십니다.

성경은 우리에게 다양한 무기와 방법이 있음을 보여줍니다.

적진을 포위하고 뺑뺑돌다가 외쳐서 적진을 함락시킨 이도 있으며 밤중에 항아리 속에 횃불을 들고 항아리를 깨뜨려 승리한 사람도 있었습니다.

어떤 이는 뽕나무에서 소리가 들릴 때 적군을 공격하여 승리하였습니다.

그 모든 것들은 바로 주님이 일일이 지시하신 것입니다.

그러므로 우리는 어떤 정형을 구할 수 없습니다.

오늘날 어떤 이들은 쓰러지고 싶어하고 어떤 이들은 웃고 싶어합니다.

그러나 어떤 한가지가 완전한 해답은 아닙니다. 오직 주님께서 적절한 때에, 적절한 방법으로 우리를 가르치시며, 거기에 순종할 때 회복과 자유함은 돌아오기 시작하는 것입니다.

깊은 영의 치유

이상과 같은 것을 일반적인, 보편적인 영의 회복방법입니다.

그러나 적지 않은 경우에 보다 더 근본적인 대책이 필요한 사람들이 있습니다.

심한 우울증, 열등의식, 자기비하, 폭발적인 분노, 통제할 수 없는 미움, 두려움, 불안, 공포의식, 대인관계의 장애, 자학 등 영적 성장에 근본적인 장애요소를 가진 사람들이 적지 않은 것입니다.

이런 사람들을 위해서는 보다 더 근본적인 치유가 필요합니다.

나는 그것을 내적 치유사역, 축귀사역, 성령의 기름부음사역이라고 나누어서 정리하고 있습니다.

내적 치유

내적 치유는 마음속 깊은 곳의 상처, 과거의 치명적인 기억에 대한 치유를 말하는 것입니다.

축귀 사역 즉 귀신을 쫓아내는 것은 이러한 내적인 상처의 치유가 없이는 불가능한 경우가 많습니다.

쓰레기에 파리가 달라붙듯이 귀신들은 치유되지 않은 상처, 원한, 용서하지 않는 마음, 깊은 좌절, 공포 등에 붙어 있기 때문에 이러한 쓰레기를 치우지 않는다면 귀신들을 억지로 쫓아내어도 또다시 들어오는 경우가 많습니다.

영적인 성장에 장애를 갖고 있는 이들에게 있어서 내적 치유의 효과는 몹시 놀랍습니다.

최근에 〈상한 감정의 치유〉 이런 스타일의 책들이 많이 읽혀지고 있는데 이런 것들이 개념을 넘어서 사역에 연결될 수 있다면 그 효과는 몹시 클 것입니다.

A자매는 모태의 치유사역(기억치유의 일부분으로 태어나기 전 모태에서 있었을 때의 상처와 기억을 치유하는 것을 말합니다)에 들어갔

을 때 엄청난 공포를 느꼈습니다.

그녀는 큰소리로 울면서 "나를 죽이려고 해요!"라고 외쳤습니다.

이런 종류의 공포는 모태 치유 사역을 할 때 많이 나타나는데, 보통 어머니가 유산에 대하여 생각했던 경우인 때가 많습니다.

이 때 아기에는 두려움의 영이 들어오고, 본인은 기억하지 못하지만 일생동안 두려움에 시달리게 됩니다.

기도 사역을 하자 그녀는 주님이 어린 아기를 안아주시고 축복해 주시는 것을 보았습니다.

사역이 끝나자 그녀는 오랫동안 그녀를 결박하고 있었던 두려움과 무기력 증상이 상당히 호전된 것을 느끼게 되었습니다.

B자매는 모태 치유사역에 들어가자마자 평소에는 한번도 그런 생각을 해 본적이 없음에도 불구하고 "또 딸이야!" 하는 느낌과 함께 엄청난 슬픔이 몰려오는 것을 느꼈습니다.

그녀는 자신이 오랫동안 가져왔었던 열등의식과 자기비하의 근본 원인을 파악할 수가 있었고, 주님이 이 아기를 만져주시자 자유함의 세계로 갈 수 있는 길이 열리게 되었습니다.

C자매는 항상 사귀던 남자에게 버림을 받지 않을까 하는 두려움을 가지고 있었습니다.

그녀는 관계가 좋은 상태에서도 항상 상대에 대한 두려움과 집착을 가지고 있었습니다.

그녀는 과거의 기억을 치유하는 도중 1살의 기억에 이르렀을 때 심하게 울기 시작했습니다.

그녀는 주위에 아무도 없다고 울다가 주방 근처에 주님이 계신 것을 보았습니다.

그리고 주님은 두 팔을 벌리며 손짓을 하셨고 그녀는 주님께 다가갔으며 주님은 그녀에게 목마를 태워주셨습니다.

기도 사역을 마치자 그녀는 사람에 대한 두려움에서 비로소 벗어날 수 있었습니다.

D자매는 오랫동안 열등감과 수치심을 가지고 있었습니다. 그녀는 과거의 기억으로 돌아갔을 때 남자 친구와 헤어지고 너무도 비통한 마음으로 침대에 누워있었던 장면으로 돌아갔습니다.

그녀는 갑자기 주님이 자기의 침대 옆 창가에 서 계신 것을 보았습니다. 그리고 주님은 그녀를 안아주시고 회복시켜 주셨습니다.

E자매는 신혼 초부터 혼수 감이 부족하다는 이유로 남편에게 많은 구타와 폭행을 당했습니다. 아기를 임신했을 때 그 남편은 그녀의 배를 걸어차고 많이 때렸습니다.

그것은 이미 20년 가까운 세월이 흐른 옛날의 일이었으나 그녀는 마치 어제 일처럼 그 때의 고통의 감정을 선명하게 느끼고 있었습니다.

과거의 기억을 치유하기 위하여 그녀가 20년 전으로 갔을 때 그녀는 근처의 바닷가를 걸으며 울면서 빠져 죽을까 말까 생각하던 장면으로 돌아갔습니다.

기도사역을 시작하자 그녀는 바닷가의 모래사장에 주님이 서 계신 것을 보았습니다.

주님께서 그녀에게 다가오시고 그녀를 안아주시자 그녀의 슬픔은 기쁨으로 바뀌었습니다.

사역이 끝난 후 그녀의 통곡은 기쁨의 눈물로 바뀌어졌습니다.

그녀는 천국의 기쁨이 무엇인지 부분적으로 알게 되었습니다.

이상과 같은 것은 많은 치유 사례 중의 일부입니다.

이러한 경험들은 기억의 치유를 통해서 사람들의 문제가 근본적으로, 또는 부분적으로 상당히 완화될 수 있으며 주님의 선하심과 사랑을 받아들이는 데 많은 도움을 주었습니다.

축귀사역

내적 치유는 그 자체로도 훌륭하고 아름답습니다.

그러나 그것은 축귀 사역으로 이어질 때 보다 더 효과적입니다.

왜냐하면 어떤 구체적이고 직접적인 증상은 보통 귀신들을 통하여 오는 경우가 많기 때문입니다.

내면의 치유사역에서 피사역자들은 대부분 용서, 죄사함의 경험, 주님의 만져주심 등을 통하여 정서적으로 순화되어 있기 때문에 일반적으로 귀신들은 계속 남아있기 어렵습니다.

나의 경험에 의하면 사역의 대상 중 약 3분의 1정도는 귀신들이 그 정체를 밝히며 떠나갔었습니다.

그들은 그들의 이름을 밝히고 떠나갔는데 나는 음란이다. 나는 미움의 영이다. 혹은 파괴의 영이다. 염려의 영이다라고 말하고 떠나갔습니다.

  악한 영들은 자신의 모습을 숨기고 어둠 속에서 은밀하게 일해야 하기 때문에 그들이 고백해야 되는 것은 그들에게 몹시 고통이 되는 것 같습니다.
  왜냐하면 단순히 축귀 보다 그들의 고백을 통한 그들의 활동이 밝혀지기 때문에 그들은 그만큼 활동영역이 좁아지기 때문입니다.
  염려의 귀신에게 너는 무엇을 염려하게 했느냐고 물으면 그들은 어떤 문제에 대한 염려를 주었다고 대답하곤 했습니다.
  그럴 때 본인은 자신의 입을 통해 말하는 내용을 듣고 몹시 놀라게 되며 자유함을 얻게 되곤 했습니다.
  어떤 경우 파괴의 영이라고 고백한 영에게 "네가 한 일이 무엇이냐"고 묻자 그는 이 사람의 가정을 파괴했다고 대답했습니다.
  그 방법을 묻자 남편이 이 사람을 미워하게 했다고 대답하기도 했습니다.
  한 번은 짜증의 영이라고 고백한 영이 말하기를 "나는 어머니가 무슨 말만 시작하면 짜증이 나게 만들었다"고 대답하기도 했습니다.

  이런 경험이 반복되면 처할 수 있는 유혹은 모든 악이 다 귀신의 것이라고 단정해버리는 것일 것입니다.
  그러나 그것은 별로 합리적이고 균형 잡힌 사고는 아닙니다.
  무엇이든 극단적인 것은 위험하며 분별과 시도와 주님의 인도하심은 항상 중요한 것입니다.
  그러나 이러한 지식과 경험들은 피사역자들을 자유하게 합니다.

그들은 얼마나 원수가 교활하며 자신들이 어떻게 속아왔었는지 깨닫게 됩니다.

열등감의 영, '나는 아무 것도 할 수 없다' 는 영, '나는 사람을 싫어한다' 는 영(그것도 귀신들이 밝힌 이름입니다)들을 분별하고 쫓아낸 후에 사람들은 변화되기 시작합니다.

순식간에 온전해지는 사람은 없지만, 적어도 자유함으로 가는 길목에 서 있게 되는 것입니다.

기름부음 사역

내면의 치유와 축귀 사역은 그 자체가 목적은 아닙니다.

대부분의 사역은 조용하고 차분하게 이루어지지만 때로는 소란스러움이 동반되기도 하고 힘이 많이 드는 것이 보통입니다.

보통 이 사역은 여러 시간이 걸리기도 하며 사역자도 피사역자도 끝나고 나면 거의 탈진 상태가 되곤 합니다.

그러나 수술자체는 아름답지 않지만, 배를 가르고 암 덩어리를 꺼내고 꿰매는 작업은 피가 흐르고 구역질이 날 수도 있지만, 그 치유 이후의 삶이 아름답고 가치 있는 것인 것과 같이 이러한 사역 후에 주님의 사랑을 실제로 깊이 경험하며 심령이 변화되어 가는 것을 보는 것은 실로 아름답고 행복한 일입니다.

치유사역과 축귀를 통하여 걸림돌들이 제거되고 나면 피사역자들은 성령님의 역사와 기름부음을 위하여 기다릴 때 아주 강력한 주님의 임재에 사로잡히는 경우가 많았습니다. 그들은 마음에 놀라운 평화가 임하는 것을 느끼며 주님의 임재와 사랑을 깊숙이 경험하게 됩니다.
그리고 그들은 영혼들에 대한 사랑을 느껴가게 됩니다.
일반적으로 상처가 치유되면 성령의 기름 부으심이 강하고 깊게 임하십니다.
그 중에는 부분적으로 천국을 보고 오는 이들이 적지 않았습니다.
그 전에는 성령의 역사에 별로 반응이 없던 이들이 주님의 놀라운 기쁨, 영광 속에 들어가게 되며 영적으로 성장하기 시작합니다.
어두움이 제거되면서 그들은 빛의 세계에 들어가게 됩니다. 자신의 감정에 대하여 대인관계에 대하여 그들은 점차 자유로와지기 시작합니다.

3가지의 사역과 영의 회복

내적치유, 축귀 이것은 목표가 아닙니다.
우리의 목표는 오직 주님이며 그분을 알아가고 그분께 사로잡히며 그분의 소유가 되는 것입니다.
치유와 축귀는 그 것을 방해하는 걸림돌을 제거하는 것입니다.

그러므로 이 내적치유와 축귀와 성령님의 기름부음의 관계는 삼각형의 구조와도 같습니다.
상처는 영혼을 이지러지게 하며 이 이지러진 곳에 악한 영들이 공격하게 되며 거주하게 됩니다.
내적 치유는 그 이지러진 곳을 바르게 펴주는 것이며 축귀는 그 곳에 살던 악한 영들을 쫓아내고 청소하는 것입니다.

그리고 성령님의 기름 부으심은 말씀과 성령님의 임재를 통하여 그 비워진 부분을 채우는 것입니다.

그러므로 이 세 가지가 같이 이루어져야 온전한 치유와 회복과 성장이 가능하게 되는 것입니다.

이 사역이 너무나 많은 에너지를 필요로 하고 문서 사역에 전념해야 하기 때문에 나는 이 사역을 지금도 계속 하고 있지는 않습니다.

그러나 부분적으로 주님의 만져주심과 기도 사역을 통하여 성도들이 자유를 경험하는 것을 본 것은 내게 큰 도전과 비전을 심어주었고 복음의 능력과 권세에 대하여 확신하는 계기가 되었습니다.

영적 침체, 이것은 회복되어야 합니다. 우리는 그러한 침체를 넘어서 더 깊고 아름다운 곳까지 주님이 기대하는 수준까지 성장해가야 합니다.

주님께서 우리에게 약속한 삶은 실로 엄청난 삶입니다.

그것은 결코 몇 개의 개념에 대한 이해와 죽은 후에 얻는 구원에 대한 확신으로 인한 안심 정도가 아닙니다.

나는 집회를 하면서 주님의 사랑이 충만하게 부어질 때 마치 심장이 폭발한 것만 같은 기쁨으로 소리를 지르거나 흐느끼는 것을 많이 보았습니다.

만일 우리가 주님이 우리에게 부어주시기 원하시는 사랑의 아주 일부분만을 경험하게 된다하더라도 우리는 그분의 영광에 사로잡히게 될 것입니다.

더 이상 세상의 허탈한 육적인 쾌락에게 몰두하지 않게 될 것입니다.

우리의 영혼이 진정 주님께 사로잡히고 주님의 사랑과 영혼에 대한 사랑으로 충만케 되어 세상으로 나아갈 때 이 세상은 오직 그리스도의 영광으로 가득 차게 될 것입니다.
 나는 그것을 굳게 믿습니다.

12장
중보의 전쟁과 부흥에 대하여

부흥을 위하여 가장 필요한 것은 기도이며
특별히 중보를 하는 기도입니다.
중보기도에 능한 용사들이 있을 때
악한 영들의 진들은 파괴되며
부흥의 역사가 임하게 됩니다.

부흥은 중보자들의 희생과
대가의 지불을 통해서 이루어지며
십자가를 지는 이러한 중보자들을 통하여
놀라운 부흥은 임하게 될 것입니다.

집회 장소를 향하여

　최근에 나는 서울에 있는 어떤 교회의 중 고등부 여름수련회를 인도하게 되었습니다.

　그 동안 많은 집회를 인도했지만 이 수련회는 교회의 영적 회복과 영적 전쟁에서의 승리, 부흥에 대한 귀한 메시지와 원리를 제공한다고 나는 느꼈습니다. 그래서 간단히 수련회의 전모를 살펴보고 싶습니다.

　첫날 기차를 타고 수련회 장소로 가면서 나는 별로 긴장감이 많지 않았습니다. 여태껏 집회를 할 때마다 주님께서 기대 이상의 은혜를 베풀어 주셨기 때문입니다.

　나는 집회 초청을 받으면 대체로 그 때부터 많이 아프기 시작하는 경향이 있었습니다.

　내가 집회를 하기로 한 곳에 거하고 있는 영들과 영적인 전쟁을 치러야 하기 때문에 그 영들은 많은 공격들을 항상 해 왔었고 그래서 나는 며칠이나 몇 주간을 머리가 깨어지게 아프다든지, 거의 움직이지도 못하는 상황이 된다든지.. 하는 것이 보통이었습니다.

　그래서 기도함으로 그 상황을 이기게 되면 집회하는 곳에서 기쁨의 영과 주님의 기름 부으심이 강하게 임하시는 것이 보통이었습니다.

　그런데 이번의 수련회에서는 그러한 공격이 거의 없었습니다.

　그래서 나는 더욱 즐거웠습니다.

　아.. 여기는 별로 영적 전쟁이 필요 없이 수월한 집회를 하게 되나보다. 하고 생각하고 마음이 편했습니다.

평소에 나는 집회의 준비를 할 때 설교 준비를 거의 하지 않습니다.
설교를 여러 번 하게 된다고 해도 기껏해야 20-30분 정도 준비하고 간단한 메시지를 수첩에 몇 줄 메모할 뿐입니다.
그리고 집회할 때는 거의 메모를 쳐다보지도 않습니다.
대충 제목 몇 개를 준비할 뿐이며 나머지는 집회를 하면서 주님께서 주시는 메시지를 그 때 그 때 전할 뿐입니다.
그러니 집회 준비는 영의 충만을 위해서 주님의 빛을 받는 기도와 주님을 마시는 기도를 하는 정도입니다.
또한 주님의 빛을 너무 많이 받으면 영이 열리고 좋지만 대신에 몸이 어지러워서 움직일 수가 없으니 조금만 받아야 합니다.
그런데 이번에는 마귀의 방해도 없으니 아주 편안한 마음으로 놀면서 집회에 갔습니다.

기대감

이번 수련회의 기간은 2박 3일이고 나는 첫날밤과 둘째 날 밤, 2번의 집회를 하도록 되어있었습니다. 첫날의 집회는 저녁 7시부터 시작이었고 우리가 수련회 장소에 도착한 시간은 3시 정도였습니다.
우리가 도착한 지 조금 지나서 몇 명의 안면이 있는 자매들이 등장했습니다.
이 집회는 학생들을 위한 집회이고 콘도를 빌리는 숙소 문제도 있기 때문에 담당 전도사님이 외부인은 참석이 곤란하다고 했었는데 이 자매님들은 중보기도로 집회를 돕겠다고 사정을 해서 참석을 한 것 같았습니다.

 우리는 잠시 반가운 대화를 나눈 뒤 집회 장소인 세미나실로 갔습니다. 세미나실에는 이미 앰프, 마이크, 키보드, 드럼 등이 다 설치되어 있어서 우리는 약식 집회를 시작했습니다.

 한 자매가 키보드를 치면서 고정시킨 마이크로 찬양을 하고 나도 마이크를 잡고 아들 주원이는 드럼을 치고 아내와 딸 예원이, 다른 자매님들은 자리에 앉아서 같이 찬양을 드리기 시작했습니다.
 반주하는 자매의 화음은 아름다웠고 다른 자매님들도 참으로 아름다운 목소리로 주님을 노래하고 있었습니다.
 아들 주원이는 내가 목회를 할 때 우리 교회의 드럼을 맡아서 몇 년 동안 쳐본 경험이 있었습니다. 그래서인지 3년 만에 치는 드럼인데 모처럼 드럼을 치니 신이 나는지 마구 때려부수기 시작했습니다.
 우리의 찬양에 주님의 임재와 기름부으심이 강력하게 임하는 느낌이 있었습니다.

 조금 시간이 흐르자 한 자매가 갑자기 비명에 가까운 소리를 지르더니 그 자리에서 발버둥치다가 뻗었습니다.
 주님의 기름부으심을 최근에 강력하게 받아서 영이 민감해진 자매가 다시 주님의 영이 강하게 임재하니 감당을 못한 것이지요.
 아내는 축 늘어진 자매를 움직여서 잘 누울 수 있도록 이불을 깔아 주었습니다.
 나는 그 자리에 강력하게 흐르시는 주님의 영을 보면서 오늘밤에 주님께서 놀라우신 일들을 하시리라고 믿었습니다. 우리는 맛있게 식사를 한 후 기대하는 마음으로 밤 집회 시간을 기다렸습니다.

좌절

저녁 7시가 되어 집회가 시작되었고 나는 숙소가 집회 장소의 바로 옆이라 숙소에서 기도하고 있었습니다.

준비 찬양이 시작 된지 한참이 되어서 나는 숙소를 떠나 집회 장소로 들어갔습니다.

낙관적인 마음이 무너진 것은 바로 그 때였습니다.

전도사님이 기타를 치면서 뜨겁게 찬양을 하고 있었고 교사, 학생 합하여 70명 정도 되는 이들이 서서 찬양을 하고 있었습니다.

그러나 그들의 찬양을 하는 모습을 보고 나는 어처구니가 없었습니다.

진정으로 찬양에 몰두하고 있는 이들은 아주 소수에 불과했고 대부분의 학생들은 그저 마지못해 가만히 서서 입도 벌리지 않고 하품을 하거나 우두커니 서있을 뿐이었습니다.

거기에서 어떤 사모함이나 열정을 찾기는 어려웠습니다.

나는 한 숨이 나왔습니다.

어떤 집회든지 보통 처음에는 아무리 은혜를 사모한다고 해도 세상의 영들과 많이 접촉을 한 상태이기 때문에 주님의 풍성함을 경험하기는 조금 어렵습니다.

그러나 그래도 어느 정도는 주님께서 그 사모하는 정도를 따라 자유함과 풍성함을 주실 수 있습니다.

그러나 이 모임에서는 그러한 사모함을 거의 찾아볼 수 없었습니다.

나는 비로소 내가 이 집회를 준비하면서 악한 영들의 공격을 거의 받지 않았던 이유를 알게 되었습니다.

이들의 영은 너무 많이 마비가 되어 있었습니다.

그들은 영의 감각이 죽어 있어서 은혜가 임할 수 있는 상태가 아니었던 것입니다.

악한 영들은 별로 위협도 느끼지 않고 있는 것 같이 보였습니다.

나는 한숨을 쉬며 강대상에 올라갔습니다.

그리고 소개와 함께 찬양과 기도를 시작했습니다.

찬양 가운데 주님의 능력과 임재가 흐르기 시작했습니다.

그러나 그들에게 그러한 능력은 흡수되지 않았습니다.

그들은 오래 계속된 찬양과 기도에 지쳤는지 그저 빨리 끝내주기를 바라는 마음 밖에 없는 듯이 느껴졌습니다.

기도를 시켜도 기도를 하는 이들은 별로 없었습니다.

앞에 앉아있는 학생들은 처음부터 끝까지 눈을 똥그랗게 뜨고 나의 얼굴을 뚫어지게 응시하고 있었습니다.

그들은 아예 기도에는 관심이 없는 듯이 보였습니다.

약간의 유머를 던지면 그들은 휘파람까지 불면서 아수라장에 가까운 반응을 보이며 웃고 떠들어서 조용히 시키기가 어려운 반면 기도를 시키면 딴 짓을 하거나 킥킥대고 웃는 등 도무지 은혜 쪽에는 관심이 없는 듯이 보였습니다.

찬양이 계속 되자 같이 참석했던 자매들은 다시 쓰러지고 주님이 강력하게 임재하시자 전기에 감전된 것 같은 상태가 되었습니다.

그 주위의 학생들은 재미있는 구경거리가 생겼다는 듯 그 모습을 보면서 킥킥 웃어대고 손가락으로 머리를 가리키며 빙빙 돌렸습니다. 미쳤다는 것이겠지요.

찬양을 중단하고 말씀을 전하기 시작했지만 말씀을 먹을 수 있는 영은 전혀 없었습니다.

말씀을 전할 때 상대의 영들이 그것을 빨아들이면 전하는 자에게 주의 영이 계속 임하시며 계속 말씀을 쏟아 부으십니다.

그러나 청중들이 듣지 않으면 주님의 기름부으심은 즉시로 멈추게 됩니다.

물론 억지로 말씀을 증거할 수는 있겠지요.

그러나 그러한 메시지는 죽은 메시지이기 때문에 자신의 영에게도 듣는 이에게도 유익이 없습니다.

나는 성경 본문만 읽고 말씀을 중단했습니다.

이것은 정말 곤혹스러운 경험이었습니다.

내가 갔었던 집회는 항상 대부분의 사람들이 말씀을 듣기 위해서 준비하고 사모하고 기다렸던 그러한 집회들이었습니다.

그러나 이들은 거의 관심이 없었고 억지로 끌려온 인상이 강했습니다.

나는 약간의 기도와 찬양을 드린 후 집회를 예정시간보다 일찍 마쳤습니다. 너무나 탈진해서 더 계속할 힘도 없었습니다.

집회를 마치자 모든 이들이 걱정을 하고 미안해했습니다.

아내도, 아이들도 걱정을 했고 선생님들도 목사님이 너무 힘들어 보이신다고 걱정해주었습니다.

집회를 마치고 서둘러 숙소로 돌아간 나는 전도사에게도 미안했지만 너무 허무하고 비참했습니다.

십 여년 동안 집회를 인도했었고 부분적으로 힘든 적도 있었지만 이처럼 비참하게 끝나기는 처음이었습니다.

나는 의욕을 잃고 그만 서울로 도망치고 싶은 충동을 느꼈습니다.

사모하고 추구하는 이들에게는 어떻게든 도울 수가 있었지만 전혀 관심이 없는 이들에게는 주님이 오실 수가 없으셨기 때문입니다.

나는 주님을 초청하고 주님이 임하시기를 집회 내내 기도했지만 그분은 멀리 떨어져 안타까운 표정으로 바라보고 계실 뿐이었습니다.

나는 집회 후 밤새동안 머리가 깨지듯이 아프기 시작했습니다.

물론 그것은 그들에게 붙어있었던 영들의 공격으로 영적 전쟁이 이제 비로소 시작된 것이었습니다.

이대로 집회가 끝나버린다면 내가 창피한 것은 둘째치고 저들의 영혼이 어떻게 될 것인가, 주님의 마음은 어떨 것인가.. 생각하면서 나는 밤새 슬픔과 고통으로 잠을 이룰 수 없었습니다.

몸은 누워있었지만 마음은 밤새도록 깨어서 고통의 전쟁을 치르면서 나는 주님께 어떻게 해야 되느냐고 간절하게 도움을 요청하였습니다.

주님은 나의 방심했던 마음을 뉘우치도록 요구하셨습니다.

그리고 몇 가지의 방법을 제시해 주셨습니다.

나는 하루를 금식하기로 작정했습니다.

사실 그것은 금식이 아니었습니다.

그들의 비참한 영적 상태가 마음에 너무 걸려서 나는 밥을 먹을 수 있는 상태가 아니었습니다.

근심과 고통으로 내 마음이 가득해서 전혀 음식을 생각할 여유가 없었기 때문입니다.

중보의 시작

다음날 아침 걱정스런 모습으로 같이 동행했던 자매들이 우리의 숙소로 찾아오자 나는 전도사님들과 선생님들의 모임을 주선해달라고 부탁했습니다.

지금 이 상황에서는 흑암의 권세를 깨뜨리는 기도를 드리지 않으면 오늘 밤 집회도 똑같이 끝날 것은 너무나 뻔한 일이었습니다.

선생님들과의 모임은 집회 예정에는 없었지만 오후 4시에 가지기로 하였습니다.

아이들과 아내는 식사하러 가고 주변을 산책도 하면서 나가 있었고 나는 혼자 남아서 기도의 씨름을 하면서 보냈습니다.

그것은 기도라기 보다는 고통의 토해냄이었습니다.

나는 경험을 통해서 이런 때는 중보의 사역이 필요하며 중보라는 것은 고통의 토함인 것을 알고 있었습니다.

중보자가 고통의 피를 흘리면 중보의 대상들은 어둠의 세력에서 벗어나게 됩니다.

나는 하루종일 신음을 하면서 영혼의 고통들을 주님께 토해냈습니다.

4시가 되어 전도사님들과 선생님들이 다같이 모였습니다.
다 모이니 10명 정도가 되었습니다.
　그들은 상황의 심각성을 알고 있었습니다.
　그들은 나의 집회에서 주님의 풍성함들이 부분적으로 임한 것을 알고 있었습니다.
　그들은 이번에 처음으로 실패하는 집회가 될 수도 있겠다는 이야기를 했습니다.
　또한 아이들을 다루기가 너무 힘들어서 여러 선생님들이 그만 두었다는 이야기도 했습니다.

　나는 얼마 전에 중고등부 학생들을 대상으로 말씀을 전했는데 그들은 모두 말씀도 잘 받아들이고 기도도 열심히 했습니다.
　그러나 그들은 대부분 초신자에 가까운 이들이었고 대부분 불교권에 있던 아이들이었습니다. 그들은 복음을 접한 지 얼마 되지 않았기에 복음에 대한 신선한 감동과 충격이 있었습니다.

　그러나 이 교회의 아이들은 대부분 모태신앙들이었고 말씀의 양육을 많이 받았고 그래서 복음의 진리에 익숙해 있었습니다.
　성령의 권능에 사로잡히지 않은 교육은 하나의 신앙적인 매너리즘에 빠질 수밖에 없음을 잘 보여주는 것이지요.

　사실 이들의 상태는 특별히 나쁜 것은 아니었습니다.

사실 이 시대의 신세대들, 컴퓨터 게임과 TV에 중독되어 있는 세대들의 보편적인 상태였던 것입니다.

이러한 시대에 살고 있는 아이들이 주님께 대하여 목마르지 않고 은혜에 굶주리지 않는 것은 어쩌면 당연한 일이었겠지요.

나는 선생님들과 같이 잠시 기도와 찬양을 드린 후 그들에게 영의 세계와 영적 전쟁에 대하여 조금 이야기한 후 중보를 부탁하며 대충 다음과 같은 이야기를 나누었습니다.

1) 모든 풍성함의 열매는 주의 영으로부터 온다. 사람은 아무리 애써도 그런 열매를 맺을 수 없다. 그러므로 그 영이 오시게 해야 한다.

2) 주님은 영이시다. 영계는 애정으로 구성되어 있어서 그 애정이 서로 끌어당기게 된다.
그러므로 주의 영을 경험하기 위해서는 사모함이 있어야 한다. 그 분량만큼 주의 영이 오신다.

3) 그런데 이 집회에서 사모하는 기운을 거의 찾을 수가 없다.
그래서 주님이 임하시기 위해서 애쓰시지만 오시지 못하시고 슬퍼하시며 바라보고 있을 뿐이다.

4) 왜 이들은 주님이 오실 수 없는가?
영이 마비된 상태이며 사모함이 없다.
왜 영이 마비되어 있는가?

그것은 흑암의 영에게 눌려 있고 사로잡혀 있기 때문이다.

5) 사람들은 어둠에게 눌려있다고 하면 고통을 겪거나 슬프거나 살기 싫다거나.. 하는 상태를 생각한다.
그러나 천만의 말씀이다.
흑암의 영에게 눌리고 사로잡히면 영의 감각이 죽는다.
오히려 세상사는 것이 행복하고 재미있는 상태이다.
마냥 사는 게 재밌고 즐겁다. 고민이 없다.
그것이 마귀에게 잡힌 상태이다.

6) 괴롭고 죽고 싶은 것은 어둠에 눌린 것이 아니라 오히려 빛이 어둠에 비치고 있는 상태이다.
거기에는 주님의 임하심과 위로가 가깝다.
그런데 이들은 지금 고민이 없다.
주님이 별로 필요하지 않다.
우리의 시대는 청소년들이 기성세대와 세상에게 많이 눌려있었다.
그러나 이들은 지금 왕의 위치에 있다.
그러므로 이들은 지금 감각이 살아나기 위해서는 그들을 뒤덮고 있는 어둠의 영들이 박살이 나야한다.

7) 정상적인 사람은 주님을 사모하며 미치게 추구하는 것이 당연하다.
그런데 왜 사람들은 주님을 사랑하지 않으며 세상의 허무한 것들에게 빠져있는가?

영성의 원리 (1) 225

그것은 사탄의 세력이 그들을 지배하고 있기 때문이다.

그러므로 악한 영들의 진지가 무너지게 되면 반드시 주님께 대한 사모함이 회복되게 되어 있다.

그것은 당연한 현상이다.

8) 조금만 이야기해도 마음이 통하는 사람이 있다.

그것은 서로가 소속되어 있는 영계가 가깝고 비슷하기 때문이다.

그러나 어떤 이들하고는 도무지 대화가 안 된다.

말이 안 통한다.

그것은 왜인가?

서로 소속되어 있는 영계가 다르기 때문이다.

한 쪽은 높은 영계에 있고 다른 쪽은 낮은 영계에 있다.

그러면 어떻게 하면 그 통하지 않는 두 쪽이 통할 수 있는가? 그것이 바로 중보이다.

9) 중보의 핵심은 바로 주님의 사역을 통해서 잘 알 수 있다.

그분이 하늘 영광을 버리고 이 땅에 오셔서 우리를 위하여 고통의 대가를 지불하셨다.

그것이 곧 중보이다.

그러므로 중보기도란 그저 상대를 위하여 기도를 하는 것이 아니다.

상대를 위하여 피를 흘리는 것이다.

대가를 지불하는 것이다.

상대를 위하여 죽는 것이다.

그렇게 상대를 위하여 고통을 겪는 것만큼 상대방은 흑암에서 벗어나게 된다.

 쉽게 불신자와 결혼하는 사람들이 있다.
 그들은 상대가 쉽게 신앙을 가질 것으로 생각한다.
 그러나 그 어떤 누구도 피의 대가를 지불하지 않고는 진정으로 주를 만날 수 없으며 마귀로부터 벗어나지 못한다.
 오직 피만이 마귀의 압제로부터 자유롭게 한다.
 애굽의 바로 왕으로부터 해방된 것은 어린 양의 피뿐이었다.
 그 어떤 권능으로도 아홉 가지의 재앙으로도 바로를 굴복시킬 수 없었으며 오직 피로만 그들을 이기고 그들에게서 벗어날 수 있었다.
 그러므로 주님께서는 자신이 십자가를 지셨을 뿐만 아니라 우리에게도 그러한 십자가를 요구하시는 것이다.

 저 학생들을 자유롭게 하고 싶은가?
 그저 안타까워하는 정도로는 안 된다.
 저들을 위해서 죽을 수 있는가?
 저들의 상태를 보고 밥도 먹을 수 없고 잠도 잘 수 없고 너무 고통이 심해서 아무 것도 할 수 없는 상태가 되어 보았는가?
 그래서 주님 앞에서 그렇게 괴로워하며 그러한 고통을 주님께 드려보았는가?
 그것이 중보다. 그러한 고통의 지불이 없이는 결코 마귀는 물러가지 않는다.

 대강 그러한 이야기들을 했고 선생님들은 도전을 받았습니다.

나는 마지막으로 부탁을 했습니다.

선생님들과 은혜를 사모하는 이들은 순서대로 앞으로 앉힐 것, 그리고 전혀 관심이 없는 이들은 뒤에 앉힐 것.. 그것이 집회의 영의 흐름과 어떤 관련이 있는지도 소상하게 이야기하며 거듭 부탁했습니다.

이어서 우리는 기도를 했습니다.

나는 부르짖는 기도에 대하여 가르치고 또한 마귀의 진을 초토화시키는 기도에 대하여 나누고 같이 기도했습니다.

우리가 모인 방에는 곧 이어 울부짖음과 고함소리, 부르짖는 소리로 가득하게 되었습니다.

나중에 예원이의 이야기를 들으니 그 소리에 놀라서 많은 학생들이 그 방 주변에 모여서 방문 틈 사이로 무슨 일이 일어나고 있는지 엿보고 있었다고 합니다.

잠시 모임을 가지려고 했던 것이 2시간 반이 넘었습니다.

다소 후련하기는 했지만 나는 탈진해서 숙소로 돌아왔습니다.

집회 시간은 가까워 졌는데 나는 기운이 없어서 이제는 입을 열 힘도 없었습니다.

주의 임하심

집회는 시작되었고 나는 숙소에서 누워서 계속 충전을 하고 있었습니다.

좀 깊은 체험을 주고 싶었다면 뇌에 빛을 받아야겠지만 지금은 그러한 상황이 아니니 심장에 주님의 따스한 사랑의 기운을 계속 충전시키고 있었습니다.

그런데 집회가 시작되어 집회 장소에서 찬양 소리가 들려오고 있었을 때 나는 아주 놀랐습니다.

그리고 우리가 승리했음을 느꼈습니다.

좀 떨어져서 듣는 찬양의 소리이긴 했지만 어제의 찬양과 그 느낌과 분위기, 흐름이 전혀 달랐던 것입니다.

나는 사탄의 진이 무너진 것을 알 수 있었습니다.

나는 시간이 되어 강단에 섰습니다.
어떻게 하루 만에 이렇게 변화될 수가 있을까요...
집회의 분위기는 정말 너무 달랐습니다.
나는 주님의 임재하심을 몸으로 느꼈습니다.
나는 잠시 찬양을 인도했습니다.
벌써 그 찬양의 흐름에 모든 이들이 빨려 들어오고 있었습니다.

의자에 앉아서 조용히 찬양을 인도하고 있는데 주님께서 세 사람을 지적하시며 그들을 앞으로 불러서 예언을 하라고 하셨습니다.

나는 주님의 말씀을 따라 전도사님 한 분, 선생님 한 분, 학생 한 사람을 불러 세웠습니다.

잘 기억이 나지는 않지만 주님께서 대강 이러한 말씀들을 주셨습니다.

"내가 너의 기도와 눈물을 보았다. 그리고 네 마음의 소원을 이루게

하겠으며 나의 기름부음과 능력이 네게 임할 것이다.

　네가 혼자 있었던, 혼자라고 생각했던 시간에 내가 너와 함께 있었다.

　이제 내가 너의 두려움들을 치유할 것이다... 예전에 알지 못하던 세계를 내가 너에게 보여줄 것이다.

　그리고 나의 통로로 네가 쓰여지게 될 것이다..."

　예언을 받는 이들은 계속 눈물을 흘렸으며 그들의 눈물은 곧 바로 전체에게 확산되는 것 같았습니다.

　전체에게 방언을 할 줄 아는 사람이 있느냐고 묻자 선생님 한 분이 손을 들었습니다.

　나는 그가 방언기도를 하도록 시키고 그것을 통역하였습니다.

　그가 눈물로 기도하는 내용은 주님을 사랑하며 더욱 주님께 사로잡히고 채워지기를 애절하게 구하는 내용이었습니다. 간절히 주님을 갈망하며 임재하시고 역사하시기를 간구하고 있었습니다.

　내가 그것을 통역하고 있었을 즈음에는 자동적으로 모든 이들이 통성으로 기도하고 있었으며 여기 저기 울부짖음과 흐느낌으로 가득 찼습니다.

　그것은 참으로 아름답고 감동적인 절규였습니다.

　사탄의 진이 무너지자 자연스럽게 모든 이들에게 주님께 대한 열망이 일어났던 것이었습니다.

　그것은 거의 절대적으로 집회의 직전에 원수의 진을 초토화시키며 기도와 선포의 폭탄을 던진 선생님들과 전도사님들의 중보기도 전쟁에 기인한 것 같았습니다.

뜨겁고 감동적인 분위기를 그냥 중단시키기가 아쉬웠지만 어제 메시지를 전혀 전하지 못했기 때문에 오늘은 조금 전하고 싶었습니다.

모든 능력과 권세, 승리, 미래는 사람의 열심에 있지 않고 주님의 만지심에 있으며 승리의 삶을 위해서는 주님의 임재와 터치가 필요함을 역설하였습니다.

메시지를 듣는 자세도 아주 진지해져서 모두가 웃음도 간간이 터뜨리며 열심히 말씀을 들었습니다.

메시지를 마친 후 방언을 받게 해주려고 모두가 일어서서 기도를 하게 했습니다.

물론 방언은 기초입니다.

그러나 일단 이 기초를 통과해야 나중에 다른 부분도 가르칠 수 있을 것입니다.

영적 전쟁, 부흥의 비결, 중보의 원리, 하나님의 왕국.. 등 중요한 부분을 가르치려면 일단 하나님의 임재와 기름부으심의 능력을 접촉해야 하는 데 그런 의미에서 방언은 기본적인 것입니다.

앞줄에서부터 안수하며 방언을 터트려주고 통역을 해주었습니다.

끝까지 입을 벌리지 않고 기도하지 않은 이들도 있었고 이들은 어쩔 수 없었습니다.

그러나 대부분의 학생들은 거의 눈물 범벅이 되어 기도하고 있었습니다.

어제 쓰러지고 진동했던 자매들을 보면서 손가락으로 머리를 가리키며 돌았다고 빙빙 돌리던 학생은 벽을 붙잡고 머리를 찧으며 온 몸을 흔들면서 기도하고 있었습니다.

아마 어제 자기의 모습을 보았다면 역시 돌았다고 웃었겠지요...

뒤쪽에서 기도도 않고 그냥 서 있는 학생을 그냥 지나가기도 뭐해서 잠시 기도해 주었는데 예원이 말로는 아빠가 오기 전까지 계속 장난만 치고 있다가 아빠가 기도해주고 가고 나니 갑자기 울고불고 하면서 기도를 하더라고 말하기도 했습니다.

시간이 많이 흘러서 기도를 대충 마치고 은혜의 물결 속에서 교제의 찬양과 축복의 포옹을 나누었습니다.

역시 포옹에서도 서로 껴안은 채로 울면서 떨어지지 않는 이들이 많았습니다.

너무 격렬하게 껴안다가 같이 쓰러진 이들도 있어서 웃음을 자아내기도 했습니다.

시간이 12시 반이 넘어서 우리는 집회를 마쳤습니다.

나의 집회에 항상 그러하듯이 모두가 돌아가면서 포옹과 축복을 하면서 모임을 마쳤지요...

숙소로 돌아오니 갑자기 시장기가 느껴졌습니다.

그래서 집사님들이 가져다 준 수박과 자두, 삶은 감자를 맛있게 먹을 수 있었습니다.

자매들도 같이 숙소로 와서 신이 나서 이야기꽃을 피웠습니다.

한 자매는 계속 성령님께 사로잡혀 있는 상태라 거의 일어나지도 못하고 고꾸라져 있었지만 누운 상태로 계속 웃음을 터뜨렸습니다.

마지막 날은 침례식이 있다고 했습니다.

나의 시간은 이제 더 없어서 우리는 아침을 맛있게 먹고 아쉬운 작별을 하고 기차역으로 향했습니다.

부흥을 위한 열망

집회를 하면서 새삼 다시 느낀 것은 중보기도를 통하여 사탄의 진을 부수는 것과 대가를 지불하는 것에 대한 인식이었습니다.

사람들은 성령님의 역사와 권능이 충만하면 문제가 다 해결되는 줄 압니다.

그러나 이 쪽에서 아무리 권능이 흘러가도 상대방 속의 사탄의 진이 무너지지 않으면 그 능력이 그들의 속까지 침투할 수 없다는 사실이 다시 한 번 명백해졌습니다.

기대한 것만큼은 아니지만 어느 정도 주님의 긍휼로 집회를 마친 지금 나는 다소의 갈등을 가지고 있습니다.

그것은 대부분 수련회의 열기와 감동이 기껏 2-3개월이면 사라져 버린다는 것입니다.

물론 그것도 없는 것보다는 낫겠지요.

그들은 많은 세월이 지나가도 예전에 자신에게 임하셨던 주님의 사랑과 임재를 기억하게 될 것입니다.

그러나 나는 그것들이 일상의 집회에서도 계속 유지되기를 원합니다.

만약 그들이 받은 은혜에서 멈추지 않고 자신을 주님께 희생의 제물로 드리기를 원하는 사람들로 구성된 강력한 중보기도팀을 만들고 유지할 수 있다면 그들은 부흥의 역사를 계속할 수 있을 것입니다.

그들의 기도는 원수의 진들을 깨뜨리고 가정을 변화시키고 학교를 변화시키며 주변에 주님을 사랑하고 추구하는 은혜의 물결을 일으키기 시작할 것입니다.

방언과 하나님의 임재는 아주 기초입니다.

그러나 진정한 부흥은 그러한 기초적인 하나님의 임재의 흐름을 경험한 성도들이 함께 모여서 강력한 외침과 부르짖는 기도, 지속적인 중보기도 사역을 통하여 악한 영들의 진들을 파괴함으로서 이루어질 수 있는 것입니다.

나는 헌신된 10명 정도의 그리스도인들만 있으면 그러한 권능의 역사를 유지할 뿐 아니라 놀라운 부흥의 역사를 이루는 것도 충분히 가능하다고 생각합니다.

우리의 목표는 그저 단순히 기도할 때 엑스타시를 경험하고 여러 현상을 경험해서 기분이 좋아지는 그러한 것이 아닙니다.

그것은 하나의 부산물에 불과 하며 중요한 것은 그러한 하나님의 임재를 통하여 사탄의 진이 무너지고 사람들이 결신하고 주님께 헌신하게 되며 주님의 왕국이 이 땅에 임하게 된다는 것입니다.

나는 소수의 사람들이 주님의 권능에 사로잡혀 중보를 통하여 원수의 진을 무너뜨리게 된다면 그 효과가 엄청날 것을 믿습니다.

최근에 한국 교회는 마이너스 성장을 하고 있으며 성장하는 교회라고 하더라도 거의 교인들 간의 수평이동일 뿐입니다.

교회는 거의 전도의 열매를 맺지 못하고 있으며 여러 가지 프로그램을 개발해서 다른 교회의 성도를 끌어들이고 그것을 부흥이라고 생각합니다.

그리고 우리가 더 깊다. 성숙하다, 우리 교회, 우리 목사님이 최고다...
그렇게 믿는 성도만을 양산해냅니다.
이 얼마나 안타까운 일인지요!

오늘날 자신의 영적 성장에만 관심을 기울이는 이들은 사역에 대하여 거의 관심이 없으며 이 세대에 가득한 흑암의 진들을 분별하거나 깨뜨리는 데에도 별로 관심이 없습니다.

그들은 그저 자신이 깊어지기를 원하며 일상의 사소한 일이나 가정사에 관심을 가질 뿐 주님의 지상명령이나 그 나라의 임하심에 대하여도 그다지 갈망을 가지고 있지 않습니다.

그러나 성장과 사역은 균형과 조화의 문제이며 어느 쪽이 더 중요하고 옳으냐의 문제는 아닌 것입니다.

부흥회나 집회를 통한 주님의 임재의 경험은 그 시작일 뿐입니다.
성도들이 주님의 권능에 눈을 뜨고 이 땅에 존재하는 빛과 어두움의 영적 전쟁을 인식하고 그 중보의 용사들이 되어서 원수의 진지들을 초토화시키기 시작한다면 이 땅에는 놀라운 일들이 생겨나게 될 것입니다.

교회는 곧 수많은 성도들로 가득 차게 되고 그 교회는 효율적인 사역을 위하여 다시 여러 개로 나뉠 수 있을 것입니다.

권능의 물결이 지역을 압도하게 될 때 술집은 문을 닫게 될 것입니다.

나이트 클럽도, 악한 영화를 상영하는 극장들도 문을 닫게 될 것입니다.

선정적인 프로그램을 방영하는 TV도 문을 닫게 될 것입니다.

교회에는 기도하기 위하여 몰려드는 사람들로 가득 차게 될 것이며 예배가 시작되기 여러 시간 전부터 사람들은 몰려오기 시작할 것입니다.

이것이 불가능한 이야기일까요?

만약 주님이 사탄보다 약한 분이시면 그것은 불가능할 것입니다.

그러나 주님의 영은 사탄의 영보다 강하십니다.

그러므로 우리 모두가 그분의 영에 사로잡히고 영적 전쟁을 위하여 부름을 받고 전신 갑주를 입고 전쟁을 수행할 때 그것은 결코 불가능한 일은 아닐 것입니다.

지금은 부흥의 시대이며 주님은 강력하게 임재하시기 위해서 기다리고 계십니다.

우리는 모두가 그 영광스러운 부흥의 불길을 경험하게 될 것입니다.

역사에, 18세기 19세기에 그러한 부흥의 순간들이 있었습니다.

강력한 하나님의 권능의 흘러나옴에 모든 사람들이 사로잡혀 온 마을이 변화되고 집회는 끝없이 계속되고 온 마을의 술집이 문을 닫는, 지역사회 전체가 하나님의 권능에 사로잡혔던 그러한 권능의 부흥의 시대가 있었습니다.

나는 지금 한국 교회에 그러한 부흥의 시기가 임박해있다고 믿습니다.
  우리는 모두 주님의 영광과 거룩한 하나님의 나라가 이 땅에 임하도록 기도해야 합니다.
  같이 힘을 합쳐 모든 지역 교회에 주님의 부흥이 일어나도록 기도해야 합니다.
  각 교회들마다 중보와 기도의 기름부으심이 강하게 일어나도록 기도해야 합니다.

  주님은 살아 계시니, 우리가 기도의 씨름을 시작할 때
  그분은 반드시 그분의 강력하고 놀라우신 교회를 이루실 것입니다.
  그리고 강림하실 것입니다.
  그리고 우리는 온 세상이 주님의 영광에 사로잡힌 영광스러운 부흥의 모습을 눈으로 목도하게 될 것입니다.

  오, 주님, 할렐루야!
  왕 되신 주님께
  찬양 받으시기에 합당하신 주님께
  모든 영광과 존귀를 올려 드리십시다.
  할렐루야!

  (이 학생들은 수련회가 끝난 이후에도 열정적인 전도사님과 학생부 임원들의 인도와 수고 속에서 밤마다 몇 십명씩이 모여서 몇 시간씩 뜨겁게 기도하고 있습니다.

몇 달째 그 기도의 열기는 계속 되고 있으며 학생들의 모이는 숫자는 계속하여 늘어가고 있습니다.

그들의 부흥을 위한 간절한 기도는 부분적으로 응답이 이루어져가고 있으며 더 많은 응답과 역사가 이루어지게 될 것입니다.)

13장
중보의 고통과 부흥에 대하여

열매는 안식과 관련이 있으며
부흥은 피와 관련이 있습니다.
우리가 부흥을 원한다면
이 땅에 주님의 임하심과
은혜의 회복, 그 영광의 회복을 원한다면
우리는 고통을 싫어해서는 안됩니다.

중보의 고통은
높고 편안한 위치에서
그 안이함을 버리고
낮은 곳으로 내려오는 것이며
낮은 곳에 있는 영혼을 이끌고
빛의 세계로 이끌고 가는 것입니다.
그리고 그 고통의 분량만큼
중보의 대상들은
자유의 세계로 가게 되는 것입니다.

안식과 열매에 대하여

 최근에 저는 서울 은평구의 한 교회에서 4일간 집회를 했었습니다.
 그 주제는 영의 표현과 흘러나옴, 그리고 이 땅에 참된 부흥이 오기 위한 중보와 대가의 지불에 대한 것이었습니다.

 영의 성장은 안식의 경험과 관련이 있습니다.
 또한 영의 부흥은 피와 관련이 있습니다.
 우리는 안식과 연합을 통하여 주님의 열매를 맺어야 합니다.
 그러나 또한 부흥을 위하여 중보하고 고통의 대가를 지불함으로써 원수의 진을 깨뜨리고 부흥이 이 땅에 이르도록 자신을 제물로 드려야 합니다.

 다말은 아기를 낳을 수가 없자 궤계를 써서 그녀의 시아버지인 유다와 관계를 맺었습니다. 그리고 아기를 낳게 되었습니다.
 그러면 유다는 그녀의 아버지인가요? 남편인가요?
 그 해답은 간단합니다.
 즉 유다는 그녀의 아버지면서 동시에 남편이 된 것입니다.
 이것은 하나의 예표를 보여주는 것입니다.
 즉 우리에게 하나님은 아버지이십니다.
 그러나 또한 예수 그리스도와의 연합을 통하여 남편이 되는 것입니다.

 처음에 우리는 영이 어렸을 때

아버지의 임재와 안아주심을 많이 경험합니다.

그분은 우리를 안아 주시면서 그저 사랑한다, 아가야.. 하고 말씀하십니다.

그러나 그분의 임재 속에서 계속 우리는 자라가며 우리는 성장할수록 점점 주님을 애인으로, 남편으로 인식하게 되며 결국 그분과의 연합을 사모하고 추구하게 되는 것입니다.

그리하여 스스로 아무리 애를 써도 아기를 낳을 수 없는 여인이 그 연합을 통하여 아기를 낳게 되었듯이 우리도 주님과의 연합의 정도만큼 열매를 맺으며 원수를 사랑하고 죽음과 같은 환경 속에서 기뻐할 수 있는 것입니다.

타고난 사랑, 자기의 성향에서 이루어지는 기질적인 사랑에는 아담의 악취가 있으며 주님은 그것을 사랑으로 인정하지 않으십니다.

누구나 자기의 이상형이 있으며 같은 자식이라도 눈에 예쁜 자가 있습니다. 그러나 그것은 고양이가 쥐를 좋아하듯이 하나의 성향일 뿐입니다.

주님으로 인하여 나오는 사랑은 우리의 기질로는 죽어도 사랑할 수 없는 사랑인 것입니다.

우리는 우리의 기호와 취향에 맞지 않는 사람을 사랑하게 됩니다. 아니, 우리에게 많은 해를 끼친 사람들도 사랑할 수 있게 되며 원수를 축복할 수 있게 됩니다. 그것이 바로 주님의 열매이며 안식과 연합의 분량 만큼만 우리가 누릴 수 있는 것입니다.

부흥과 대가 지불에 대하여

 부흥은 이것과 조금 다릅니다. 그것은 안식보다 피와 관련이 있습니다.

 왜 이 땅에 부흥이 없으며 사람들은 주님께 대하여 미친 듯이 열망하는 사모함이 부족할까요? 그것은 그들의 영혼이 병들었기 때문입니다.

 그것은 악한 영들이 그들의 마음을 사로잡고 있기 때문입니다.

 정상적인 인간은 주님을 사랑하지 않고 추구하지 않으면 도무지 살아갈 수가 없으며 그렇지 않은 사람은 이미 악한 영들이 그의 영혼을 사로잡고 있는 것입니다.

 그러므로 부흥을 통하여 성령이 임하시고 악한 영들이 쫓겨나면 그들의 심령은 주님께 대한 그리움으로 가득 차게 되며 오직 그분께 자신을 드리고 그분을 위하여 죽게 되기를 눈물로 애원하게 되는 것입니다.

 악한 영들은 오직 피를 두려워합니다.

 바로는 아홉 가지 하나님의 권능을 통하여 충격을 받았습니다.

 애굽 사람들이 섬기고 있던 태양신, 나일강의 신, 개구리의 신.. 등은 모두 다 박살이 났습니다.

 태양은 빛을 잃고 어두워졌고 생명과 풍요의 근원인 줄 알았던 나일강은 핏물이 되었으며 그들이 섬기던 개구리의 신도 무력하고 더러우며 아무 것도 아닌 것을 그들은 알게 되었습니다.

 그러나 바로가 치명적으로 깨어지고 패배한 것은 마지막 재앙, 어린 양의 피에 대한 것이었습니다.

 거기서 바로는 의욕을 상실하고 완전히 깨어지고 말았습니다.

사탄의 박멸, 완전한 무너짐은 이처럼 피와 관련이 있으며 그러므로 주님의 십자가 앞에서 그들은 소멸되고 마는 것입니다.

사탄이 사람들을 소유하고 있는 것은 사람들이 범죄하고 그들에게 순종하여 그들이 권리를 가지고 있기 때문입니다.

그러므로 무조건 그들을 대적한다고 그들이 권리를 포기하고 도망가지는 않습니다.

그러나 누군가가 대신하여 피와 죽음의 대가를 지불한다면 그들은 더 이상 버틸 수가 없는 것입니다.

그것이 십자가이며 주님의 보혈이 원수를 깨뜨리는 이유입니다.

그러나 대가의 지불은 주님의 피로써 끝나는 것이 아닙니다.

주님은 우리에게 각자가 자기 십자가를 지어야 한다고 말씀하셨습니다.

애굽의 열 번 째 재앙, 어린 양의 피가 그분의 십자가를 의미한다면 광야에서의 고난은 우리가 지는 자기 십자가를 의미하는 것입니다.

그리고 주님의 십자가와 우리의 십자가가 하나로 연합할 때 그것이 가나안에서의 승리와 열매를 보장해주는 것입니다.

두 사람이 하나가 되려면 어떻게 해야 할까요?

이런 방법이 있습니다.

한 사람을 절구에 넣고 찧습니다.

그래서 박살을 냅니다.

또 다른 사람을 절구에 넣고 찧어서 가루를 만듭니다.

그리고 두 가루를 하나의 절구에 넣고 연합시키는 것입니다.

이것은 우리와 주님과의 연합을 보여줍니다.

주님의 십자가는 주님을 절구에 넣고 찧은 것이며
우리가 지는 십자가는 우리를 절구에 넣고 찧은 것입니다.
그리하여 서로 가루가 되었을 때 하나의 그릇에 옮겨져서
우리는 온전히 연합하게 되는 것입니다.
주님의 십자가는 주님의 죽음의 장소이지만 동시에 우리의 죽음의 장소이기도 합니다.
그리스도인들은 다 모두 자기의 정과 욕심을 십자가에 못박아야 하는 것입니다.

부흥을 위하여 악한 세력들을 깨뜨리기 위하여
우리는 피의 대가를 지불해야 합니다.
주님의 피는 우주적인 사탄의 세력을 멸망시켰고
우리의 피는 그 졸개들을 쫓아내고
구체적인 적용이 이루어지게 합니다.
믿지 않는 이들이 악한 영들에게서 벗어나기 위해서는
누군가가 그를 위하여 대가를 지불해야 합니다.
그리하여 불신 남편이 악한 영들로부터 벗어나게 하려고
주님께서는 신실한 아내가 각종 고통을 경험하게 하시는 것입니다.
그녀가 그것을 감사함으로 받으며 대가를 지불한다면
남편은 곧 어둠의 영으로부터 벗어나게 되는 것입니다.

왜 그리 많은 비그리스도인들이 흑암의 세력에서 벗어나지 못하고 있을까요?
그것은 대가를 지불하는 그리스도인들이 너무나 적기 때문입니다.

부흥은 피를 요구하는데 사람들은 희생을 싫어하며
조금만 고난을 겪어도 낙심하고
한숨을 쉬고 도망하기를 원하며
자신을 너무나 불쌍하게 생각합니다.
그러한 자기 사랑, 자기 연민이
사탄의 왕국을 굳건하게 세우는 것입니다.

이러한 메시지가 이번 집회에서 다루어진 것이었습니다.
성도들은 도전을 받았고
모두가 부흥을 위하여 자신의 피를 바치고자 결단하게 되었습니다.
첫날은 차분하게 진행되었습니다.
그러나 둘째 날에 한 자매님이 견디지를 못하고 주님의 영에 사로잡혀 춤을 추더니 주님의 영에 사로잡혀 쓰러져서 일어나지 못했습니다.
셋째 날에는 많은 이들이 주님의 영광에 사로잡혔고 여기 저기 쓰러져 통곡하는 이들로 가득하게 되었습니다.

셋째 날, 집회 중에 갑자기 주님의 거룩하심이 임했습니다.
그 영광과 거룩하심은 말로 표현하기가 어려웠습니다.
나는 얼어붙어서 입을 벌리기가 어려웠고
전체의 회중에는 죽음과 같은 정적이 흘렀습니다.
그 정적은 거룩한 정적이었습니다.
우리는 모두가 그 분께 경배를 드렸습니다.
누군가는 엎드리고, 어떤 이는 일어나서 두 손을 들고
어떤 이들은 무릎을 꿇고 그분의 영광을 바라보았습니다.

우리는 거의 몸을 움직일 수 없었습니다.

넷째 날, 마지막 날의 집회에는 주님의 권능이 폭풍처럼, 폭격처럼 임하셨습니다. 그리고 그 폭격에 맞은 이들은 문자 그대로 아수라장이 되어 버렸습니다.

여기 저기서 고꾸라지고 쓰러지고 눈물과 통곡, 비명 소리로 가득했습니다.

몸부림치며 강력하게 떼굴떼굴 구르는 이들, 격렬한 진동에 사로잡혀 주체할 수 없는 이들.. 그것은 아수라장이었지만 눈물과 희열 속의 거룩하고 행복한 아수라장이었습니다.

아내는 쓰러지고 구르는 이들이 다치지 않도록 막아주고 쓰러진 이들을 방으로 옮기느라고 정신이 없었습니다.

어떤 자매는 거의 7시간 가까이 격렬한 몸의 진동 속에 사로잡혀 있었습니다.

직접 기도해주거나 안수하는 일이 없이 주님이 직접 하시는 일이라 나는 그러한 것을 유도하고 싶지도 않았고 절제시키고 싶지도 않았습니다.

그저 주님이 하시는 일들을 바라볼 뿐이었습니다.

7시간이 가까운 집회에서 사람들은 자신을 주께 드리고 사랑하는 영혼들을 위하여, 부흥을 위하여 자신을 제물로 드리며 몸된 교회의 부흥과 영혼들의 구원을 위하여 대가를 지불할 것을 통곡과 눈물 속에서 주님께 고백하였습니다.

나는 분명히 믿습니다.

부흥은 천만명의 성도를 통하여 오는 것이 아닙니다.
주님께 대한 사모함과 열망과 뜨거움은
많은 숫자를 통하여 오는 것이 아닙니다.
소수를 통하여 옵니다.
소수의 헌신된 무리,
자신을 주께 드리고
부흥을 위하여 영혼들을 위하여
피와 고통의 대가를 지불하는
소수의 무리들을 통하여 온다는 것을 나는 믿습니다.
한국 교회의 부흥은 순교자들의 피에 기초한 것이며
앞으로의 부흥도
그러한 대가를 지불한 중보자를 통하여
이루어지게 될 것입니다.

나는 이 땅에 영광스러운 부흥이 일어날 것을 믿습니다.
그리고 바라봅니다.
모든 교회에서 성령의 바람이 일어나고
모든 예배에 감격과 권능의 물결이 일어나고
원수가 패배하여 쫓겨나고
사람들의 영혼 속에 놀라운 그리움과 사모함이 회복되는
그러한 부흥이 올 것을 믿습니다.
고통의 대가를 지불하는 중보자의 피를 통해서 말입니다.

제가 운영하고 있는 홈페이지에 실렸던 이번 집회에 참석한 자매의 간증을 실으며 중보의 고통에 대한 저의 언급과 조언을 참고삼아 실어 보았습니다.

집회를 마치고   -정윤경-

주님.. 주님.. 주님..
지금 이 순간도.., 흘러내리는 눈물을 멈출 수가 없습니다..
우리에게 고통을 나눠주기를 원하시는 주님.. 그런 영혼을 찾고 계신 주님.. 그런 주님께 하염없이 죄송할 뿐입니다.
그저 하염없이 눈물 흘릴 수밖에 없습니다.
어찌 그 고통들을 감당하시며 우리들을 그토록 사랑하시는지요..

주님.. 주님.. 주님..
끝없는 영원한 사랑의 주님이시여..
오직, 당신만을 사랑합니다. 오직, 당신만을 사랑합니다..
처음 주님께서 제게 임하셨을 때가 생각이 납니다..
전 항상 교회만 가면, 쓰러지고, 몸이 굳어지고, 울고, 웃으며, 주님께서 주시는 영적인 현상들을 많이 체험했었습니다.
전 항상, 주님께 차고 넘치는 기쁨을 받았지요.. 전 그 기쁨을 주체할 수 없어서, 항상 춤을 추며, 그분을 찬미했습니다.

처음, 보좌에 계신 하나님과 주님을 뵈었을 때가 생각납니다..
너무나도 크신 분이기에 전 움직일 수가 없었습니다.
엎어져 경배자세로 그대로 엎드려 있었습니다.
그런 저를 주님은 아기와도 같이 안으시며 우셨습니다.

그것이 제가 처음 본 주님의 눈물이었습니다.
저는 주님의 눈물이 너무나도 가슴아팠습니다..
주님께 여쭤보았지요..
"주님.. 무엇이 그리 슬프신 지요.. 주님의 슬픔을 보여주세요.."

주님께서는 보여주셨습니다..
1) 너무나도 많은 사람들이 아무 생각 없이 일렬로 줄을 맞춰, 사망의 어두운 골짜기로 들어가고 있는 것을..
2) 또 많은 사람들이 빛을 향해 걸어갔지만 다 다다르고 나면 그 밑이 절벽임을 보여주셨습니다.
주님께서는 그들을 구하길 원하셨습니다.
너무나도 많이 슬퍼하시며 하염없이 우셨습니다.
주님은 제게 그분들을 이끌라고 말씀하셨습니다.

조금씩, 조금씩 주님께서는 제게, 십자가의 고통을 체험케 하셨으며, 그분의 마음을 조금씩 느끼게 해 주셨습니다.
채찍을 맞는 모습.. 십자가를 지시고 골고다언덕을 지나가는 모습..
십자가에 못 박히시는 모습.. 가시면류관을 쓰신, 우리의 주님..
주님께서는 말씀하셨습니다..
"내가 너희들을 너무나도 사랑하여 내 목숨을 버렸지만, 정말로 나를 위해 헌신해줄 사람은 정말 없구나..
윤경아. 넌 내 안에서 자유하다. 세상을 바라볼 때마다, 나의 고통과 나의 슬픔을 생각해 주겠니?
나는 너무 슬프고 외롭구나.. 윤경아.. 내 고통을 알겠니?

길 잃은 양을 향한 나의 슬픔을 너는 아느냐?
나와 함께 하자꾸나..
나와 함께 하자꾸나.."

주님께서는 끊임없이 말씀하셨습니다..
"나를 도우라.. 네가 기도를 해야만 내가 일을 할 수 있다..
구원의 다리역할을 하거라..
나는 너무나도 안타깝다.. 이렇게도 기도할 사람을 찾아볼 수가 없단 말이냐.. 윤경아.. 시간이 없다.. 기도하거라.. 기도하거라.. 날 도우라.. 날 도우라.. 날 도우라.."

하지만 주님. 죄송해요.. 저는 주님을 돕지 못했습니다.
용서해주세요. 용서해주세요.
죄송합니다. 죄송합니다. 정말 죄송합니다.
전 나름대로 주님의 마음을 받아 기도한다고는 했지만 주님의 마음으로 기도하지 못했습니다.
주님. 용서하세요. 주님. 용서하세요.

어제 주님은 제게 다시금 저의 사명을 말씀해 주셨으며 저를 새롭게 하셨습니다. 한 영혼을 위하여, 죽어 가는 잃어버린 영혼들을 위하여 기도한다는 것이 어떤 것인지를 느끼게 해주셨습니다.
이제서야 저는 조금씩 깨닫게 되었습니다.
처음 주님의 마음을 받아 기도할 때는 저의 사랑과 마음이 많이 들어갔었습니다. 주님께서는 제게 기도하는 사람의 영적인 상태를 보여주셨고, 전 그것들을 대적하며 무찌르는 기도를 드렸습니다.

　그러면, 그것들이 풀리면서 자유해지는 환상들을 보여주셨고, 제 마음속에는 기쁨과 평안이 있었지요.

　그 기도가 잘못됐다는 것은 아닙니다.

　하지만 이번 집회에서 주님께서는 저를 다른 기도의 차원으로 인도하셨습니다..

　어제 목사님께서 중보기도 시간을 가졌을 때 저는 제 신랑을 생각하게 되었습니다.

　고통을 지불해야 한다는 것.. 제 영이 형제의 영의 상태로 내려가야 한다는 것.. 저는 비로소 그것이 어떤 것인 줄을 알게 되었습니다.

　제 마음엔 항상 평안과 기쁨이 있습니다.

　영적으로 다운될 때도 전 이것들을 잃지 않으려고 많이 노력합니다.

　이것은 저의 생명과도 같은 것이니까요.

　그러나 어제 주님께서는 제 남편의 고통을 느끼게 해주셨습니다.

　전, 너무나도 지옥 같은 곳에 떨어진 것 같아 견딜 수가 없었습니다..

　어떻게 이런 곳에서 형제가 살아가고 있을까하고 생각하니 너무나도 고통스런 절규가 쏟아져 나왔습니다.

　그리고 계속해서 울며 주님께 회개했습니다..

　고통가운데 있는 형제를 위해 전심으로 기도하지 못한 것이 주님께 너무나도 죄송했습니다.

　형제를 위해 기도하면서 주님께 죄송하다며 울며 기도하고 있을 때였습니다.

　갑자기 주님께서 잃어버린 영혼들을 향한 주님의 고통의 마음을 부어

주셨습니다. 저는 너무나도 고통스러워서 어찌 할 바를 몰랐습니다.
 제 심장이 터져 버릴 것 같아서 너무나도 아파서 견딜 수가 없었습니다. 저는 몸부림치며 절규하며 울어댔습니다.
 어떻게.. 어떻게.. 주님께서는 이 고통을 다 감당하고 계신지..
 전 주님께 너무나도 죄송하고.. 또 죄송하고.. 죄송할 뿐입니다.

 주님께서 말씀하셨던 것이 생각납니다.
 전 아무 것도 모르고 항상 기도를 드렸지요.
 "주님.. 전 주님의 고통과 슬픔을 받고 싶어요..
 제게 주님의 고통을 주세요.. 주님의 슬픔을 주세요."
 아.. 이것이 얼마나 무서운 고백인가요?
 우린 주님의 고통을 감당할 수 없습니다.
 그분의 슬픔을 견뎌낼 수 없습니다.
 그분의 마음을 다 받는다면. 우린 죽을 수밖에 없을 것입니다.
 아주 조금.. 아주 조금..
 저에게 나누어주신 주님의 고통과 슬픔이지만 전 견뎌내기가 힘들었습니다.
 목사님께서 주님의 영광이 임하시면 죽을 것 같다라고 하신 말씀이 어떤 것인지 조금은 알 것 같았습니다.
 주님의 영광과는 다른 것이겠지만 주님의 마음 또한 저희들은 감당할 수 없습니다.
 어떻게, 그런 고백들을 쉽게 했는지.. 그저 주님께 죄송할 뿐입니다.
 오, 주님이시여.. 어떻게 그 고통들을 감당하고 계시는지..
 전 너무나도 죄송해서, 하염없이 울지 않을 수 없습니다..

글을 쓰는 이 순간에도 흐르는 눈물을 주체할 수 없습니다.

지금도, 심장이 터져 버릴 것 같습니다.

주님께서 잃어버린 전 세계 영혼들에 대한 고통을 주셨을 때 전 너무나도 고통스러워서 절규에 가깝게 울 수밖에 없었습니다.

주님께서는 말씀하셨습니다.

"윤경아.. 내가 널 중보자로 택하였다. 네게 나의 고통을 나누어주리니 넌 나의 마음을 받고 그저 울기만 하면 되느니라.

나의 고통을 느끼며 나와 같이 울어다오. 나와 같이 울어다오. 나와 같이 울어다오.."

그것만으로 충분하시다고 하십니다.

어떤 말이 필요할까요.

우리의 기도는 아무런 말이 필요 없는 것 같습니다.

잃어버린 영혼들. 그들은 주님께 너무나도 크나큰 고통입니다.

그저 주님과 같이 울 때 주님께서는 행하시겠다고 말씀하셨습니다.

또, 주님께서는 저와 같은 중보자를 많이 세우시겠다고 말씀하셨습니다. 주님의 고통을 받고, 그 고통을 그대로 느끼며, 주님과 함께 울 사람들을 지금도 주님께서는 찾고 계십니다.

또 주님께서는 말씀하셨습니다.

주님의 고통을 받은 후에는 큰 기쁨과 평안을 주시겠다고요..

제가 조금씩 성장해 갈수록 주님께서는 제게 더욱더 많은 고통을 주시겠지요.

어제 전 막상 그 고통을 체험 할 때는 주님께 그만해 달라는 고백이 나올 정도로 너무나도 괴로웠습니다.

고통가운데 계신 주님..
너무나도 죄송합니다..
하지만 지금 이 글을 쓰는 이 순간은 너무나도 행복합니다.
주님께서 이 죄 많고 악한 저를 주님의 도구로 쓰시겠다고 하신 말씀이 제겐 얼마나 큰 축복이며 행복인지요.
그저 주님께 하염없이 감사 드릴 뿐입니다. 엎드려 주님께 경배드릴 뿐입니다.

주님. 주님과 함께 울겠습니다. 주님과 함께 고통을 나누겠습니다.
절 도우시옵소서. 절 도우시옵소서.
절 이끄시고 온전히 주님의 사람으로 만드시옵소서.
오직 주님만을 의지합니다.
오직 당신만을..
지금 글을 쓰는 이 순간도 심장과 가슴부분이 너무 아파 터져 버릴 것 같습니다. 계속 눈물이 나오고요. 좀더 진정이 되면, 다시 글 올릴게요.. 가족 님들.. 사랑해요.

사랑하는 윤경 자매에게. 중보의 고통, 주의점에 대하여..

사랑하는 윤경 자매.. 아주 은혜스러운 간증..
참 잘 읽었어요.
예전에 자매가 은혜에 많이 잠겨있을 때에 나에게 편지를 많이 보냈었지.
주님을 뵈온 것, 주님이 말씀하신 것들에 대해서..
참 좋은 글들이었는데.. 어디로 갔는지 안 보여서 참 아쉬워.
있으면 여기에 실으면 참 좋을텐데.

다만.. 지금은 좀 더 발전했지만 당시는 분별의 영이 조금 부족했었지.
자매는 너무 착했고.. 주님께 사로잡히지 않은 선함은 사단에게 틈을 줄 수 있다는 것을 체험으로 누리는 면이 부족했어.
이제 많이 자란 것을 느껴서 아주 기쁘구나.

중보에 대하여 많이 깨달았다고 하니 너무 기뻤어.
영적으로 어두운 상태에 있는 사람들에 대하여
안타까워하기만 할 뿐
그들을 위하여 죽으려고 하는 이들은
별로 많지 않으니까.
그들을 고통에서 벗어나게 하려면
그들이 속해있는 영계에 내려가야

그들을 도울 수 있는데
자기가 속한 곳에서 내려가려고 하지를 않으니...

영이 조금 예민하다고 해도
다른 사람들의 영의 상태를 느끼고 분별은 하지만
대체로 헌신과 십자가를 싫어하여
그러한 고통이 싫다고 도망칠 뿐이지..
하지만 그러한 고통이 없으면
사람을 살리지도 못하고
주님의 나라를 확장시키지도 못하며
자신의 영이 자라지도 못하며
주님을 기쁘시게 할 수도 없는데..

높은 곳에서 밑에 함정에 빠진 사람을 내려다보면서
빨리 올라오라고 닥달을 하지..
그리고 그들이 도대체 말을 듣지 않는다고
불평을 하곤 해..
강퍅한 영혼이라고, 깨지지 않은 영혼이라고..
그렇게 판단만을 하지...

하지만 그들이 어떻게 위로 올라오겠어?
위로 올라가는 사다리도 없고
그 함정에 시커먼 괴물이 같이 있어서
그를 쇠사슬로 묶어 놓고

움직이지 못하게 꽉 잡고 있는데…
그러니 그가 있는 곳으로 내려가
그의 고통과 흑암을 체험하며
곁에서 그 괴물을 결박하고
그를 끌고 올라가는 것이 곧 중보라는 거야…

그게 바로 주님이 하신 것이지.
그분은 하늘에서 땅을 내려다보면서
빨리 이리 올라와.. 하지 않으셨어.
이 땅에 흑암 속에 직접 내려오시고
우리와 똑같은 입장에서 사단과 투쟁을 벌이셨지..
그리고 우리를 끌고 하늘로 올라가셨어.
그리고 우리에게 똑같은 사역을 맡기신 거지.
내가 너희에게 내려온 것처럼
너희도 그렇게 밑으로 내려가거라.

베드로는 그랬어.
싫어요. 주님.
저는 높은 산에 있을 거예요.
거기는 너무 유치하고 더러워요.
주님.. 저는 이렇게 깊은 임재하심을 맛본 적이 없어요.
그러니까… 초막을 짓고 살게 해 주세요. 네?
물론 그의 기도는 응답되지 않았어.
주님은 우리를 천국의 맛을 보게 하신 다음에

지옥의 아랫목으로 인도하시지.
예수님께서 요단강에서 세례를 받으시고
성령으로 사로잡히셨는데
성령님이 주님을 어디로 인도하셨는지 알아?
광야로 인도하셨어. 마귀에게 시험을 받게 하시려고.
오늘날 사람들은 성령의 강력한 체험을 하면
무슨 복이 오는 줄 알아.
하지만 성경을 보면
성령의 권능을 체험하고 나서
편안하게 살게 된 사람이 얼마 없지.
오직 자기를 잃어버리고 주님께 사로잡혀
주의 길을 간 것 뿐..

성령을 체험하면 그분은 우리를 광야로
마귀에게 시험을 받는 장소로
인도하신 다는 것을 알아야 해.
예수님은 그 시험을 통과했지만
대부분의 사람들은 성령의 임하심은 체험하지만
그 후의 광야 체험에서 실패하고 넘어지지.
그리고 한 참 후에 다시 성령의 경험을 하게 돼.
그리고는 다시 광야로 가지.
이번에도 마귀에게 지면
또 다시 시간을 많이 버리게 되고
다음에 성령의 체험이 다시 오지.

그리고 또 실패한다면
그 다음에는 기회가 별로 없어.
우리의 인생에서 주님의 빛을 받고
주님께 우리의 삶을 드릴 기회는 별로 많지 않아.
 이스라엘 백성들이 대부분 시험을 통과하지 못하고
광야에서 다 죽은 것처럼
오늘날도 거의 대부분의 백성들은 광야에서 생을 마치지.
아주 극소수의 성도들만 살아서 가나안에 들어가며
그들은 심령에 주님의 빛과 영광을 경험하지만
삶에서는 극도의 고난과 아픔을 겪게 되지.
하지만 그 피가 천국에서의 결혼식을 위한
신부의 몸단장인 것이야.
그 피가 다 신부의 몸에 걸치는 보석이 되는 것이니까.

빛의 세계에 있으면서
어둠 속에 있는 영혼에게
이리로 오라고 말한다고 하자.
그들은 어둠 속에 있어서
아무 것도 보이지 않아.
그것은 사역이 아니지.
아무 것도 보이지 않는 이에게
아무 것도 들리지 않는 이에게
설교를 해서 뭐하겠어?
오직 그에게로 가까이 가야 하는 거야.

사역이란, 중보란 자기의 빛을 버리고
그 어둠 속으로 같이 들어가는 거야.
그리고 똑같은 조건 속에서 주님을 붙잡고
그 상대방을 잡고 그 어둠 속을 헤쳐 나오는 거지.

그리스도인들이 너무나 온실 속에 있고
진흙탕 속에 잘 안 들어가려고 해.
낭만적이고 고상하게 믿으려고 하지.
계속 주님만 거기 진흙탕에 빠져 계시라고 하고.
파티와 교제에 빠지고 진흙탕에 계신 주님에 대하여
시를 지으면서 즐기지.
부흥은 피를 통해서만 오는데
마귀는 피 외에는 아무 것도 두려워하지 않아.
그 피가 없으니 세상이 마귀 천지이지.

중보와 고통에 대하여 주의할 점을 한 마디 할께.
이것은 자매의 기질 상 빠지기 쉬운 유혹이니까.
자매는 마음이 선하기 때문에
상대를 위하여 어떤 대가도 치르려고 할거야.
하지만 거기에서 조심해야 할 것이 있어.
물론 우리가 고통을 치르고 그 싸움에서 이길 때
중보의 대상은 진흙탕에서 빠져 나오고
어둠에서 나오게 되어
지금까지 자기가 어디에서 살았는지

지금까지 자기가 껴안고 살았던 존재가
어떤 괴물이었는지 보게 돼.
그토록 아름답게 보이던 존재가
눈을 뜨고 보니 무섭고 더러운 짐승인 것을
비로소 빛 속에서 보게 되지.
사람들이 지금 추구하고 있는
돈, 명예, 권세, 안일한 삶..
그런 것은 사람이 해골을 끌어안고 있는 것과
별로 다름이 없어.
취해 있어서 그 썩은 시체가
천하의 미인이라고 하는 것이지.
깨어나고 나면 비로소 그것이 보이는 거야.
그 전에는 만 번을 이야기해도 모르지.

문제는 무엇이냐 하면
상대를 위하여 그 고통을 치르려는 자세 때문에
성도의 영이 수동적이 되어
어떤 고통이든지 느끼고 받으려고 할 때
사탄이 속이고 누를 수 있다는 점이지.
그러면 착하지만 분별이 부족한 성도는
그것이 마귀에게 눌린 것인지도 모르고
창백하고 비참하게 살면서
그게 신령하고 헌신된 삶인 줄 알게 돼.
이것이 역사에 있었던 많은 주님의 신실한 종들이

속았었던 경험들이지.

그럼 어떻게 이 고통이 마귀가 주는 것인지
참된 중보인지 어떻게 분별을 하느냐?
그것은 간단해.
실제의 경험을 통하여 분별은 발전할 수밖에 없지만
주님의 허락하신 고통은 아무리 고통스럽더라도
그 내면에서는 평강과 기쁨이 있어.
겉으로 고통을 당하고 찢기고
마음이 찢어지는 것을 느끼고
온 몸이 파괴되는 것 같아도
내적으로는 깊은 기쁨이 있어.

주님의 슬픔 가운데는 고통 속에도 생명이 있고
절망 속에서도 거룩함과 영광이 있어.
아파서 울고 떼굴떼굴 구르면서도
동시에 내면에는 은혜와 영광이 있는 거야.
기쁨 속에 고통이 공존하고
슬픔 속에 생명과 주님의 인격이 나타나는 것이지.

그러나 사탄이 주는 것은
뭔가 불안하고 어둡고 비판적이고 차갑고
옳다고 생각하지만 참 기쁨이 없어.
실제의 체험을 통해서 분별해가야겠지만

중요한 원리는 꼭 기억하기를 바래.
그들은 강한 존재는 아니지만 아주 교활한 존재들이니까...
하지만 그러한 그들의 속임수에 빠지는 이들은
다들 자신의 교만, 미움, 분노, 자아, 명예욕 등을
내려놓지 않았기 때문이며
이로써 그들에게 틈을 주게 되기 때문에
속게 되는 것이지.

그러므로 진정 순결함과 겸손함을 지켜야만
우리는 끝까지 그들의 궤계를 분별하고
주님과 동행할 수가 있어.
욕심을 버리지 않으면
마귀에게서 벗어날 길이 없으며
대체로 사람들은
그것이 얼마나 무서운 것인지 몰라..
오늘날 영성에 대한 거짓과 속임이 얼마나 많은지
많은 이들이 미혹되어
자신의 상태를 보지 못하고 있어.
그래서 남을 판단하고 분열이 생기지.
그러므로 영적이라고 자처하는 이들을 조심해야 하고
아무 것이나 받아들이면 안되고
그들의 삶 속에 나타나는
순결함과 온유함,
사랑과 아름다움의 열매를 분별해야 돼.

길어졌구나..
부디 조심해서 방심하지 말고
마지막 전쟁이 마치는 날까지 정말 깨어서
사랑과 겸손과 온유와 순결함으로
주님을 조심스럽고 붙들고 살자.
자매의 사랑과 아름다움에 항상 고마와하며...
정원 드림.

14 장
영혼을 깨우는 것에 대하여

저는 사랑의 영성 모임이라는 홈 페이지를
운영하고 있습니다.
가끔씩 회원들과 모임을 갖는데
얼마 전 세 번째 모임을 가졌습니다.
영성의 흐름과 운행에 대한
참고가 될 것 같아
모임에 관하여 저와 회원님들이
쓴 글을 몇 개 소개합니다.

제 3회 영성모임 스케치 -예원엄마-

오전11시에 예배를 시작했습니다.

벌써 30명 가까이 오셨더군요.

저는 기독교 수양관 앞에서 모임 장소인 소 강당으로 여러분들을 안내하기 위해 서 있었는데 택시와 자가용들이 속속 수양관 쪽으로 오고 있었고 차에서 내리는 한 분, 한 분 익숙한 얼굴을 뵐 때마다 너무 반가웠습니다.

11시30분에 저도 올라가서 예배에 동참했습니다.

벌써 많은 사람들이 찬양을 드리며 울고 있었고, 몇몇은 쓰러져 있었습니다. 그런 생각이 들었지요. 음. 또 시작이구나…

목사님은 여전히 열정적으로 피와 땀을 쏟는 듯이 찬양을 인도하셨습니다.

목사님이 찬양을 인도하실 때는 항상 느끼는 것이지만 거의 목숨을 걸고 마치 자신을 모두 쏟아 붓듯이 찬양을 드리시기 때문에 찬양을 듣다보면 집에서도 애들도 저도 그냥 눈물에 사로잡히곤 합니다.

집회에서는 주님을 사랑하시는 열정이 많으신 분들이 같이 그렇게 찬양을 하니까 그 은혜가 더 증폭되는 것 같았습니다.

특히 앞에서 같이 마이크를 잡고 찬양하는 윤미 자매의 찬양과 화음도 아주 아름답고 감동적이었습니다.

목사님이 나중에 말씀하시는데 반주하시는 정미향 선생님이 악보 없이도 반주를 하실 수 있으니까 같은 G장조나 A장조의 곡들을 바로 메들리로 이어서 할 수 있어서 한결 수월했다고 하셨습니다.

목사님은 찬양을 드리는 중간 중간에 메시지를 전하셨습니다.
승리와 열매의 비결은 우리의 열심이 아니며 주님의 임하심의 결과라고 말씀하셨습니다.
주님이 임하시면 저절로 열매가 나타나며 주님이 떠나시면 아무리 노력해도 열매가 없다고 하셨습니다. 그러므로 주님이 임하시도록 해야 하는데 그 중요한 원리가 겸손과 순결임을 말씀하셨습니다.
사단은 강하고 담대함으로 물리치는 것이 아니라 오직 낮아짐과 순결함으로만 이길 수 있으며 그런 의미에서 진정한 능력은 낮아짐과 순결함이며 그것만이 사탄의 세력을 멸할 수 있다고 강조하셨습니다.
승리와 열매맺는 삶을 위하여 낮아짐을 위해서, 순결함을 위하여 〈하나님께로 더 가까이 갑니다〉를 부르면서 기도했는데 모임 장소는 이미 눈물로 흥건히 젖어들고 있었습니다.

시간이 벌써 2시 가까이 되어 아쉽지만 모임을 마치고 점심을 먹으러 식당에 갔습니다. 식사 후에는 삼삼오오 모여서 수양관 벤치에서 대화를 나누었습니다. 오랜만에 보는 반가운 얼굴들, 마치 이산 가족이 만나는 것처럼 즐거운 포옹과 눈물이 계속 되었습니다.
수양관은 숲 속에 있어서 모처럼 접하는 나무, 잔디, 수풀.. 자연의 경관이 참 마음의 상쾌함을 가져다주는 것 같았습니다.

3시쯤 되어 오후집회가 시작되었습니다.

270 영성의 원리 (1)

멀리 경북 예천에서 아이들과 오신 황목사님, 멀리 삼천포에서 오신 이인자 집사님... 그리고 회원 여러분들의 소개가 있었습니다.

 목사님의 코믹한 멘트와 함께 다들 같이 웃으며 사랑의 교통을 나누었습니다. 정말 그리스도 안에서 한 가족인 것이 느껴지는 순간이었지요... 처음 뵙게 되는 분들도 있었는데 이미 카페에서 글을 접해보아서인지 전혀 낯설지 않고 친근하고 자연스럽게 느껴졌습니다.

 오후의 메시지의 주제는 영의 표현에 대한 것이었습니다.

 목사님은 내성적이고 숨기 좋아하는 기질은 주님을 제한하며 우리는 거룩하지 않고 아름답지 않지만 거룩하고 아름다운 분이 우리 안에 계시며 그분을 표출하고 드러내야 함을 강조하셨습니다.

 그리고 주님을 제한하는 미움의 기운들에 대하여 말씀하시며 주위 사람들, 믿음이 연약한 가족들을 사랑하지 않고 판단하고 믿음을 강요한 부분에 대하여 회개할 것을 말씀하셨는데 이것을 위하여 기도할 때 또 많은 회개의 눈물이 있었습니다.

 목사님은 모임 때마다 서로 축복하고 포옹하고 기도할 것을 강조하시고 시키십니다.

 그래서 같이 포옹한 채로 기도를 하면서 많이 울었는데 몇몇 분들이 하도 심하게 우니까 목사님은 곗돈 떼어먹힌 것이 있느냐고 농담을 하시기도 했습니다. 옆에 있던 윤숙자매에게 아마겟돈 이라고 이야기했더니 (아마 곗돈을 떼어먹힌 모양이지?) 이번에는 웃느라고 정신을 못 차리는 것이었습니다.

그리고 윤숙자매의 세례식이 있었습니다.

자매는 거의 쓰러져 우느라 제대로 세례를 받지도 못했습니다.

윤미자매가 간신히 쏘기를 등에 업고 나가서 세례 문답을 하게 했습니다. 주님께 대한 신앙을 고백할 때 쏘기는 거의 제 정신이 아닌 듯 했습니다. 간신히 고백하고 쏘기는 바닥에 다시 쓰러졌는데 목사님은 엎어진 윤숙자매에게 세례를 베푸셨습니다.

그리고 성찬식이 있었습니다.

성찬이 있기 전 목사님은 십자가를 지신 주님에 대해서 이야기했고, 많은 사람들이 통곡을 하셨고 몇몇 분들은 거의 실신 상태에서 쓰러져서 비명을 지르고 하셔서 목사님의 말씀을 듣는데 조금 지장이 되기도 했습니다.

성찬을 하기 위하여 찬양과 기도를 드리고 한사람, 한사람 앞으로 나아가서 목사님이 나누어주는 성찬에 참여하였습니다.

다들 감동으로 눈물을 흘리며 떡과 잔을 받았습니다.

그 후에는 세례를 받은 윤숙자매를 모든 참석자가 앞으로 나와서 한사람씩 축하하고 포옹하고 준비한 선물과 꽃다발을 나누어주었습니다. 자매는 아직도 거의 실신 상태여서 제대로 몸을 가누지 못하고 그저 울기만 했습니다.

마지막으로 둥글게 원을 그리고 서로를 축복하고 기도하며 우리의 하나됨을 찬양하는 〈하나되게 하소서〉를 부르며 아쉽게 마쳤습니다.

오전, 오후 모임까지 약 6시간 정도 집회를 했는데 시간이 언제 갔는지 모르게 지나가 버렸습니다.

목사님은 7시간 집회에 익숙해져서 이제는 찬양을 1,2시간하면 찬양을 한 것 같지가 않다고 하십니다.

 사람들도 같이 물들었는지 7시간이 마치 몇 분 같다고 하시니까요...

 장소를 임대한 시간이 이미 지나 버려서 우리들은 준비한 생일 파티를 하지 못했었습니다. 그래서 밖에서 벤치에 앉아 오늘 생일을 맞은 에스더자매, 얼마 전에 생일이 지나간 강지자매, 윤숙자매, 그리고 며칠 후에 생일을 맞는 주연집사님을 위하여 케익을 자르고 축하를 하였습니다.

 어느덧 시간은 많이 흘렀고 헤어지는 것이 너무나 서운해서 발걸음이 떨어지지 않았습니다. 그러나 다음의 만남을 기약하면서 우리는 서로 헤어질 수밖에 없었지요...

 지금 이 글을 쓰는 지금도 벌써 여러분들의 얼굴이 떠오르고 보고싶어 지는 군요. 정말 그리스도의 사랑이 우리 안에서 강권적으로 임하시는 것 같습니다.

 이상으로 모임에 대한 스케치를 간단하게 하였습니다.

 모임을 위하여 금식까지 하시며 기도해주시고 수고해주신 여러분들께 감사를 드리며 좋으신 사랑의 주님께 모든 감사와 영광을 올려 드립니다. (추신 : 목사님 또 뻗으셨으니까 기도 좀 해주세요...)

심령의 매인바 되어...   -해바라기-

어제..
자꾸 울 수밖에 없었습니다.
주님의 고통이 누가 아닌 나로 인한 고통이라는 사실 때문에..
 자꾸 십자가를 등에 지고... 지쳐 쓰러지고... 지쳐 쓰러지시는 주님
이 떠올랐습니다.
주님은 고통과 고난의 그 길을 견디시며 올라 가셨습니다.
견딜 수 없어 쓰러져 도저히 십자가를 지고 갈 수 없어 쓰러지시는
주님.. 그래서 그 십자가를 다른 사람이 대신 지고 가야 했던 그 길...

주님은 그 길을 걸어가고 계셨습니다.
아무도 함께 가 주지 않은 그 길..
주께서 오르신 고난의길..
채찍에 맞으시는 주님...그 소리가 귓전에 들려옵니다.
우리의 죄악으로 고통 당하고 계시는 주님..
우리를 너무나 사랑하셔서 그 길을 택하신 주님.
주님의 사랑 속에 주님의 고통이 있었습니다.

주님.. 죄송해요.. 주님..죄송해요.
아.. 가슴이 너무 아픕니다.
주님 앞에만 가면 눈물이 나옵니다.

주님.. 왜 그렇게 사랑하세요.. 왜.. 그렇게 사랑하세요.. 왜요... 왜 그렇게 고통을 당하고 계세요.. 왜요.. 차라리 절 지옥에 던지세요.. 지옥에 던져 주세요.

아.. 지옥으로 던져진다해도 행복할 것 같습니다.
주님은 사랑이십니다.. 주님은 사랑이십니다.
오전 시간은 그렇게 갔습니다.
오후 시간...
아.. 주님.. 죄송합니다.
그 동안 주님의 고통을 함께 한다는 그 말이 얼마나 가식에 가득 찬 말인지..
주님.. 주님.. 주님..
십자가에서 내가 목마르다.. 내가 목마르다 애타게 말씀하시는 주님...
저는 견딜 수 없었습니다.
십자가의 주님.. 아.. 아..주님..

윤숙자매의 세례식을 하는 동안 전 쏘기와 똑같이 다시 새롭게 태어나고 있었습니다.
십자가 아래서 주님과 함께 다시 태어나고 있었습니다.
주님과 함께 죽고...주님과 함께 다시 살아나고 있었습니다..

성찬식.. 그분의 살과 피를 먹고 마시고 진정으로 그분과 온전한 결합을 하는 시간이었습니다.

그분은 이제 온전히 제 안에 계셨습니다.
지금도 제가 의식을 하지 않고 있을 때에도 그분을 느낍니다.
그분은 이제 제 몸이시며 살과 피이십니다.
심령의 매인바 되어..
오직 심령의 매인바 된 삶으로 다시 태어났습니다.
주님은 사랑이십니다.
그 주님을 영원 무궁토록 찬양하며 저의 영원한 신랑으로 모십니다.
영원하신 주님.. 왕이신 주님을 찬양합니다.
할렐루야!

내 안에 계신 주님.. -정지연-

내 안에 주님이 계시다는 것..
너무 아름답고 감사하고 놀라운 일인 것 같아요.
내 안에 계신 주님.. 더 많이 누리고 싶고 알고 싶어요.
흐윽.. 그러려면 더 낮아지고 순결해져야 하는데...
한참은 기다려야 될 것 같아요..
쌓은 비판의 분량이 워낙 많아서...
주님 맘 너무 아프게 해드려서..
그래도 주님 손에 올려져 있으니 희망이 있네요.

오늘 모임 너무 감동이었어요.
주님이 저를 위해 죽으심이 얼마나 감사한 것인지
새롭게 느끼게 되었어요..
윤숙이가 주님사랑에 감격해서 그 분의 우릴 위해 죽으심에 감격해서 막 우는데.. 그분 사랑이 얼마나 큰 지 저의 무딘 맘에도 느끼게 됐구요. 가식 없이 웃고 기뻐하며 주님을 표현하는 식구들의 모습을 보며 주님이 주시는 자유란 저런 것이구나.. 하고 느낄 수 있었어요.

주님이 어떤 분이신지 더 느끼게 해주신 식구님들께 참 감사드려요..
감사해요... 그리고 이 자리로 오늘 이끌어 주신 주님께 감사해요..
항상 부족하지만 있는 모습 그대로 사랑해 주시는 주님...감사해요

여기는 삼천포   -이인자-

 가족 여러분 사랑합니다.
 토요모임에서의 뜨거운 감격이 아직도 생생합니다.
 오랜 세월 주님을 믿는다 했지만
 그렇게 가슴 떨린 성만찬은 정말 처음이었습니다.

 주님이 나를 위해
 살이 찢기시고 피를 흘리신 그 사랑이 너무나 생생하게
다가와서 뜨거운 눈물이 펑펑 솟아났습니다.
 오... 주님 사랑합니다.

십자가의 승리! 사랑의 승리! －정윤경－

사랑하는 가족 님들 잘 들어가셨는지요.
오늘 하루 저는 너무나도 기쁘고 감격에 찬 하루를 보냈습니다.
자꾸 눈물이 나고..
또.. 눈물이 나고..
저의 이 흐르는 눈물이 온 세상을 덮어버린다 하더라도
우리를 사랑하시는 주님의 그 크신 사랑은
표현할 길이 없을 것 같습니다.

주님.. 주님.. 주님..
어찌도.. 우리를.. 이토록.. 사랑하시는지요..
주님.. 주님.. 주님..
어찌.. 우리를 위해.. 그토록.. 울고 계시는지요..
주님의 사랑에..
오늘도 전 흐르는 눈물을 멈출 수가 없습니다..

아, 하루밖에 지나지 않았는데 가족 님들을 향한 그리움이.. 저의 온 영혼을 덮어옵니다.
어떻게 이렇게 그리울 수가 있을까?
저 스스로도.. 너무나도 놀라울 뿐입니다.
아.. 너무나도 보고싶습니다.
아.. 너무나도 사랑합니다..

진실로.. 진실로..
주님의 뜨거운 심장으로 여러분들을 사랑합니다.
그저 이런 애 타는 그리움을 주신 주님께 하염없이 감사드리고 또 감사드릴 뿐입니다..

집회에 임하신 주님!
오. 주님!
지금도 생각하면 너무나도 감격스러울 뿐입니다.
한 분씩.. 한 분씩..
모든 분들을 만지시며 안고 계시는 주님의 모습을 보았습니다..
하염없는 사랑으로 모든 분들을 안으시며 울고 계시는 주님의 모습을 보았습니다.
그리고 회복케 하시고 사랑으로 채워주시는 주님의 모습을 보았습니다..
목사님께서 저에게 소개하는 시간을 주셨을 때 이 말씀을 꼭 드리고 싶었는데.. 여러분들을 품고 계신.. 주님의 모습이 보여서..
또, 그런 여러분들이 너무나도 사랑스러워서..
그저 전 울 수밖에 없었습니다..

여러분들은 모두들 천사의 얼굴들을 하고 있었습니다.
오 할렐루야. 주님!
감사합니다.
너무나도 감사해요. 주님.
가슴이 벅차 오릅니다..

가슴이 너무나도 뜨거워웁니다.
주님의 사랑이 저의 가슴을 태워웁니다.
이렇게 뜨거울 수가 있을까요?
주님의 사랑이 저의 영혼에 넘쳐나고 있습니다.
오 주님!
감사합니다..
감사합니다..
너무나도 감사해요..

성찬식!
주님의 십자가의 고통을 느낄 수 있었습니다.
 그리고 그 길을 함께 걸어가길 원하시는 주님. 절 부르고 계셨습니다..
 저는 주님의 손을 잡았습니다.
 그리고 그 길을 함께 걸어갔습니다.
 그 길은 너무나도 고통스럽고 외롭고 힘든 길이었습니다.
 하지만 그 길에는 너무나도 큰 자유와 기쁨과 사랑이 넘쳐나고 있었습니다.
 전 십자가에 못 박히시는 주님의 고통을 느끼며 통곡하며 하염없이 울었지만 주님의 크신 사랑으로.. 다시 태어나고 있었습니다..

포도주가 주님의 피로 빵이 주님의 살로
진실로 진실로 그렇게 보였습니다.
저는 아픔과 기쁨으로 그 살과 피를 마셨습니다.

우리의 주님은 영원한 승리를 이루셨습니다.
우리의 주님은 영원한 기쁨을 이루셨습니다.
우리의 주님은 영원한 자유를 이루셨습니다.
오, 할렐루야!
할렐루야!
할렐루야!
승리하신 주님을 찬양합니다.
주님은 승리하셨습니다. 할렐루야!
여러분께 승리를 주셨습니다.
여러분께 기쁨을 주셨습니다.
여러분께 자유를 주셨습니다.
오, 감사합니다. 주님..
감사합니다.. 주님..
감사합니다.. 주님..

오늘도.. 전 십자가의 주님을 바라봅니다..
그리고 날마다 날마다 제가 십자가에서 죽어져야 한다는 것을 진실로 깨닫습니다.

날마다 날마다 전 죽습니다.
그리고 그 죽음 위에 주님의 생명이 오십니다.
그리고 절 온전케 하십니다.
날마다 날마다 주님의 십자가를 지길 원합니다..
주님께서 걸어가신 그 길을

또 저와 함께 걸어가길 원하시는 십자가의 길을
주님과 함께 걸어가기를
오늘도 간절히 간절히 기도합니다.
할렐루야! 주님!
우리를 통해 일하시기를 원하시는 주님!
오직 홀로 영광 받으시옵소서.
찬양과 영광 받으시기에 합당하신 주님!
오직 당신께 경배와 찬양을 올려드립니다.
부족한 저의 마음과 사랑과 진심어린 기도를
흠향하시며 기뻐하시기를 기도드립니다..

가족 님들..
너무나도 너무나도 사랑합니다.
주께서 가족 님들을 위해 십자가에서 돌아가셨습니다.
그리고 이 세상 모든 분들을 위해 십자가에서 돌아가셨습니다.

아.. 더 이상 어떤 말이 필요할까요.
우리들을 위해 이런 진정한 사랑의 마음으로
죽어주실 분이.. 과연 있을 런지요.

오직 주님께 감사와 찬양을 드립니다.
가족 님들 너무나도 너무나도 보고싶습니다.
그리운 한 분 한 분의 모습들이 떠오릅니다.
쑥스러우셔서 성함을 말씀 안 하신 분도 있었고

제대로 인사드리지 못한 분들도 있었지만
주님의 크신 사랑으로 가족 분들께 문안드리기를 원합니다.

목사님..
몸이 안 좋으시군요..
혼과 영을 다 쏟아 부으시는 목사님의 모습을 볼 수 있었습니다.
돌아가는 길에 혜순 언니와 아빠의 얘기를 나누었습니다.
아마도 목사님께서 지금쯤 많이 힘드시지 않을까 하는 얘기도
나누었었지요.
하루종일 목사님 생각이 났어요.
너무나도 사랑하는 목사님..
목사님을 위해 기도하겠습니다..

사모님..
너무 감사해요..
제가 쓰러져서 울 때마다 주현이 돌봐주시느라 가족 분들 챙기시느라
많이 힘드셨지요.
사모님 안에서 사랑과 희생을 감당하시는 주님의 모습을 보았습니다.
너무나도 감사하고.. 또, 너무나도 죄송합니다.
언제나 저는 사모님께 폐가 되는 것 같아요.
하지만 언제나 받아주시고 사랑해주셔서 너무나도 감사해요..
너무나도 사랑해요. 사모님..

해바라기언니..

언니 안에서 일하시는 주님..

언니의 마음을 채워주시는 주님..

그리고 눈물을 보여주시는 주님..

너무나도 감사하고, 또 감사할 뿐입니다.

섬김과 사랑의 모본을 보이시는 언니께 전 하염없이 부끄러울 뿐입니다. 너무나도 사랑해요.. 보고픈 언니..

혜순 언니.. 주님을 향한.. 언니의 열정과 사랑을 너무나도 사랑해요..

아.. 죄송합니다..

더 이상 글을 못 쓸 것 같아요..

몸이 너무 뜨거워집니다..

좀 있다 다시 쓸 수 있으면 이어 쓸 께요..

죄송합니다..

촌사람이 서울간 이유 -산해 목사-

어느 날 목사님이 쓰신 책 기도 업 데이트를 보았습니다.
참 좋았습니다.
전화를 했지요. 사모님이 받으시더군요.
책이 이 책 밖에 없냐고 물어보았습니다.
그랬더니 일곱 권이나 더 있다고 하시더군요.
그래서 다른 책들도 보내달라고 부탁을 드렸습니다.
책이 도착하자 또 보았지요. 또 참 좋았습니다.
너무 좋았습니다.
그래서. 혹시 집회는 언제 하시냐고 물어 보았습니다.
서울의 삼정 교회에서 부흥회를 하신다는 말씀을 들었습니다.
경북 예천에서는 먼 거리였지만 그래도 올라갔습니다.

이제부터 진짜 서울간 이유입니다.
삼정교회 첫날 집회에 한시간 반 일찍 도착했습니다
저녁도 먹고 돌아다니다가 시간 맞추어서 갔는데 30분 동안 찬양하시데요.
그리고 정원목사님이 담임목사님 소개로 나오시더니 마이크를 잡고 찬양을 시작하시더군요.
저는 찬양을 한 두 곡 하시고 곧 설교를 시작할 줄 알았지요.
그런데 한시간이 지나고 두 시간이 지나도 계속 찬양을 하시더군요.

그래서 10시쯤 되어서 사모님께 약속이 있다고 인사만 드리고 그냥 갔습니다.

다음날은 좀 늦게 도착했는데 자리가 없데요.

통로에 방석을 깔고 앉아서 은혜 받을 준비하고 강사를 바라보았습니다

그런데 이상하게도 왜 그랬는지는 모르겠는데 너무 산만해지고 안절부절 못하게 되더군요.

제 자신이 절제가 안됩디다.

그래서 그 날도 일찍 나갔습니다. 10시 좀 넘어서..

마지막날은 첨부터 끝까지 있어보자 작정하고 앞자리에 앉아서 구경을 했습니다.

사람들이 쓰러지는 것, 우는 것, 뛰는 것, 춤추는 것, 악쓰는 것, 방언하는 것 등등.을 옆에서 구경했지요.

그런데 세상에 집회가 새벽 2시가 훨씬 넘어서 다 끝이 나더라고요.

그래서 어느 새 일곱 시간이 지났구나. 3일이 지났구나. 하고 시골로 내려 갔습니다.

남들은 울고 웃고 난리인데 나는 아무런 뜨거운 체험도 별로 느끼지 못하고 그냥 덤덤하고 편안하게 집으로 갔습니다.

그런데 집으로 돌아간 이후에 이상한 일이 생기기 시작했습니다.

너무너무 신기한 일이 생기기 시작했습니다.

아니! 내 마음에 왜 이렇게 예수님이 좋다는 생각이 오는지..

주님을 너무너무 사랑하는 마음이 자연스럽게 생기는 이 마음!

가슴이 뜨겁고 너무너무 행복해 지는 이유가 무엇인지?

그냥 주님의 은혜로다. 감사에 감사할 뿐입니다.

내 마음에 일어나는 감정과 입에서 나가는 말이 너무너무 좋다는 생각이 들었습니다
나는 이런 사람이 아니었는데 말로다 표현할 수 없는 이 맛.
먹어 보고도 설명할 수 없는 사과 맛 같은.....
주님의 어루만짐. 주님의 임재......
진짜로 너무 좋다는 표현밖에는 할수 없습니다요..

먼 지방에서 서울에 간 이유..
우리 중학교에 다니든 쌍둥이 아이들이 생일을 맞이했는데 이 사랑하는 귀하고 귀한 하나님께서 기업 으로 주신 지희. 지환이에게 함께 있기만 해도 이런 은혜가 동일하게 임한다면 서울 아니라 어딘들 못 데려가랴. 비용이 얼마가 든다한들 생명보다 귀하리요. 하는 마음이 들었지요.

제가 타던 차가 금요일 날 엔진이 망가져서 폐차서류 떼 주고 렌트카 외상으로 빌려 타고 서울을 갔습니다.
제가 잘못 했을까요?
없는 살림에 무리를 했을까요?
하지만 저는 그렇게 생각하지 않습니다.
모임에 다녀와서 지희가 묻더군요.
"아빠. 윤숙이 언니는 왜 그렇게 울어요?"
이렇게 대답 했습니다.

잘은 모르겠는데 아름답고 순수한 영혼에 주님이 임재하시고 만지고 은혜가 부어지면 터져 나오는 현상이 그럴 것이라고...

사랑하는 식구님들. 앞으로 자주 뵈었으면 좋겠군요.
사랑합니다. 눈물이 나네요.
그냥 눈물이나요. 주님이 좋고 여러분들이 좋아서요.
지금시간이 2시 25분이군요.
다들 편히 주무세요.

감동의 모임을 마치고 -이윤미-

모임 전 며칠 이상하게 너무 헤매고 강퍅해져서 힘들었다.
나 자신과 주변 사람들을 자꾸 괴롭혔다.
모임에 방해가 되면 안 되는데.. 하면서 간절하게 부르짖는 기도를 기를 하면서 버텼다.

아침에 일찍 집을 나섰는데 이것 저것을 사다보니 예상외로 시간을 초과했는데 게다가 버스를 탔는데 반대방향으로 가버리는 것이었다.
에구.. 빨리 가서 이것 저것 준비하는 것도 도와드리고 길 안내도 해야 될텐데..생각하니 마음이 분주해지기 시작했다.
짜증이 올라오려고 하는 순간..
'죄의 소원은 네게 있으나 너는 죄를 다스릴지니라"(창세기 4:7)는 말씀이 생각나서 음.. 내가 계속 이런 마음을 방치해 두면.. 오늘 집회에 방해가 되겠구나.. 싶어서 마음을 고쳐먹었다.
죄를 다스릴 수 있다고 하시니.. 한 번 다스려 보자.. 하면서 편하게 마음을 가지려고 약간 생각을 돌렸더니 마음이 금새 가라앉았다. 아, 신기해라..

반가운 얼굴 얼굴들..
찬양 중간 중간 목사님의 메세지..
우와.. 완전히 나 들으라고 하시는 말씀 같았다..
〈머리를 굴리면 심령의 감동이 없습니다. 인간의 타락은 머리를 굴리

게 된 것입니다. 심령으로 사십시오.〉

항상 머리 속에 수많은 생각이 들어있는 나..
그 메시지를 들으면서도 '나는 언제부터 이렇게 꼬이게 된 걸까?'
'하나님은 왜 대체 나를 이런 기질로 만드신 걸까? 나도 이렇게 생기고 싶어서 생긴 건 아닌데..' '머리를 굴리지 않으려면.. 어떻게 해야 할까?' 하면서 또 열심히 생각에 사로잡혀 있는 내 모습을 보면서 안타까운 마음이 들었다..

목사님의 메시지는 계속 되었다.
〈열매는 주님입니다.. 성격 더럽다고 갈등하지 마십시오. 사랑하려고 애쓰고 흉내내지 마십시오.. '믿는 사람이 왜 그 모양이냐?'라고 누가 그러면 '왜, 나 원래 이래.. 안됐냐? 나 이렇게 된 데 뭐 보태 준 거 있냐?' 하고 대답하세요. 열매 못 맺는다고 고민하지 마세요. 처녀가 애 못 낳는 게 죄입니까? 덕을 세우기 위해 긴장하고 잘 하려고 하지 마세요.〉

주님을 방해하는 것.. 나의 노력..
줄잡아 수 백 번은 반복해서 듣는 말인 것 같은데.. 왜 들을 때마다 새로울까? 나는 정말 특별한 사람이긴 한가보다..아무리 얘기해 줘도 못 알아먹는다..
〈사람이 착해야 얼마나 착하고 사람이 악해야 얼마나 악하겠어요. 우리가 아무리 뛰어나고 별 거 아니고 우리가 아무리 부족해도 별 거 아닙니다. 나는 왜 이렇게 더러울까요? 라고 하면서 비통해 하는 것은 아직

도 자신에게 소망을 두는 태도입니다. 교만한 것입니다.〉

아이고. 찔린다.

음.. 그게 교만한 거였구나.

나를 자꾸 바라보고 어두워지는 것.. 요즘 계속 '난 왜 이럴까?' 그런 생각에 많이 잡혀있었는데.. 그게.. 교만이었구나..

나의 의를 드러내는 것도 나의 불의를 드러내는 것도 다 교만이구나..

〈주님이 말씀하신 사랑은 자연인으로는 할 수 없습니다. 하기 어려운 것이 아니라 불가능해요.. 하지만 주님이 오시면 아주 쉽습니다. 낮은 곳에 있는 만큼만 주님이 오십니다.〉

낮은 곳..

〈지적인 기질이 주를 방해합니다. 논리적인 사람이 주를 만나기가 제일 어려워요.. 영성의 실제와 지적인 기질은 상극입니다. 가장 교만하기 때문이지요.〉

괴롭다..

어떻게 해요..

그럼 어떻게 해요..

주님.. 교만한 거.. 나쁜 줄 알면서도..

스스로 어쩔 수 없는 걸요..

어쩌면 좋아..

난 주님 정말 못 만나겠다..

주님.. 어떻게 해요.. 흑흑..

그런데 목사님이 그러셨다.
목사님도 남부럽지 않게 교만했었다고..
정말요?
목사님도 그러셨어요?
그럼 나도 언젠가는 교만한 마음 깨어질 수 있어요?
머리 굴리는 버릇.. 고칠 수 있어요? 정말요?
주님..저도..깨뜨려 주세요.
낮춰 주세요..
내 힘으로는 내 교만을 깨달을 수도 없고..
진심으로 회개할 수도 없고..
그러니까..
주님께서 제게 빛을 비춰주세요..
저의 참 모습을 보여주시고..
낮춰주세요..

 점심을 먹고 오후 집회 시간에 목사님은 찬양을 하면서 회개 기도를 인도하셨다. 자신을 사랑하지 않은 것에 대해 회개하라고 하셨다.
 스스로를 미워하고 못마땅하게 여기는 것은 하나님께 대적하는 것이라고.. 하나님의 작품을 모독하는 것이라고..
 그리고 자신을 사랑하지 않으면 남을 사랑할 수 없다고 말씀하시며 회개 기도를 인도하실 때 가슴 속에서 주체할 수 없는 울음이 터져 나왔다. 하나님 앞에 막 외쳤다.

"아빠. 아빠. 잘못했어요. 다시는 안 그럴 께요.. 용서해 주세요."
내 입에서 이런 어린 아이 같은 말들이 터져 나오다니..
내가 하는 말이 아닌 것 같았다..
두 세살 짜리 어린 아기가 아빠 앞에서 외치는 소리 같았다..

그 동안 내가 가지고 있었던 외모에 대한 오랜 컴플렉스..
'나는 왜 이리 뚱뚱하지?' '나는 왜 이리 못생겼지?'
성격에 대한 불만..
'나는 왜 이렇게 성격이 강하고 무딜까?'
'나도 부드럽고 민감하고 섬세한 성격이면 좋을 텐데..'
'나도 착하고 사랑스러운 성품을 갖고 태어났으면 좋았을 텐데..'
'난 왜 이리 우악스럽고 고집 세고 못됐을까?'
'착하고 순수한 사람들은 금새 하나님 경험하는데 나 같은 성격은 하나님을 만나는데도 장애가 많잖아.'
'난 내 성격이 싫어..'

내가 그 동안 이렇게 나 자신을 학대하고있을 때..
주님께서 얼마나 괴로우셨을까?
스스로를 향한 수 없는 저주를 퍼부으면서..
다른 사람을 사랑할 수 없었던 것은 당연하지..
안정감을 갖지 못하고 늘 열등감과 교만 사이를 정신 없이 왕복하며..
어떻게든 사랑 받고 인정 받아보려고
열심히 공부하고 성실히 살려고 애를 쓰고 고생한 것이 당연하지..
내 안에 스스로 쌓은 저주..

주님을 만나는데 막힌 담이 되는 것이 당연하지..
이런 벽을 허물려면..
오래 걸리는 게 당연하지..
그렇지만.. 주님은 이 벽을 허무실 거야..

그런데 한참 그렇게 기도를 드리고 나서 내 입에서 이런 말이 터져 나왔다..
"아빠.. 사랑해요"
정말 정말.. 내겐 어려운 말이었는데..
주님께 사랑한다고 고백하는 것..
때로는 주님을 사랑한다는 말을 할 자격이 없다고 생각해서..
때로는 사랑한다는 표현이 너무 느끼하게 여겨져서..
입 밖으로 고백할 수 없었던 말..
'주님.. 당신이 필요해요..'
라는 말은 했지만..
"주님.. 당신을 사랑해요.."
라는 말은.. 닭살이 돋아서 웬만하면 잘 할 수 없었는데..
그 말이 내 입에서 튀어나온 것이다..
그리고 나자 갑자기 기도 소리가 커지더니..
강하게 부르짖는 소리가 나오고 그리고 낮은 소리로 바뀌더니
"으아악.." 하는 포효가 터져나오는 것이었다.
그것은 아마 내 안의 죄책과 어두움의 영을 내 쫓아버리는 소리 같았다.. 아! 그리고 나서 내 마음이 얼마나 기쁘고 후련한지..
어린아이 같은 자유가 느껴졌다..

마치 어린 아이가 웃는 것 같은 두살 짜리 수준의 웃음이 계속 나오기 시작했다. 뭐가 그렇게 웃기는지 보이는 것마다 다 웃겨 보이고 예뻐 보였다.

믿음이 연약한 사람을 판단한 것에 대해 회개하라고 하실 때는 그 동안 양육했던 아이들이 떠올랐다. 잘 성장하지 않는 거 같아 보이면 다 그치고 혼내고 정죄 하고 판단했던 것들이 떠올랐다.
양육을 하는 게 아니라 거의 잡아먹는 수준이었으니 주님께서 이 때까지 내가 했던 양육은 다 실패였다고 하시는 거 같았다.
실패 판정.. 그것이 그렇게 속 시원할 수가 없었다..
음.. 내가 다 말아먹었구나..
그랬구나.. 그들이 조금이라도 성장하고 변화되었던 건 주님의 전적인 은혜였을 뿐 나는 전혀 사람을 도운 것이 아니었구나..
깨어진 관계들이 떠오르고 회개의 통곡이 나왔다.
가족들에 대해서도 공동체 사람들에 대해서도
중보기도 한다면서 정죄했던 것들도 떠올랐다.

회개를 한 후 찬양을 하니 마치 날아가는 것 같았다..
아.. 얼마나 신나는지!
찬양하면서 이렇게 신난 적이 또 있을까?
이렇게 뛰어본 적이 또 있을까?
주님이 너무 좋아요. 하하..
진짜 신이 났다.
문제는 세례식 할 때 다들 울면서 찬양을 하는 데 나는 계속 웃었다

296 영성의 원리 (1)

는 것이다. 나도 십자가를 지신 주님의 고통과 고난을 느끼고 묵상하고 괴로워하고 싶은데 그냥 마음이 기쁘고 기분이 계속 좋은 것이었다.
 난 아직 십자가를 느낄 수준이 안되니까 그냥 신나게 놀기나 하라고 계속 즐거운 마음만 주셨나보다.

 윤숙이 세례 줄 때 감동이었다.
 하지만 윤숙이가 울부짖으며 난리 치는데도 나는 계속 웃고있었다.
 윤숙이의 세례를 축하하는 시간에 사람들은 꽃다발을 선물로 주고 포옹을 하고 울고 했다.
 사모님은 울고 있는 윤숙이를 위해 꽃다발을 대신 받으시고 껴안고 우느라고 떨어지지 않는 사람들을 떼어놓고 계셨다. 다음 사람이 기다리고 있으니까 빨리 떼어놓지 않으면 한없이 기다려야 하니까.
 그 모습을 보면서 비틀거리는 윤숙이를 부축하고 서 있으면서
 나는 너무 기뻤다.
 주님과 윤숙이의 결혼식..
 많은 축하객들..
 우와.. 그것은 너무나 멋진 결혼식이었다.
 시간이 부족해서 오늘 생일을 맞이한 분들을 제대로 축하하지 못한 것이 아쉬웠지만.. 너무나 즐거운 시간이었다.

 이렇게 집회가 끝이 났다. 언제나 느끼지만 집회는 정말 천국과 같다.
 돌아오는 길 집사님들과 한 차에 타고 집회의 감동을 나누며 찬양을 부르며 집으로 왔다. 항상 이런 충만한 마음으로 주님과 같이 살아가고 싶다. 사랑하는 가족님들. 너무나 반가왔어요.감사하고 사랑합니다.

집회를 마치고...   -박선옥-

하나님 너무 감사합니다.
저에게 넘쳐나게 은혜를 주심에...
하나님 감사합니다.
천국을 누릴 수 있게 해 주셔서..
하나님 감사합니다.
정원 목사님을 만나 뵐 수 있게 해주셔서..
하나님 감사합니다.
천국의 사람들을 만나게 해 주셔서..

저는 집회에 갈 수 없는 상황들이 있었지만 놓칠 수 없었습니다.
하나님의 임재 가운데 하나님을 느끼며 알아 가는 그 시간을 빼앗길 수 없었죠.. 이 시간은 저에게 천국의 연습이요 훈련 과정이니까요..

아..
너무도 아름다운 천국의 모습들이었죠
아름다운 영의 찬양들..
영의 언어들..
사랑의 마음들..
회개의 눈물들..
기쁨의 눈물들..

사랑의 눈물들..

아! 세상이 알 수 없는 기쁨

감사 할 뿐입니다.

이런 자리를 마련해 주신 목사님 감사합니다.

온 힘을 다하여서 진액을 쏟아 부어 주신 목사님..

오직 주님께만 ...

오직 주님께만 ...

부탁 드릴께요..

새 힘을 빨리 공급해 드리라구요.

많은 이들에게 생수의 강이 되게 해 달라구요..

사모님! 감사해요

저희들은 생수를 먹고 마시고 즐거운 시간을 보내지만

여러 가지로 준비하시고 챙기시느라 수고 많으셨죠..

정말 감사해요..

저희들은 안답니다.

사모님의 역할이 없다면

앙꼬 없는 찐빵이라는 것을..

모든 분들 뵐 수 있어서 행복했습니다.

모두 모두 사랑합니다.

주님과 하나됨의 감격!   -이윤숙-

토요일.. 드디어 아름다운 사람들을 만나는 날..
그리고.. 주님과 하나되는 날이었다...
역시나 모임 전까지..
끈질기게 따라붙으며 괴롭히는 사단..
걔네들 떼어놓느라 좀 힘들었다.
그러나 기도하고 나니 마음이 좀 편해졌다.

드디어 도착!
사랑하는 많은 분들을 만났다.
리브님..(청아한 백합 리브님...사랑해요!)
유나리님.. (너무 소녀 같으셨다. 그리고 감격했다.)
김혜연집사님..(처음 만나서 울면서 포옹했던 것을 잊지 못한다.)
 순미언니..(참 여리고 순수한 언니인것 같다.. 언니의 맑은 눈망울을 잊지 못한다.)
꿈쟁이님.. 순희님.. 정25님..
(어쩜 하나같이 맑고 아름다우실까! 창조주 주님께 감사드린다!)
이진래목사님!
너무 뵙고 싶었던 너무 사랑하는 유화집사님!
(집사님의 뜨거운 사랑! 감사해요!)
너무 좋으신 황인호목사님과 쌍둥이!

사랑합니다!!
보기만 하면 웃음이 나는 사람 중 또 한 명 나비언니!
사랑해요!
가슴 저리는 나의 감동의 언니.. 해바라기 언니!
사랑해요!
눈물나는 주연언니!
사랑해요!
사랑하는 에스더 언니.. 사랑하는 지인 언니..
(지인 언니는 많이 아프신 중인데도..
전혀 티를 내지 않으셨다! 와! 정말 존경스럽다!)
사랑하는 쥐 언니...
(나와 심부름을 동행하여준 언니.. 감사를..)
언제나 감사하는 아름다운 연희 집사님!
(저 때문에 고생이 많으셨죠! 감사해요! 엄마 같은 집사님!
사랑해요..)
그리고 또 목사님의 입술에서 나오는 하나님의 음성도 듣고..
사모님 엄마 때문에 얼마나 웃었는지..
너무 행복한 시간이었다!
날아갈 것 같이 행복한 시간..
나에게 이런 시간들이 주어지리라곤 상상도 못했는데..
역시 주님! 감사합니다..

그리고 그분과의 연합...!

세례식..

너무 눈물겨웠다..

사실.. 세례 바로 전까지 너무 멀쩡해서(두근거리기만 했는데..)

이번엔 안 우는가 보다 했다.

근데 이게 웬일...

목사님이 로마서를 읽어 주시는데..

그때부터 부들부들 쿵쾅쿵쾅

심장이 요동치기 시작했다.

오...! 주님!

예수! 예수!

가슴속에 격렬한 파도가 치는 것이 느껴졌다.

그리고 큰 통곡과 눈물이 나오기 시작했다.

주님의 음성..

'나의 사랑 나의 어여쁜 자여.. 일어나 함께 가자..'

너무 황홀했고 너무 황홀했다..

그리고 너무 감사했다..

오! 주님! 어찌하여 이런 죄인을 받아주시는 지요!

눈물이 끊이지 않았다.

나는 주님이 없이는 살수가 없다!

이미 죽었을 몸이다!

그러나 주님은 나를 깨끗하게 하셨다!

그분이 나의 전부가 되셨다!

감사합니다

감사합니다!

나의 주님...

누가 너를 구해주는가!
오직 예수!
누가 너와 함께 하는가!
오직 예수!
누가 너를 위해 죽을 수 있겠는가!
오직 예수!
너는 왜 살 가치가 있는가!
오직 예수 때문에!
너는 왜 사는가!
오직 예수 때문에!
너는 무엇을 전할 수 있겠는가!
오직 예수!
나는 예수의 것!
나는 예수의 것!

주님과 하나되었다..
오...!
얼마나 기다리던 순간이었나!
그리고 얼마나 황홀한 순간이었나!
나의 심장이 무너져 내리는 것 같았다!
내가 그 분의 것이 될 수만 있다면!
내가 그 분의 종이 될 수만 있다면!

아니.. 내가 그분의 먼지라도 될 수 있다면..!
나는 숨이 멎을지도 모른다..

그런데..
그분이 나와 하나되셨다니!
나는 기절할 것 같았다!
나와 하나가 되어 주신다니!
나는 기절할 것 같았다!

주님! 저는 더러운 죄인입니다..
그래도 저를 사랑하십니까!

사랑하는 내 딸아.
내가 너를 용서하였다.
내가 너를 사랑하노라.

주님! 저는 아무 것도 할 수 없는 쓸모 없는 사람입니다!
그래도 저와 함께 하시겠습니까!

사랑하는 내 딸아.
너는 내 것이라.
너는 내 것이라.
너는 내 것이라.
두려워 말라.

나는 너의 여호와 하나님..
너를 지켜주겠다.

주님! 주님! 주님!
저를 불쌍히 여기소서.
저를 불쌍히 여기소서...

주님의 사랑에 무릎 꿇는다..
주님께 항복입니다!
주님의 사랑에 항복입니다.
나를 다스려 주소서.
나를 다스려 주소서.

성찬식 때는 주님의 십자가..보혈을 느꼈다..
정말 제정신이 아니었다.
이것 역시 기절할 뻔했다.
나..
정말 주님의 것이 되고 싶어요.
도와주세요.
그리고 감사해요
당신의 사랑..
당신의 십자가 사랑..
아직은 알 수 없어도..
당신의 사랑....

감사해요!

가족 님들!
정신 없어서 인사도 제대로 못 드리고 너무 죄송했어요.
다음엔 제정신으로 안아 드릴 수도 있기를..
그리고 저 때문에 고생하신 많은 분들..
감사하고 죄송합니다.
특히 제가 제 정신 아닐 때 사랑으로 도와주신 연희 집사님!
정말 감사해요.. 주님께서 많은 축복을 주실 꺼에요.

모두 사랑해요.
그리고.. 행복하세요! 주님과 함께!!
할렐루야!

영성 모임 뒷 이야기 (영의 깨움에 대하여) -정원-

며칠 전 세 번째 영성 모임을 잘 마치게 해주신 주님께 감사드립니다.
그리고.. 식구 님들.. 정말 너무 보고싶네요..
시간 때문에 충분히 많은 이야기.. 개인적으로 나누지 못한 것이 참 아쉽습니다..
모임과 영의 관계, 흐름에 대하여 조금 이야기하고 싶군요...

처음에 첫 번 째 영성 모임을 가질 때만 해도 이렇게 집회 형태의 모임이 될 줄은 몰랐어요. 그저 글을 쓰시는 분들이 어떤 분들인지 궁금했고 직접 얼굴을 보고 싶었지요.
아마 대 여섯 명이 오지 않을까 생각했어요.
그래서 여러 대화와 교제를 나누려고 했지요.
그런데 30여명이 오셨더군요.
좀 놀랐어요. 그래서 그런 계획은 없었는데 할 수 없이 집회의 형태로 할 수밖에 없었지요..
두 번 째 모임은 40명 정도, 이번 세 번째 모임은 70명 정도 오셨더군요.
저는 사실 목회를 내려놓고 조용히 기도와 글에 몰두하고 싶고 집회를 하고 싶은 마음은 없었는데 조금씩 자꾸 알려지게 되다 보니 예상외로 일이 흘러가서 고민이 조금 되고 있어요. 집회 초청도 자꾸 받게 되고 또 가서 집회를 하면 계속 오라는 압박을 받으니까요. 아무튼 주님의 뜻이 이루어지겠지요.

저는 모임을 할 때 이런 식으로 준비를 합니다.

영의 충전을 많이 해야 하지요.

영의 공급은 여러 방법이 있지만 일단 가장 쉬운 방법으로 영을 먹일 수 있도록 영의 충전을 많이 해서 모임에 나갑니다.

조용히 주를 부르고 요청하면 차츰 주의 영의 공급이 느껴지지요.

먼저 손이 짜릿 짜릿해지고

그 다음에는 발이 짜릿 거립니다.

그 다음에 가슴, 배, 머리. 이런 순서로 기운이 채워지지요.

그 때쯤 되면 가슴에 놀라운 희락이 오고 마치 천국에 있는 기분이지요..

조금 더 충전하면 뇌가 열리면서 빛들이 들어오는 것이 느껴집니다.

조금 더 하면 온 몸에 갑옷이 입혀집니다.

그리고 그 기운이 전신을 두껍게 둘러싸지요...

그 분량이 많아지면 들러 싼 기운의 두께가 좀 더 넓어집니다.

조금 더 있으면 눈물이 흐르고 주님의 마음, 말씀, 감동이 자꾸 오게 되지요...

이런 준비를 해야 하는 이유는 그런 상태로 모임에 나가게 되면 대체로 모임에 참석한 분들이 비슷한 경험을 하게 되기 때문입니다.

특별히 기도 사역을 하거나 안수를 하지 않더라도 그 공간 안에 있는 분들은 그 영에게 잡히는 경험을 하게 됩니다.

조금 둔한 분들은 아무 느낌이 없는 경우도 있지만 그것은 본인이 느끼지 못할 뿐이고 동일한 기름 부으심이 들어가거든요.

물론 본인은 감각이 둔하기 때문에 시간이 많이 흐르게 되어야 자신의 속에 일어나는 여러 변화들을 느끼게 됩니다.

예를 들면 그 때는 아무 느낌이 없었는데 갑자기 길을 지나가다가 낙엽을 보았는데 괜히 눈물이 난다든지.. 긴장이 풀렸을 때 그런 비슷한 현상을 겪게 되지요.

그것은 집회에서 자기도 모르게 축적된 기운이 긴장이 풀린 릴렉스 상태에서 나타나는 것입니다.

그렇게 준비가 되면 모임에 나갑니다.
그리고 나서 영적 대결이 시작되지요.
보통 사람들은 자신의 영이 막혔는지 어떤지 거의 잘 모릅니다.
아니 영의 느낌 자체가 별로 없지요.
간단히 이야기하면 영은 심장입니다.
그런데 평소에는 이 영이 거의 막혀 있습니다.
사람은 영으로 심령으로 심령에 매여져서 주님의 감동, 영의 감동으로 살아야 하는데 그런 사람은 거의 없거든요.
이 영의 감각이 죽어있는 이유는 첫째 타락으로 인하여 사람의 영이 육체 속에 갇히게 되어서 그 기능이 약해졌고 그래서 대부분의 사람은 머리로 논리로 살기 때문입니다.
머리는 영의 부하인데 이것이 주인 노릇을 하니까 영은 속에 갇혀서 눌려서 사는 것이지요.

둘째는 악한 영들의 문화, 악한 영들의 억압 때문입니다.
우리가 접촉하는 티브이나 문화, 영화, 각종 사람들의 입에는 나오는 말들.. 거기에 나쁜 기운, 나쁜 영들이 우리를 누르기 때문에 더욱 영은

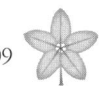

갇혀 있게 됩니다.

 셋째는 죄의 문제지요. 주님이 싫어하시는 것을 행할 때 우리의 영은 고통을 겪고 눌려서 활동을 할 수 없게 됩니다.

 아무튼 그 결과로 영은 우리 안에 갇혀서 잘 나오지 못합니다.
 영의 흘러나옴은 해방이고 행복이고 열매를 낳지만 영의 갇힘은 고통이며 눌림이며 관념적인 신앙일 뿐 열매는 없는 것입니다.
 불행하게도 이 상태에 있는 사람들이 너무나 많이 있지요.

 워치만니는 이 영의 해방(자아가 죽을 때)에 대한 책을 썼지만 관념적으로만 접근했을 뿐 그 실제에 대하여는 거의 다루지 않았습니다.
 오히려 실제적인 영의 흐름에 대하여는 거꾸로 제한하고 방해하는 글을 많이 썼지요. 이는 그가 실제가 별로 없이 개념만을 많이 가지고 있었기 때문입니다.

 영적 대결이라는 것은 무엇일까요?
 사역자의 영이 강력하면 그의 영의 기운이 흘러나와서 사람들에게 가까이 갑니다.
 그래서 그의 겉사람을 뚫고 그의 속사람, 영을 만나는 것입니다.
 그래서 갇혀있는 영을 밖으로 이끌어내는 것이지요.
 일종의 출애굽과 같은 사역이라고 할 수 있습니다.
 이 때에 그 동안 갇혀있던 영은 해방되는 감격으로 인하여 통곡을 하거나 웃거나 발작적인 현상을 나타내게 되는 것입니다.

마치 이산 가족을 만난 것처럼 놀라고 해방과 자유를 경험하게 되지요. 그래서 사역자의 영과 성도의 영은 같이 껴안고 울고 춤추며 해방을 기뻐하는 것입니다.
   그것은 영들끼리의 경험이기 때문에 그 후에는 서로 깊은 일체감과 애정과 끌어당김을 느끼게 됩니다.
   우리는 알지 못하지만 영들끼리 만나고 교제했기 때문이지요...
   이 때에 사역자의 영의 기운이 강하지 못해서 성도들의 영에 덮여있는 겉 사람의 기운, (겉사람에는 어둠의 영의 악한 기운이 덮여있습니다.) 악의 기운을 뚫지 못하면 그 영은 밖으로 나올 수 없으며 그러므로 답답하게 느껴지는 것입니다.
   이 경우에 멧세지의 내용에는 동의하지만 심령에는 아무런 기쁨도 해방도 느끼지 못하게 됩니다.

   몇 몇 사람이 서로 포옹하고 난리를 치는 현상도 이와 비슷합니다.
   깊은 바다가 서로 부름같이 같은 비슷한 영의 흐름이 있는 이들은 가까이 가기만 해도 속의 영이 같이 동일하게 움직이기 때문에 감격과 충격을 느끼게 됩니다.
   그들은 자기도 모르게 속에서 무언가가 폭발해 나오는 듯한 감동을 느끼지요. 절제를 할 수도 있겠지만 그러나 표현을 하는 것이 더 영의 자유에 도움이 되겠지요.

   여러분들이 그런 말씀을 하셨지요.
   속에서 영의 감동이 밀려왔는데 그냥 절제하고 말았다고..
   참 후회된다고..

그렇습니다.
그것은 갇혀있는 영을 해방할 기회를 아깝게 놓친 것이지요.
마치 대통령의 사면장을 거절한 것과 비슷한 것입니다.
다음에 기회가 올 때까지 조금 더 감옥살이를 해야겠지요.
그러면 그렇게 영이 해방되면 어떻게 되느냐 고요?
그것은 열매와 영의 기능의 풍성함이 나타나는 것이지요.
한 예를 들까요.
주님의 영은 아주 풍성하셨고 자유로우셨습니다.
 그분은 다른 사람의 생각을 느끼고 아는데 별로 어려움이 없으셨지요.
영의 흐름이란 그런 것입니다.
그러나 영이 갇혀있으면 영의 기능이 다양하게 나타날 수 없겠지요.

사랑의 마음, 감동, 기쁨, 죄에서의 해방...
그러한 것들이 영의 열매입니다.
그러니 영을 누르고 방해하고 절제하면서 고상하게 사는 것이 얼마나 부질없는 짓인지 알 수 있지요...
주님 안에서 단순한 어린아이가 되는 것이 얼마나 아름답고 자유롭고 행복한 삶인지 모릅니다...

목회 사역을 할 때 사람들이 울고 웃고 소리지르고 쓰러지고 전율하고 굳어지고... 아수라장이 될 때가 많아서 주위 사람들의 공격을 참 많이 받았지요. 여기는 무슨 정신병자 수용소냐고...
조금 창피하기도 하고 난처하기도 하고 여러 부작용도 있는 것 같아서 나중에는 절제를 했지요...
  그러나 교회사를 보면 웨슬레나 휫필드의 집회 때에도 조나단 에드워드 등의 부흥의 시대에도 그러한 현상이 많이 있었던 기록이 있었습니다.
  다만 일반 목회에서는 그러한 강력한 성령의 역사가 임하는 것이 문제가 될 수 있으므로 주님의 강한 임재와 해방을 사모하는 이들이 따로 모여서 집회를 하는 것이 좋은 것 같습니다.

  이러한 이야기들은 영의 현상의 이해를 위한 것입니다.
  우리의 영은 실제이며 평소에 막혀있고 영의 나옴을 방해하는 각종 악한 기운들이 온 세상에 가득하며 그러므로 그 방해를 뚫고 영을 해방시키는 것이 곧 악에서 죄에서의 해방인 것을 이해시키기 위한 것입니다.
  영이 막혀있는 이들은 아무리 기도하고 찬송을 해도 답답하며 아는 것은 많아도 삶 속에서 기쁨과 자유함을 알지 못합니다.

  어떤 분들은 이런 말씀을 주셨습니다.
  집회를 하는데 공중에 수많은 천사들이 춤을 추고 기뻐하는 모습을 보았다거나 저에게서 강하고 밝은 빛이 비춰고 있었다거나...
  그러나 그것은 별로 특별한 일이 아닙니다.
  왜냐하면 주님을 높이는 모든 집회에는 그처럼 주의 영이 임재하시며 천사들이 오기 때문입니다.
  특히 강렬하게 온 몸을 다해 드리는 경배와 찬양과 기도에는 그 공간 가운데 천사와 주의 영과 빛과 불이 가득하게 역사합니다.

우리는 그것을 보지 못하더라도 그 기운을 느끼고 경험하게 됩니다.

답답하고 눌리는 듯한 기분이 드는 집회는 어두움의 기운들이 실제로 영들을 많이 누르고 있습니다.
그래서 우리는 우리의 느낌을 무시해서는 안됩니다.
뭔가 막혀 있을 때는 기도와 찬양으로서 그것을 부숴 버려야 하는 것이지요.
어느 자매가 눈을 크게 뜨고 기도하면서 주의 만지심을 요청하고 악한 영을 쫓는 기도를 할 때 눈에서 진동이 오면서 하얀 것이 두 마리가 나가는 것을 보았다고 하는 이야기를 하였습니다.

나중에 기회가 있을 때 조금 더 자세히 이야기를 하겠지만 영의 눌림과 해방과 눈의 상태는 아주 깊은 연관성을 가집니다.
그렇기 때문에 눈을 부릅뜨고 기도하는 훈련이 필요한 것이지요.
악한 영들은 소리를 통해서 들어오고 눈을 통해서 들어오기 때문에 소리를 통해서 들어온 것은 소리를 통해서 내 보내고 눈을 통해서 들어온 것은 눈을 강하고 크게 뜬 상태에서 주를 부르면 눈에서 진동이 일어나며 악한 기운이 나가게 됩니다.
음란한 영들은 다 눈을 통해서 들어온 것이기 때문에 이 방법으로 내 보낼 수 있지요.

다음 기회에 좀 더 자세한 설명을 하겠습니다.
다만 눈을 크게 뜨고 기도하는 것은 영혼의 자유함에 큰 도움을 주는 기도법이라는 것을 인식하고 있으십시오.

한가지 더 주의 사항을 말씀드리면 이러한 강력한 영의 흐름이 있는 집회 후에는 며칠 간은 몸이 마치 몸살이 난 것처럼 아프다는 것을 알아야 합니다.

그것은 정말로 몸이 아픈 것이 아닙니다.

그것은 영이 흘러나오는 과정에서 몸이 부분적으로 어느 정도 깨어졌기 때문입니다.

이 것은 보통의 몸살과 다르며 이런 경우에 약을 먹으면 해롭습니다.

이 때에는 몸이 힘이 없고 어지럽기도 하며 쉽게 지치고 피곤합니다.

그러나 심령은 편안하지요.

이 때는 가능하면 움직이지 말고 그저 누워서 쉬어야 합니다.

기도도 하지 말고 그저 누워서 조용히 주님을 부르면 됩니다.

대체로 3-4일이면 몸이 회복되는 데 그 후에는 전보다 육이 약해지고 영이 좀 더 민감해진 것을 알 수 있습니다.

이상하게도 전 같으면 성질이 나거나 불안했을 일도 이상하게 편안하고 조금만 기도해도 자꾸 눈물이 나거나 성경을 조금만 읽어도 가슴이 뜨거워지는 등 변화들이 일어나게 됩니다.

이것이 실제적으로 육이 죽는 과정이지요.

전 같지 않게 자꾸 착한 생각이 떠오르고 사람들에게 미안하고 잘 해주고 싶고.. 그런 마음이 됩니다. 영의 작용의 일부이지요...

에구.. 쓰다보니
또 길어졌군요..
세례식과 성찬식에 대하여 한마디만 더하지요...

세례식은 주님과의 결혼식이며 자신의 장례식입니다.
세례는 자기의 모든 권리에 대하여 죽는 것입니다.
그러므로 세례를 주기 전에 나는 항상 공개적인 고백을 시키지요.
주님을 어떻게 생각하는지,
주님은 당신에게 어떤 분인지,
주님과 함께 지금 죽겠는지..
지금 모든 권리와 함께 죽으면 다시는 돌이킬 수 없는데
과연 결심이 섰는지
나중에 후회하지 않을지..
구체적으로 물어봅니다.

이 과정에서 많이 울고 모든 참석자들은 같이 도전을 받고 그 결혼식과 장례식에 동참하여 축복하게 됩니다.
그리고 나서 전 교인이 나와서 한 사람씩 축복하고 포옹하며 준비한 카드와 꽃 등 선물을 주지요.
이 시간에는 다같이 환한 웃음으로 놀라운 기쁨을 같이 공유하게 되는데 이번처럼 묘한 세례는 처음 준 것 같습니다.
윤숙 자매는 아예 오징어처럼 바닥에 고꾸라져 있었고
세례 문답 고백도 잘 할 수 있는 상황이 아니었고
포옹하고 축복할 때도 제정신이 아니었으니까요..
너무 강하게 주님의 영으로 사로잡혀 있었나 봐요..
세례 받을 때 많이 우는 것은 보았지만 이처럼 사로잡혀 있는 것은 처음 보는 군요..
아무튼 주님과 함께 죽었다는, 그래서 자신의 모든 권리는 끝났다는

인식과 고백만 분명하면 된 것이지요...

  성찬식..
  그것은 놀라운 은혜입니다.
  그것은 주님의 찢기심을 근거로 하여 그분의 살과 피를 먹고 그분의 생명을 경험하는 것이지요.
  성찬식에서 중요한 것은 회개입니다.
  주님의 영을 거슬리는 부분을 회개하여 영이 맑은 상태에서 해야 합니다. 그렇지 않고 맹숭맹숭한 상태에서 하게 되면 사람들이 성찬식의 감격을 잘 모르게 되고 그러면 하나의 형식이 되어버리지요.
  성찬식에서 울고불고 아수라장이 되었지만 사실 그것이 정상인 것입니다.
  그것은 우리의 반응이 아니고 우리 안의 영의 반응이니까요...
  우리의 영은 주님의 실제를 경험하게 될 때 그 감격과 희열을 견디지 못하고 표현하게 되니까요.

  시간이 늦었고 몹시 피곤하군요.
  꼭 한가지만 더 이야기하겠습니다.
  예배에는 영의 흐름, 실제가 있어야 하며
  그 중요한 원리는
  예배에 마음을 다 쏟아 부어서 드리는 것입니다.
  간절하고도 간절하게 피를 쏟아 붓듯이
  그렇게 찬양과 기도를 주님께 올리는 것입니다.

부드럽고 고요하며 자연스러운 예배도 있습니다.
그러나 그 시간에 주님의 깊고 강렬한 터치를 원한다면
우리의 피와 살을 그분께 드려야 합니다.

어떤 사람이 산에서 곰에게 잡혀 죽게 되었습니다.
그런데 어떤 친구가 그를 구해주었습니다.
그래서 그가 열심히 도망하는 동안
그 친구는 곰에게 찢겨서 죽었습니다.

그렇다면 이 사람이 자기를 살려준 친구에 대하여 이야기를 할 때에
허허 웃으면서 아.. 그 친구 좋은 사람이야.. 라고 할까요?
아마 그러기 어렵겠지요.
마찬가지로
우리를 향한 주님의 사랑과 희생은 너무나 커서
우리도 주를 향해 그렇게 목숨을 쏟아 붓고 싶은 것입니다.

예배에 우리의 중심을 쏟을 때
주님은 강력하게 임하십니다.
그리고 우리를 만지십니다.
그 영이 우리를 만지게 되면
우리의 영은 해방되며
우리는 새로워지는 것입니다.

사랑의 사람이 되며

눈물의 사람이 되고
기도의 사람이 되며
오직 살든지 죽든지 어찌하든지
주님만을 기쁘시게 하기 원하는
주님의 사람이 되게 되는 것입니다.

그러므로 우리는 그렇게 우리 마음의 중심을 쏟아서 주를 부르며
목숨을 다 바쳐 찬양을 드리며
주님께 대한 강렬한 사랑과 헌신의 고백을 드려야 하는 것입니다.
그리고 그것이 바로 예배의 중심이고 행복이지요.
부디 예배뿐만 아니라 우리의 전 삶이 전 중심이 그렇게 주님을 행해서 뜨거워지기를 바랍니다.

사랑하는 식구 여러분...
우리 모두가 다
오직 주님을 사랑하는
주님의 사람이 되었으면 좋겠군요.
늦은 밤입니다.
주안에서 부디 평안히 주무십시오.

샬롬.
정원 드림.

도서구입신청

도서 구입을 원하시는 분들을 위한 안내입니다.

1. 도서 목록 확인

페이지를 넘기시면 정원 목사님의 도서 전권이 안내되어있습니다.
도서 목록을 참조하셔서 필요로 하시는 책을 선택하십시오.
각 도서의 자세한 목차와 내용을 원하시면 정원목사 독자 모임 카페의 [저자 및 저서소개] 코너를 참조하십시오. (http://cafe.daum.net/garden500)

2. 책신청

구입하실 도서를 결정하신 후에, 영성의 숲 출판사로 전화를 주세요.
(02-355-7526 / 010-9176-7526. 통화시간: 월~금 오전 9시~저녁 6시)
신청 도서 목록을 알려주시면 입금하실 금액을 안내해 드립니다.
신청하실 때는 책을 받으실 주소와 전화번호를 함께 알려주세요.
책신청은 전화 외에도 영성의 숲 홈페이지의 [책신청] 코너,
출판사 이메일(spiritforest@hanmail.net)을 사용하실 수 있습니다.

3. 송금

안내 받으신 도서 대금을 아래 계좌로 입금해 주세요.
(국민은행: 051-21-0894-062, 예금주: 홍윤미)
신청자 성함과 입금자 성함이 일치하지 않는 경우에는 입금자 성함을
꼭 알려주셔야 확인이 가능합니다.

4. 배송

입금 확인 후에 바로 발송 작업을 하는데, 발송후 도착까지 보통 2-3일 정도가 소요 됩니다. 책을 급하게 필요로 하실 경우에는 일반 서점을 이용해 주세요. 해외 배송을 원하시는 분은 총판을 담당하고 있는 생명의 말씀사로 문의해주시기 바랍니다. (생명의 말씀사 080-022-1211   www.lifebook.co.kr)

<기도 시리즈>

1. 하늘의 권능이 임하는 부르짖는 기도 1
영성의 숲. 373쪽. 13,000원 / 핸디북 10,000원
2. 하늘의 권능이 임하는 부르짖는 기도 2
영성의 숲. 373쪽. 15,000원 / 핸디북 11,000원
부르짖는 기도는 성경에 등장하는 가장 기본적이고 중요한 기도입니다. 누구나 이 기도를 통하여 하늘의 권능을 경험하며 강건한 그리스도인이 될 수 있을 것입니다. 1권은 부르짖는 기도의 기본원리, 2권은 실제적인 방법과 적용을 다루고 있습니다.

3. 대적기도의 원리와 능력
4. 대적기도의 적용원리
영성의 숲. 400쪽. 각 14,000원 / 핸디북 각 11,000원
대적기도 시리즈 1편과 2편. 대적기도는 주님께 간구하는 기도가 아니며 우리에게 주어진 권세와 능력을 발견하고 사용하여 능력과 승리를 경험하는 기도입니다. 이 기도를 알게 될 때 당신의 삶은 진정 달라지게 될 것입니다. 핸디북은 휴대를 위한 작은 사이즈 입니다.

5. 대적기도를 통한 승리의 삶
6. 대적기도의 근본적인 승리비결
영성의 숲. 452쪽. 각 15,000원 / 핸디북 각 12,000원
대적기도 시리즈 3편과 4편 완결편. 3편에서는 대적기도를 인간관계, 가정에서의 삶, 복음 전도와 사역에 구체적으로 적용하는 방법을 제시하였고, 4편에서는 악한 영들을 근본적으로 완전하게 제압하고 승리할 수 있는 원리와 비결을 제시하고 있습니다.

7. 아름답고 행복한 기도의 세계
영성의 숲. 279쪽. 9,000원
〈기도업데이트〉의 개정판. 자연스럽고 편안하게 기도의 아름다움과 행복에 잠길 수 있도록 돕는 책입니다. 기다리는 기도, 듣는 기도, 안식하는 기도 등 다양하고 풍성한 기도의 원리들을 일상의 예화들을 통하여 쉽게 정리하였습니다.

8. 주님의 마음에 이르는 기도
영성의 숲. 309쪽. 10,000원
기도의 원리와 방법에 대한 200개의 조언을 담았습니다. 주님의 마음을 향하여 가는 것. 그것이 기도의 방향이며 목적임을 보여주는 책입니다.

9. 주님의 임재를 경험하는 길
영성의 숲. 308쪽. 10,000원
〈주님을 경험하는 100가지 방법〉의 개정판. 주님의 살아계심과 임재를 경험하기 위한 100가지의 실제적인 방법을 제시하고 있습니다. 사모하는 마음으로 이 방법들을 시도한다면 누구나 쉽게 그분의 역사를 경험하게 될 것입니다.

10. 예수 호흡기도
영성의 숲. 460쪽. 15,000원 / 핸디북 11,000원
호흡을 통한 기도가 주님의 임재와 영적 실제에 들어가는 중요한 비밀이며 열쇠임을 보여주는 책입니다. 이 책에 제시된 원리와 방법을 충실히 시도해 본다면 누구나 놀라운 변화를 경험하게 될 것입니다.

11. 방언기도의 은혜와 능력 1
영성의 숲. 459쪽. 16,000원 / 핸디북 12,000원
방언기도 시리즈 1편. 방언에 대한 성경적이고 균형잡힌 설명 뿐 아니라, 저자의 개인적인 경험과 간증, 방언을 받는 과정과 통역을 시도하는 과정에 대한 구체적인 설명, 여러 경험자들의 실례가 풍성하게 실려있어, 방언의 은혜에 대해 이해하고 적용하는 데에 실제적인 도움을 주는 책입니다.

12. 방언기도의 은혜와 능력 2
영성의 숲. 409쪽. 14,000원 / 핸디북 11,000원
방언기도 2편에서는 방언과 통역이 발전해 나가는 과정과 그 영적인 의미를 깊이있게 다루었습니다. 방언의 가치와 의미를 바르게 이해하고 적용하게 될 때, 오래 동안 방언을 사용하면서도 주님의 은총을 누리지 못하던 이들이 주님의 가까우심과 아름다우심을 풍성히 경험하게 될 것입니다.

13. 방언기도의 은혜와 능력 3
영성의 숲. 489쪽. 16,000원 / 핸디북 12,000원
방언 기도 시리즈의 결론적인 부분을 다룬 책입니다. 방언에 대한 부정적인 견해와 원인들, 방언을 통해 어떻게 부흥이 시작되는지, 은사의 바른 방향과 의미, 목적 등을 정리하였고, 전체적인 요약정리와 함께 경험자들의 구체적인 사례들을 첨부하여 실제적인 적용에 도움이 되도록 하였습니다.

<영성 시리즈>

1. 영성의 실제를 경험하는 길
영성의 숲. 357쪽. 12,000원
〈그리스도인의 아름다운 영성〉의 개정판.
많은 은혜의 도구들이 있지만 그것들이 다 주님을 접촉하는 것은 아닙니다. 참다운 영성과 주님을 경험하는 원리를 제시하는 책입니다.

2. 생각의 자유를 경험하는 길
영성의 숲. 228쪽. 8,000원
〈그리스도인의 생각 다스리기〉의 개정판. 우리가 겪는 삶의 대부분의 고통들은 스스로 만들어낸 생각의 감옥에 지나지 않으며 생각을 분별하고 관리함으로써 풍성하고 행복한 삶을 살 수 있다는 메시지를 다양한 예화와 함께 설득력 있게 제시하고 있습니다. 많은 교회에서 훈련 교재로 사용되기도 했습니다.

3. 영성의 중심은 사랑입니다
영성의 숲. 243쪽. 8,000원
하나님의 은혜를 받아들이고 누림으로써 진정한 사랑과 따뜻함의 세계를 경험할 수 있도록 돕는 책. 신앙의 따뜻함과 아름다움을 회복하고, 영혼들을 이해하고 도울 수 있는 관점을 제시하고 있습니다.

4. 영성의 원리
영성의 숲. 319쪽. 11,000원
영성에도 원리가 있습니다. 이 책은 영성의 발전을 위한 다양한 원리들, 영의 흐름, 영의 인식, 영적 승리를 위한 중보 등의 원리를 실제적인 예와 함께 잘 설명해 줍니다. 영적 부흥과 충만함을 사모하는 이들에게 좋은 참고서가 될 수 있을 것입니다.

5. 문제는 주님의 음성입니다
영성의 숲. 227쪽. 9,000원
우리의 삶에 다가오는 여러가지 어려움들, 문제들은 우연이 아닙니다. 거기에는 주님의 배려와 가르치심이 있으며 반드시 우리가 배워야 할 것이 있습니다. 이 책은 그 문제들에서 주님의 뜻과 음성을 발견하는 원리를 가르쳐 주고 있습니다.

6. 영성의 발전은 어떻게 이루어지는가
영성의 숲. 254쪽. 8,000원
〈영성의 상담〉의 증보 개정판. 영성에 대한 여러 질문과 답변을 통해 다양한 영적현상의 의미와 삶 속에서 영적 성장을 이루는 구체적인 방법들을 소개하고 있습니다.

7. 지금 이 공간에 임하시는 주님
영성의 숲. 340쪽. 12,000원
주님은 믿을수 없을만큼 가까이 계시지만 사람들은 흔히 그분을 무시함으로 그의 임재를 소멸시킵니다. 이책은 그분의 가까우심과 구체적인 공간을 통한 임재, 나타나심을 경험할수 있도록 실제적인 지침을 제시하고 있습니다.

8. 심령이 약한 자의 승리하는 삶
영성의 숲. 228쪽. 9,000원
영혼의 힘이 약하고 마음이 여리고 민감하여 고통을 겪고 있는 이들을 위한 책. 영혼의 원리 및 기질과 사명을 이해함으로써 이전에 알지 못했던 자유와 해방과 놀라운 행복감을 누리게 될 것입니다.

9. 천국의 중심원리
영성의 숲. 452쪽. 14,000원
천국은 사후에만 갈 수 있는 장소가 아닙니다. 이 땅에 살면서 천국의 임재, 그 천국의 빛과 영광을 경험할 수 있습니다. 이 책에서는 내면세계의 천국을 경험하기 위한 길과 원리를 제시해 주고 있습니다.

10. 행복한 신앙을 위한 28가지 조언
영성의 숲. 348쪽. 12,000원
〈자유롭고 행복한 그리스도인 1〉의 개정판. 묶여 있고 창백한 의식의 틀을 벗어나, 자유롭고 풍성한 믿음의 삶으로 나아가도록 돕는 책입니다. 28가지 조언속에 행복한 신앙을 위한 영적 원리들을 담고 있습니다.

11. 성숙한 신앙을 위한 30가지 조언
영성의 숲. 340쪽. 12,000원
〈자유롭고 행복한 그리스도인2〉의 개정판. 의식이 바뀔 때 천국의 자유와 기쁨을 누릴 수 있음을 보여주는 책입니다. 묶여있는 사고와 습관, 잘못된 의식에서 해방되는 원리를 제시해 주고 있습니다.

12. 의식이 깨어남을 사모하라
영성의 숲. 239쪽. 9,000원
잠과 꿈과 깨어남의 실체를 보여주며 진정한 깨어있음의 세계로 인도하는 책입니다.
의식과 영혼을 깨우기 위한 방법과 원리들을 제시해 주고 있습니다.

13. 주님의 마음, 주님의 임재 속으로
영성의 숲. 348쪽. 12,000원
오늘날 주님의 마음에 대한 많은 오해가 있어서 주님의 깊으신 임재에 들어가지 못합니다. 이 책은 그 오해를 풀어주며 우리를 향한 주님의 사랑을 보여주고 그 사랑의 임재 속에 들어가는 길을 안내해주고 있습니다.

14. 영성의 발전을 갈망하라
영성의 숲. 292쪽. 10,000원
영성의 진리 시리즈 1편. 영성을 깨우고 발전시킬 수 있는 다양한 이야기, 원리, 법칙들을 묶은 36가지의 메시지가 수록되어 있습니다. 영혼의 각성에 도움이 되는 지식과 도전을 얻게될 것입니다.

15. 집회에서 흐르는 주님의 은혜
영성의 숲. 254쪽. 8,000원
이미 출간되었던 [집회 가운데 임하시는 주님]을 새롭게 개정하였습니다. 회원들의 간증을 줄이고 더 많은 분량을 추가하였습니다. 집회 가운데 나타나는 주님의 생생한 역사와 이에 관련된 여러 영적 원리를 기술하였습니다. 읽을수록 집회 현장에 있는 듯한 감동과 은혜를 얻을 수 있을 것입니다. 은혜를 사모하는 이들, 영성 사역에 관심이 있는 사역자들에게 좋은 참고가 될 것입니다.

16. 삶을 변화시키는 생명의 원리
영성의 숲. 348쪽. 값 12,000원
삶 속에서 열매를 맺을 수 있는 비결과 원리를 시편 1편의 말씀과 요한복음 15장의 말씀을 중심으로 제시하고 있습니다. 포도나무이신 주님과 가지로서 항상 연결되는 삶이 열매를 맺는 원리이며 은총의 비결인 것을 명쾌한 논지로 설명하고 있습니다. 신앙의 기초와 방향을 분명히 밝히는 책으로서 풍성한 삶과 승리하는 삶을 갈망하는 그리스도인들에게 귀한 도전이 될 것입니다.

17,18. 낮아짐의 은혜1,2
영성의 숲. 308쪽. 값 11,000원 / 14,000원
쉽게 하나님의 임재를 경험하며 그 은혜 가운데 머무르는 사람이 있습니다. 그 은총의 비밀은 무엇일까요? 그것은 바로 낮아짐이며 이를 통하여 주의 무한한 은혜와 천국의 풍성함을 누릴 수 있음을 본서는 증명합니다. 사람을 파괴하는 높아짐의 시작과 타락, 은혜의 회복, 열매의 풍성함 등을 다루고 있으며 누구나 그 은혜의 세계에 쉽게 이르도록 길을 제시하고 있습니다.

19. 그리스도를 갈망하는 삶
영성의 숲. 268쪽. 값 10,000원
부흥과 영적 깨어남, 영성의 다양한 원리에 대한 이야기. 삶 속의 이야기와 함께 자연스럽게 풀어서 정리하였습니다. 일상의 사소한 삶에서 영적 원리를 발견하고 적용하도록 도우며 그리스도에 대한 갈망이 증가되도록 도전하고 있습니다.

20. 영이 깨어날수록 천국을 누린다
영성의 숲. 236쪽. 값 8,000원
독자들과 일대일로 마주 앉아서 대화를 하듯이 영적 성장과 풍성한 삶을 누리는 원리에 대해서 메시지를 전달하고 있습니다. 사랑하는 삶, 영성의 깨어남에 대한 새로운 통찰력을 제공해주며 기쁨으로 주님을 따르는 길을 제시해줍니다.

<생활 영성 시리즈>

1. 주님과 차 한잔을
영성의 숲. 220쪽. 6,000원
신앙의 귀한 진리들, 주님을 사모하고 가까이 나아가는 데 도움이 되는 원리들을 유머를 통해 밝고 즐겁게 전달해주는 책입니다. 주님과 같이 차를 한잔 마시는 기분으로 부담없이 읽다보면 자연스럽게 영적 통찰을 얻을 수 있을 것입니다.

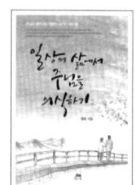

2. 일상의 삶에서 주님을 의식하기
영성의 숲. 280쪽. 8,000원
일상의 사소한 삶 속에서 주님을 의식하며 살아가는 이야기. 신앙과 영성은 기도할 때만이 아니라 일상의 모든 삶 속에서 나타나야 한다. 작고 사소한 모든 일에서 주님을 의식하는 것이 진정한 행복의 원리인 것을 이 책은 보여주고 있습니다.

3. 일상에서 경험하는 주님의 사랑
영성의 숲. 277쪽. 9,000원
일상의 묵상 시리즈 2편. 사소한 일상의 삶에서 주님의 임재와 사랑을 느끼고 주님의 메시지를 경험하는 이야기. 항상 모든 것에서 주님의 마음과 시선으로 삶과 사람을 보고 느껴야 하며 이를 통해서 날마다 천국을 경험할 수 있음을 사소한 삶의 이야기를 통하여 부드럽게 전달해주고 있습니다.

4. 삶이 가르치는 지혜
영성의 숲. 212쪽. 6,000원
〈삶이 가르치는 지혜〉의 개정판. 우리의 삶에서 경험하는 많은 즐거운 일, 힘든 일들이 결국 우리 영혼의 성장을 위하여 주어진 일임을 보여줍니다. 가슴을 따뜻하게 하는 소박한 이야기들을 통해서 사랑의 중요성을 다시 한번 깨닫게 합니다.

5. 사랑의 나라로 가는 여행
영성의 숲. 156쪽. 5,000원
〈사랑의 나라〉의 개정판. 어른들을 위한 우화로서 한 청년이 여행을 통하여 삶의 목적과 방향을 깨달아 가는 과정이 흥미진진하게 전개되고 있습니다. 즐겁게 이야기를 읽어나가다보면 영적 성장의 방향과 중심, 영적 세계의 에너지와 원리, 흐름을 이해하는데 도움이 될 것입니다.

6. 하나님의 뜻을 발견해 가는 여행
영성의 숲. 269쪽. 신국판 변형 8,000원
성경에 등장하는 입다, 다윗, 암논의 삶과 사건들을 통하여 하나님의 아버지 마음과 하나님의 의도와 훈련을 이해하고 발견하도록 안내하는 책입니다. 등장인물들의 마음과 정서가 드라마처럼 녹아있어 흥미와 감동을 전달해줍니다.

7. 일상에서 경험하는 주님의 은혜
영성의 숲. 253쪽. 값 8,000원
일상시리즈 3편입니다.
가족 이야기, 모임 이야기, 일상에서 경험하는 여러 가지 일들을 통해서 영적 원리와 교훈을 정리하였습니다.
일기와 이야기 형식으로 기록되어 있어서 즐겁게 읽는 가운데 주님과 같이 걷는 삶의 흐름 속으로 들어갈 수 있게 될 것입니다.

<묵상 시리즈>

1. 맑고 깊은 영성의 세계를 향하여
영성의 숲. 140쪽. 5,000원.
잠언시리즈 1편. 내 영혼의 잠언1을 판형을 바꾸어 새롭게 만들었습니다. 순결하고 맑은 영혼으로 성장하기 위한 진리의 묵상들이 간결하게 정리되어 있습니다.

2. 주님은 생수의 근원 입니다
영성의 숲. 196쪽. 6,000원
〈내 영혼의 잠언2〉의 개정판. 맑고 투명한 영성의 세계로 안내하는 영성 잠언집. 새벽녘의 신선하고 향긋한 바람처럼 우리 영혼을 달콤하게 채워주는 묵상의 글들을 모아서 정리했습니다.

3. 묻지 않는 자에게 해답을 던지지 말라
영성의 숲. 156쪽. 5,000원
삶과 사랑과 영혼의 진리를 담은 잠언 시집.
인생의 의미와 진리, 영성의 발전과정을 예리하면서도 부드러운 시각으로 표현하고 있습니다. 불신자에 대한 전도용으로도 좋은 책입니다.

4. 영혼을 깨우는 지혜의 샘물
영성의 숲. 180쪽. 6,000원
〈영적 성숙으로 향하는 여행〉의 개정판
인생, 진리, 마음, 영성 등 중요한 8가지의 주제에 대한 짧은 묵상을 담았습니다. 맑은 샘물이 흐르듯이 간결한 지혜의 메시지가 영성을 일깨워주는 책입니다.

영성의 원리

1판 1쇄 발행 2001년 10월 30일
1판 2쇄 발행 2002년 1월 20일
2판 1쇄 발행 2003년 5월 20일
2판 12쇄 발행 2021년 11월 10일
지은이   정원
펴낸이   홍 윤미
펴낸곳   영성의 숲
등록번호   2001. 7. 19 제 8-341 호
전화   02 - 355 - 7526 (영성의숲)
핸드폰   010 - 9176 - 7526 (영성의숲)
E - mail   spiritforest@hanmail.net (영성의숲)
홈페이지   cafe.daum.net/garden500 (정원목사 독자 모임)
           cafe.naver.com/garden500 (정원목사 독자 모임)

국민은행   051-21-0894-062
예금주   홍 윤미

총판   생명의 말씀사
전화   02 - 3159 - 8211
팩스   080 - 022 - 8585,6

값 11,000원
ISBN 89 - 90200 - 20 - 2 03230